大学城新论
名家講座

深圳·大学城新论·名家讲座（第一辑）

SHENZHEN · DAXUECHENGXINLUN · MINGJIAJIANGZUO

主　编　吴惠琼

哈爾濱工業大學出版社

图书在版编目(CIP)数据

深圳·大学城新论·名家讲座(第一辑)/吴惠琼主编.—哈尔滨:哈尔滨工业大学出版社,2015.4

ISBN 978-7-5603-5248-0

Ⅰ.①深… Ⅱ.①吴… Ⅲ.①社会科学-文集 ②自然科学-文集 Ⅳ.①Z427

中国版本图书馆 CIP 数据核字(2015)第 032986 号

责任编辑	刘　瑶
封面设计	刘长友
出版发行	哈尔滨工业大学出版社
社　　址	哈尔滨市南岗区复华四道街 10 号　邮编 150006
传　　真	0451-86414749
网　　址	http://hitpress.hit.edu.cn
印　　刷	哈尔滨市石桥印务有限公司
开　　本	787mm×1092mm　1/16　印张 17.5　字数 267 千字
版　　次	2015 年 4 月第 1 版　2015 年 4 月第 1 次印刷
书　　号	ISBN 978-7-5603-5248-0
定　　价	35.00 元

序

在深圳，有两个大型公益性文化讲座让人印象深刻，一个是“深圳市民文化大讲堂”，一个是“大学城新论·名家讲座”。

如果说，市民文化大讲堂探索出了一种政府为市民提供公共文化服务的新形式，成为“市民文化、市民参与、市民享用”的文化平台的话，那么，“大学城新论·名家讲座”则开拓出了一条大学为社会进行学术文化传播的新路径，成为“名家智慧、名家成果、名家新论”的学术殿堂。这两大公益性文化讲座错位发展，相得益彰。

创建于2001年的深圳大学城是深圳市委市政府为抢占战略性新兴产业制高点、补齐深圳基础研究短板、推动高等教育跨越式发展的重大举措。经过十余年的发展，大学城片区有清华大学深圳研究生院、北京大学深圳研究生院、哈尔滨工业大学深圳研究生院，以及南方科技大学、深圳大学新校区、中科院（深圳）先进技术研究院、国家超算中心深圳分中心等一流高等院校和科研机构。深圳大学城已经成为深圳最重要的“创新源”、最高端人才的“梧桐树”、最国际化的“智力高地”。

为了更好地让学术文化走出围墙，走向社会，服务城市，服务创新，深圳大学城利用双休日的时间，在国内第一家兼具高校图书馆和公共图书馆双重职能的深圳大学城图书馆（深圳市科技图书馆）里，连续不断，定时定点举办“大学城新论·名家讲座”。享誉国内外的专家学者在这里展示学术发展的趋势，把最前沿的成果即时分享给众多的高校师生、科研工作者、社会管理者、企业家、金融高管……

本书是2011~2012年名家们在深圳大学城的演讲实录，这是第一辑。讲座在继续，书也会继续。我们祈望通过这种方式，将学术名家们的声音传播得更久、更远，让更多的人受益，为深圳创新助力。

是为序。

深圳大学城管理办公室主任　吴惠琼

2015年4月

前　　言

深圳大学城是全国唯一经教育部批准，由深圳地方政府联合著名大学共同举办、以培养全日制研究生为主的研究生院群，旨在实现深圳高等教育跨越式发展。自 2001 年创建以来，深圳大学城得到政府和社会的大力支持，积聚了大量的优质师资资源。为使大学城的优势资源为社会所知所用，深圳大学城管理办公室于 2010 年 12 月开始创设“大学城新论 · 名家讲座”。

清华大学原副校长关志成教授，著名经济学家、北京大学原副校长海闻教授，哈尔滨工业大学深圳研究生院前院长金广君教授，著名的社会学专家、北京大学郑也夫教授，著名心理学家岳晓东博士等众多海内外学术界、文化界知名人士都曾做客“大学城新论 · 名家讲座”，在这里分享了各自领域的学术前沿、分析了当前主要的社会思潮。自创立至今，“大学城新论 · 名家讲座”共举办六十余场，数万名读者在这里了解到当代各学科领域的新思想和新前沿，同时也碰撞出了各种思想火花。

然而由于时间、空间等条件的限制，每次能到现场聆听讲座的读者总是有限。为了让本讲座的新思想、新观念让更多人获益，深圳大学城管理办公室决定将该讲座整理并结集出版。

本辑收录了 2011 年到 2012 年举办的“大学城新论 · 名家讲座”中 13 位主讲人的讲座实录，内容涉及自然科学、社会科学、人文艺术等，包括北京大学深圳研究生院耿旭教授对《低碳经济科学观》进行深入剖析；北京大学陈可石教授谈《空间美感与学习的哲学》；香港城市大学岳晓东教授的《纵论古今谈阳光心态》；清华大学戴吾三教授谈《从译著畅销书看我国大众的科学文化素质》;哈尔滨工业大学郭湘闽副教授的《敢问路在何方——深圳迈向国际级创意城市的路径探讨》;香港中文大学肖旭东教授的《太阳能光伏发电:一场新的电力革命》;北京大学朱跃生教授论述《数字城市智慧化的发展及其对现代生活的影响》;清华大学缪立新教授的《产业 - 物流 - 城市》;北京大学孔英教授论述《绿色金融:碳交易的发展与愿景》;《凤凰周刊》前主编邓康延讲述《最近的春秋——民国老课本和大先生》;北京大学汇丰商学院黄海峰教授论述《绿色经济助推中国经济转型》;清华大学曾国屏教授论述《科技创新与人文》的关系;清华大学柳冠中教授谈《从"造物"到"谋事"的思维方法》。

回顾过往,我们有欣慰,但更多的是任重而道远的担当。面对读者需求的日趋多元,未来我们要做的工作还很多。在深圳大学城管理办公室领导的鼎力支持下,我们将不遗余力地利用一切资源邀请名家大师做客"大学城新论 · 名家讲座",进一步提升讲座的质量,让更多的读者从中受益。

我们忠心地希望广大读者对本书及"大学城新论 · 名家讲座"提出宝贵的意见和建议,我们也将尽最大的努力把"大学城新论 · 名家讲座"办得更好,使之成为"名家智慧、名家成果、名家新论"的学术殿堂。

《深圳 · 大学城新论 · 名家讲座》编委会

2015 年 1 月

目　录

短缺的矛盾，需要人类学会系统性、综合性和前瞻性地关注全球生态退化等一系列与人类自身发展息息相关的问题。而就中国的经济发展而言，转变经济发展方式、实现低碳发展是当今中国亟待解决的问题，也是当代中国企业的社会责任。黄海峰教授凭借参与联合国环境署“绿色经济报告”撰写的经验，运用人类文明演替的理论，论述人类发展从原始文明、农业文明、工业文明走向生态文明的演进规律，通过对不同发展模式的深入研究，思考中国经济可持续发展的生态文明之路。

文化是城市的灵魂，高端文化决定城市的品质；人才是城市的瑰宝，高层次人才影响城市发展的后劲。曾国屏教授凭借深厚的科学和人文功底，对“Science and Wissenschaft”“科学和技术、科学技术、科技”等概念进行辨析，并从回顾科学发展史入手，深入评述莱布尼茨、李约瑟及普里戈金与中国文化的关系，重点阐释了“从科玄论战到科学大战”“学院、后学院到生活的科学观的实现”等当下涉及科学与人文关系的热点问题。

设计是一种创造更合理的生存(使用)方式的行为。当今普遍存在的问题是人们无法制造出能够提升品牌价值的突破性产品。柳冠中教授从工业设计的本质谈起，提出创造人类未来的生活方式不仅需要发明新技术和工具，更需要善于运用新技术，改变我们的视野和能力维度，调整我们观察世界的方式，开发我们的理想，催生新的观念和理论。因此，“研究型”设计将是未来设计的立足之本。设计是在科学和艺术以外，人类借以确保未来不被毁灭的“第三种智慧和能力”。

低碳经济科学观

主讲人：耿旭

讲座时间：2011 年 4 月 16 日

讲座地点：深圳大学城图书馆

主讲人简介

耿旭，美国堪萨斯大学博士。现任北京大学深圳研究生院教授、博士生导师、环境与能源学院院长。曾任美国 UPJOHN 公司生物统计师，美国加州大学戴维斯校区教授，曾担任过 20 余家公司、政府机关、科研机构的顾问或客座教授。1995 被遴选为美国科学促进学会的院士，1997 年被遴选为美国农学会的院士。主要从事环境生态及模拟模型的研究，特别是在全球环境变迁风险评估及水资源的管理利用方面有独到的见解。

主要内容

低碳经济是现阶段最时髦的环保口号：低碳城市、低碳技术、低碳建筑、低碳产业、低碳生活……政府决策、学术论坛、企业动态都或隐或现地带着低碳的影子。那么“低碳经济”到底是环境问题还是经济问题？环境问题或经济问题最终是谁的问题？“低碳”是否是企业创造利润的捷径？既得利益者和还未发言的未来族群的经济观是否相同？本场讲座将从科学的问答角度来解读低碳经济的深层问题。

各位来宾，各位同学、老师以及外地来的企业朋友，大家好。非常高兴有这样的机会在美丽的大学城图书馆做演讲。我在国外从事教师工作至少有三十几年，一直在加州大学工作，2008 年回国参加北大深研院的建设，2009 年我们成立了一个新的学院——环境与能源学院，这是国内大学中第一个这种性质的学院。我对国内外各个大学及图书馆的情况比较熟悉，相比较而言，我觉得深圳大学城图书馆是相当先进的，所以同学们、朋友们多多来这个图书馆肯定会受益匪浅。

今天非常荣幸有机会受邀来做这个讲座。今天演讲的主题是“低碳”，低碳是当今社会乃至当今世界主要思路和潮流。这个东西到底从什么时候开始？它的影响到底有多大？它是从哪儿来的？未来的趋势和方向如何？低碳开启了一个新的时代，它不但是我们学术界关心的科研问题、教育问题，同时也是政府、企业特别关心的问题，因为它对未来的经济发展至关重要，甚至从这个概念里会衍生出来一系列的新的产业链，或者是未来的市场。未来的经济发展和国际竞争等问题都随着低碳进入到一个新阶段。“低碳”在短时间内变成了如此有影响力的名词，到底是什么原因？它够不够资格让大家如此关心？它有没有这样的实力，能使一个时代用这个概念？它具不具备这样的代表性？

一、碳的相关问题

（一）碳与环境的问题

既然讲低碳，我不知道各位的背景，我们就从碳开始讲起。

首先碳有一个环境问题。图 1 是有关二氧化碳排放量变化的示意图，学术界对它非常熟悉。这是 IPCC（政府间气候变化专门委员会）报告中的一张图，被引用了很多次。这张图的意思是，在过去一百多年，发现这个线从红的变成蓝的往上跳，也就是二氧化碳突然急速上升。本来空气中就有二氧化碳，但是二氧化碳为什么突然变的这么重要？这个线往上跑，到底它的重要性是什么呢？其实二氧化碳在大气中正常的含量是不高的，在万分之三甚至万分之三以下。虽然它的含量少，可是如果它稍微多一点，从万分之三到万分之六、万分之七，那么整个世界的生态循环系统还有维持这个社会运行的各个系统很可能都会受到破坏。

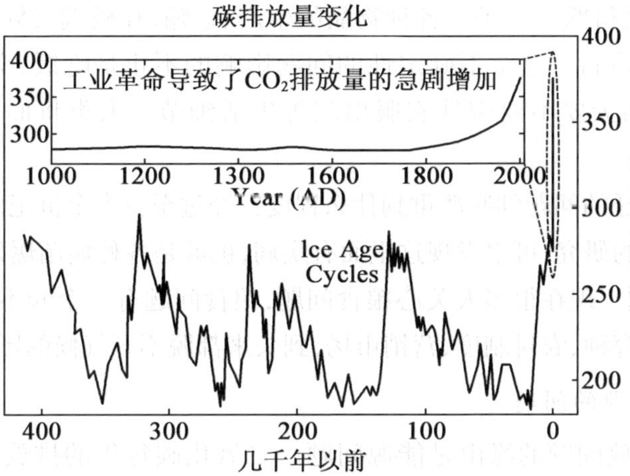

图1　二氧化碳排放量的变化[①]

这个问题很严重,我们可以从两个方向看它的严重性。第一是对生命体的影响,包括健康、所有的生物生态系统、动植物食物链的持续循环等。这的确是非常严重的问题,直接威胁了生命体的存亡。另一个问题是我们每个人都关心的极端气候。就拿过去三四年来说,每年春天都有很极端的、反常的气候事件发生,要么大旱、要么大涝、要么暴雪。过去我们视这个现象为极端气候,不常发生,现在所谓的极端气候每年都在发生,甚至每一季都在发生,成了寻常气候,影响到所有自然系统的常态运行。极端气候就是不常发生的事件,如果变成每天都能碰得到的事件,那就不是极端气候,就成正常气候了。如果真成如此,很明显,这对我们所有人、集体或个人的生活方式形成极大的挑战。所谓社会各方面的正常运行,是在一个正常状态的预设下进行的。如果说这个状态开始改变了,房子的结构能否顶得住超常的狂风暴雨,水陆空的交通工具能否运行,粮食生产是否安全,这些每天面对的未知因素就超过平常能够操作的正常状态,正常计划就全部被打乱了。这种未知变数对人类影响是最大的,因为全部的计划,无论是个人的还是国家的,都不能用。比如说股市,台风来了,生产线停了,农作物毁了,能耗量增加了,物价

① http://www.globalwarmingart.com/wiki/File:Carbon_Dioxide_400kyr_Rev_png

涨了,有些股票就得跌一阵子。各种物品的生产、运输,在极端气候条件下肯定不能按照正常计划进行。这个不确定性的问题影响的不止是吃饭、交通,还牵涉到小孩上不上学,明天要不要带件衣服出门等生活细节。人类将面对一种新的挑战,前所未有。

这种气候变迁的问题到底严重到什么程度?经过至少半个世纪的研究,我个人也做了些这方面的研究,可以发现这里面有疾病,也就是各种病菌爆发率的问题,还有粮食、环境问题。现在很多人关心粮食问题,粮食问题有一个躲不掉的因素是气候。不管是遗传育种、农耕制度、营销市场,到头来都脱不开气候的影子。

(二)碳与能源的问题

二氧化碳排放问题的缘由是能源问题。二氧化碳每年的排放量在不断地上升,奇怪吗?不奇怪,因为人的活动越来越多。中国经济在过去的三十年越来越发达,坐着不动经济是不能发达的。不管用什么形式动,企业动也好,政府动也好,大家都得动起来,一动就有能源的问题,没有能源谁也动不了。如果能源有问题,将来我们不能动了,对我们有什么影响?不堪设想。因为要动,所以能源消耗持续上升,它是和我们的动作成正比的,和我们的发展成正比的,所以二氧化碳排放也越来越多。能源问题是躲不掉的,不可能不用。是不是存在着不同方式、不同种类的能源来支持我们的活动而不影响二氧化碳,这就是我们今天要谈的主题。

(三)碳与经济的问题

碳还有一个经济问题。石油价格2005年之后是直线上升的,和能源的消耗一样,上升得越来越快,但是很不稳定,因为这些东西是操纵在人类手中,人类有时候会从不同的角度考虑问题,对石油的生产会根据他本身利益进行调控,在这种情况下,石油价格和产量不是相符的,因此价格可能不是经济理论支撑的轨道和曲线。

(四)碳与政治的问题

我们刚刚讲了碳与环境的问题,碳与能源的问题,碳与经济的问题,其实碳和政治也有关系。我们大家都知道2009年哥本哈根的全球气候变化会议,在任何一个国家看来,这个会议是比较失败的会议。不成功的原因不是因为问题不重要，不是因为大家不关心，而是因为政治。过去大家都比较合作，大家都关心二氧化碳问题、气候变迁问题，大家都是朝着这个问题来的。但是在这个会议上，人们突然发现，要解决这个问题的时候，利益冲突很大，发达国家和发展中国家利益不一样，生产国和消费国利益不一样，各个国家所处的发展历程不一样，对今天碳排放权属的问题、认同的问题不一样。具体要谈问题的时候，发现如此多不同的出发点、观点，这样的会议是不可能成功的。你找两个朋友，本来能好好吃顿饭，可是你们两个观点不一样甚至截然不同的时候，可能那顿饭吃一半就会打起来。二氧化碳的影响，不是一个国家的问题，不是一个人种的问题，不是一个地区的问题，是全世界的问题，如果不通过全人类整体的努力和智慧，这个问题是不能解决的。因此我相信各国政府领导心里是明白的，大方向上是认同的，一定要推下去，一定要做些事，要提高到更高的层次谈问题，这是对全世界全人类的贡献。

二、解决环境与能源问题，应对气候变迁、迎接低碳时代

在这种气氛的影响下，气候变迁这个名词被淡化了，现在提出来的名词是“低碳”。中国到 2020 年碳排放要减少 40% 到 50%，美国很小气说减 17%，欧盟说减 20%，每个国家都自觉地站起来，在“低碳”的框架之下，把原来已经僵死的，不太进行讨论的一个问题变成一个档次更高的问题。当然“低碳”这个名词肯定不是从 2009 年开始的，但是它的意义被重写了，可能真正变成一个在人类历史上有重要影响的名词。

如果前面没有对气候变迁的认识，2009 年也不会谈到低碳的问题。之所以要谈低碳问题，还是想彻底解决气候变迁的问题，因为气候变迁的影响太严重了。气候变迁这件事情，我觉得有一个新的意义在里面。大家都关心环境问题，我们在这方面也有很多努力，不管是教育机构也好，环保局也好，各个国家的政府也好，都在努力。大学特别是研究型大学，都有研究环境的课题。能源更不用说了，大家都在研究能源，我们中国这方面还是很强的，很多学校，比如石油大学、电力大学，都在研究能源。目前的状况是能源在研究，环境也在想办法改善，但是，这两条线几乎不交叉，是两条平行线。对于研究人员而言，搞能源的就是搞能源的，搞环境的就是搞环境的，不太有交叉的地方。现在，到气候变迁这个框架底下的

时候,这两条线终于交叉了,你没办法再把它们分开讨论。我们前面讲了碳,它既是环境问题,也是能源问题。把能源问题去掉,它还有问题吗?或者把环境问题去掉,它还有什么问题?少了哪一个方面,它就不是我们现在所探讨的问题。所以这里有一个很大的转型,当这两个东西交叉的时候,会出现原来单独研究的时候不会出现的问题和想法。现在环境、能源交义了,会诞生一个什么样的新东西?当我们知道环境和能源不能再分开讨论的时候,我们教育界做了什么?我们科学界做了什么?我们企业做了什么?我们政府做了什么?我们是按照从前的思维模式各做各的,还是应该从头开始,重新思考环境与能源到底应该怎么共处?

所以一个新时代可能真的开始了,因为环境和能源交叉而出现的东西是过去没有的。学校也好,企业也好,政府也好,你认真地去想想,你过去的那种思路行吗?能解决这个问题吗?这个问题是一个新的问题,所以用解决老问题的办法肯定解决不了新的问题,于是要学新的方法、新的手段、新的思路,还要培养新的人才。我们北大环境能源学院运气很好,就在2009年这个关键时刻针对这个问题成立了。中国不缺少好的环境科学家,也不缺少好的能源科学家,但是把这两个问题放在一起来看,合并成一个整体问题看,解决方案真的不多,甚至我们连分析、评判这些解决方案的方法都不确定。我们不尽快来做一些新的东西的话,怎么能够应对这种新的需要?这是社会的需要,这是世界的需要,这是人类的需要,我们要有一个新的思路和新的方法来看待这个新的学科。

从科学上来看,碳到底是什么问题?你说世界上的碳都是坏东西,把碳去掉行吗?不行,没有碳我们也活不下去。那么碳为什么越多越坏呢?其实问题不是碳的多少,而是碳循环周期的长短。碳循环在自然界里面、在生命界里面、非生命界里面是在不断进行的,陆地跟大气、海洋跟大气、陆地跟海洋、生命体跟非生命体,有一个循环过程,是永不中断的。正常情况下,这个碳循环是一个平衡状态,多少出去、多少回来,因此在大气里面的二氧化碳是停在一个比较稳定的水平,多多少少加减一点,今年明年有一点差距,这个没关系。但是,如果碳循环系统被打破,问题就出现了。

人类的任何活动都需要能源发挥作用,这就要排出二氧化碳。你说你能不活动,能不排二氧化碳吗?碳的问题造成了能源的问题吗?是能源用得不好才出了碳的问题。能源多得很，在我们这个世界上用不完，非常丰富。问题出在哪里？利用率太低了，用能源的方式错了，用能源的源头错了，所以我们要去思考如何解决能源利用的问题。各国在哥本哈根吵架，你想要我们发展中国家不用能源，停止发展吗？你想让你们的民族都吃饱喝足了，要我们处于饥饿状态吗？当然不可能。你说我们中国人不发展行吗？当然不行，但是我们有没有新的模式发展？肯定有。不但我们中国有新的发展模式，世界都有，我们还可以对全世界做贡献，这个机遇在这个时代是很大的。所以能源的问题，我们需要从头好好思考，别总盯着石油、煤炭去吵，我们地球上的能源有多少？我们用了多少？我们每年只用了图2里的红色小方块（15 TW）。黄色大方块是每年地球获取到的太阳能，人口哪怕再增加一倍，至少能量也是完全足够的，问题是我们怎么开发和利用它。有人说有些能源没办法用，那是限制在过去的思路中。我们常常说，现在有一个想法，你就得做梦，你敢做梦才能把梦实现，为什么谈到能源的时候我们就不做梦了呢？所以，开始的时候我们说碳是环境问题，后来我们说碳是能源问题，再后来我们说碳是政策问题，是观念问题。

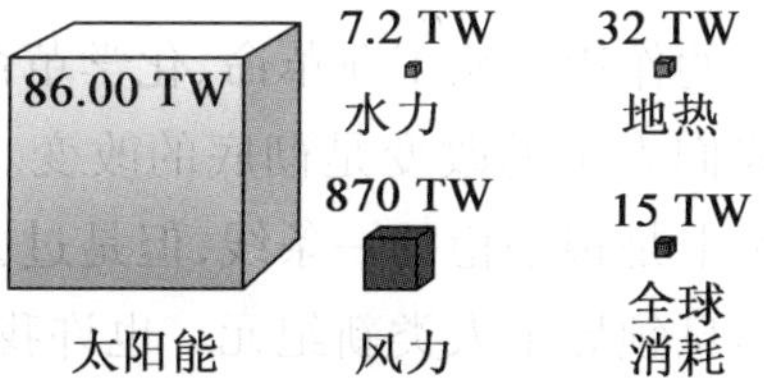

图2　地球能源构成图[①]

三、低碳经济的实现

（一）技术创新是实现低碳经济的首要条件

现在碳的问题被提升到这样一个高平台上来谈，那低碳经济是什么意思呢？2010年新华社有一个说法："低碳经济是指在可持续发展理念下、指导下，通过技术创新、制度创新、产业转型、新能源开发的手段，尽可能地减少煤炭、石油等高碳

① http://es.wikipedia.org/wiki/Recurso_renovable

能源的消耗,减少温室气体的排放,达到经济社会发展生态环境保护双赢的一种经济发展模式。”可持续发展这个名词到处都在用,可持续社会、可持续经济、可持续能源、可持续企业、可持续教育制度发展等,那什么是可持续呢?可持续就是时间,某个东西可以长时间发展下去,就是可持续的。相反,走不下去的、走不通的,就是不可持续的。可持续有一个最基本的原则,就是要有能源,任何东西要持续就必须有能源,没有能源什么都进行不下去。

技术创新是解决环境能源问题的根本出路,也是低碳经济发展的所在。低碳经济属于经济的范畴,但是本质上讲低碳经济首先是技术创新的问题,其次才是经济问题,最终属于政策问题。不过,这个次序不管怎么排,肯定是谁也跑不了,它既是技术问题,又是经济问题,又是政策问题,它出问题的时候都是三方面的问题。现在是一个创新时代。几年前我们还天天说 20 世纪要结束了,21 世纪要来了,那现在我们已经进入 21 世纪了,低碳的口号叫得这么响,这么广泛,到底低碳是不是真的代表这个新的时代?往回看一看,过去是工业革命、化学革命、信息革命,现在是否到了低碳革命时代?在过去人类发展的过程中,至少最近 200 年的发展过程中,科技起了巨大的作用。从工业革命、化学革命到 20 世纪 50 年代、60 年代的信息革命,这些对我们人类的改变是彻底的改变。过去人类文明几千年,如果说拿条线来衡量,基本上是很平稳的一条线,但是过去一百年,人类文明完成了快速转变,工业、化学、信息领导了人类新纪元。也许我们应该回头看看这些东西是怎么发生的?它的条件是什么?它的科技是什么?它的社会背景是什么?今天我们有同样的特征吗?今天我们是不是有过去那样的基础?创新的历史对于未来的创新是有启示的,历史虽然是过去的东西,但是往往你回头看会发现它仍然很有生命力,即使可能是很陈旧的,是很老的,甚至是上百年的东西,但是你今天去看它,从观念和思路的角度来看,仍然是新的东西。

举个例子,盘尼西林是一个了不起的药,发现者是一个名叫亚历山大·弗莱明的苏格兰科学家。盘尼西林是一种霉素,面包上蓝色的霉菌里头就含有盘尼西林。很早以前人类就知道这种霉可以涂在身上防止腐烂。1928 年弗莱明证明这个东西确实有杀菌作用,后来他跟美国农业部的一个科学家合作,探讨这个东西到底有没有用,怎么鉴定,怎么提炼等,通过合作把盘尼西林的知识慢慢地像盖房子一样盖起来。1939 年,牛津大学的一个澳大利亚科学家研究团队参与进来。到了 40 年代出现了一个新的状况,以前都是学校和机构在做科研,1942 年有一个叫 Merck 的公司参与进来了。Merck 是一个制药公司,很多制药公司今天已经消失掉了。我毕业不久之后,在美国一个很大的药厂 Upjohn 工作,我在那个公司做事的时候,那个公司就已有 100 年的历史,在 Kalamazoo 这个城市里是一个数一数二的大公司,但是在 90 年代,Upjohn 在经济动荡之中,合并过,更名过,最后消失了。但是 Merck 一直到现在为止,仍然是一个非常强的公司,经济状况非常好。这个公司 1942 年就发现盘尼西林不错,进来投资。投资这个事情,往往是我找了一个企业老总,我说你到我们企业来探讨,我们在做这个,看看有没有什么可以合作,他肯定说等你东西差不多成形了、可以上市了我们再谈吧。但是 Merck 公司在盘尼西林还在实验室的时候,就愿意去投资。刚开始的半年,所有提炼出来的药品只能去治一个病人,到了后半年把整年生产出来的东西合并在一起,只能治疗十个病人。直到 50 年代,研究出可大量合成盘尼西林的化学方法后,人们不再采用天然方法去提炼盘尼西林,该产品的生产技术才真正成型、成熟,但是 Merck 公司在这期间已经挣扎了至少十年。这个例子给我们提供了一个思路。Merck 公司很有创见,也懂得风险管理,所以能够持续性发展到今天并且还在不断壮大。

计算机的例子大家都更熟悉,因为大家不用天天吃药,但几乎天天都在用计算机。计算机技术从 20 世纪 40 年代的真空管,50 年代的晶体管,进化到 60 年代的集成电路,这一系列发展过程,带动了整个信息时代。早期在美国,完成一项人口调查的工作至少要十年,整理材料至少要十年,最后才能出一本书。今天我们坐在屋子里,有问题不用找老师,直接用 Google 一查,答案全出来了,计算机对我们的影响真的太大了,所以我们说这是一个信息时代,真的是豪不夸张,名副其实。信息时代出现了一些很有趣的人物,其中有几个人是很伟大的,一个是 IBM 的创始人沃森,另外一个是 Apple 创始人史蒂夫·乔布斯。1970 年以前,计算机行业的老大是 IBM,IBM 几乎占据所有计算机市场份额。沃森在开始创办 IBM 的时候曾经夸过口,全世界只要有十台计算机,所有问题都能解决。IBM 这个到今天还是很好的公司,对人类的贡献是不可否定的,但今天你看到他的夸口会觉得很可笑,因为现在全世界计算机超过了一亿台。我在上大学的时候,学生只知道有计算机,但没用过,学生只有手摇计算机可以用。可是到 70 年代的时候,Apple 进入市场,一切都不一样了。Apple 的创始人是史蒂夫·乔布斯,他开始创办 Apple 的时候就有一个理念,和 IBM 不一样的理念。IBM 做大机器,之前从来没有考虑过个人会用计算机,觉得一个计算机在家里用,顶多就是算一算买几斤米、买几斤菜,有什么意义呢? IBM 没有看到计算机在家庭使用的前景,生产的计算机针对的对象就是企业、政府、学校。Apple 就不一样,史蒂夫从开始就说“我要让家家都有计算机”。那个时候最新的技术其实是掌握在 IBM 手里的,IBM 的研究员是拿诺贝尔奖的, IBM 和 AT&T 的科研能力和科研成果超过大部分大学。史帝夫·乔布斯说,Apple 的计算机要进家庭,要让每个家庭都有一台计算机。当时这个技术存不存在? 存在! 有没有人去用这些技术? 没有! 这些技术在 70 年代初期,就已经都有了,既不是乔布斯发明的,也不是他研究出来的东西,但是他看见这个微处理器可以放在计算机里,可以缩小,可以变成供个人使用的广受欢迎的产品。当时我的第一台 Apple 计算机存储量只有 4 KB,价格要好几千美金,买到之后可不得了,什么都用它来计算。乔布斯还在 Apple 计算机里用了 GUI,就是用图形的形式与用户交流,这个技术也不是乔布斯发明的,是 Xerox 公司发明的。Xerox 是有名的专门做复印机的公司,拥有很多高端科学技术人员和研究人员,也有很多高新技术,但是他们没有用到计算机上。乔布斯看到了商机,他将这些技术整合,放在一台很小的计算机里,这台计算机可以做很多事情,而且很便宜,这就是他的创新。苹果的产品,比如今天的 iPad、iPhone,在全球范围内一直都很受追捧。制造 iPad 和 iPhone 的技术以前也是有的,但是诺基亚、摩托罗拉这些公司没有重视。这就是一种技术应用上的创新。乔布斯绝对是一个极端聪明的人物之一,他不需要自己去发明新的技术,他可以把别人所有最好的技术组合起来为自己服务,这就是智慧。Apple 还有一个商业模型,今天也在用。Apple 计算机开始进入家家户户的时候,IBM 立马就追了,开始做个人计算机。这两个公司采取了两条完全不同的道路。Apple 计算机的所有软件必须让 Apple 来控制,要用 Apple 的封闭操作系统,因此用户写软件必须通过 Apple 写,而 IBM 的操作系统是开放的,任何人都可以在机器上面写软件,所以才出现了比尔·盖茨的微软。这么一来,不到几年时间 Apple 就被打下去了,因为所有人都为 IBM 去写软件,没有人为 Apple 写软件，Apple 只能自己写自己的软件，或者允许合同方给它写软件，所以它的软件就比较少，而 IBM 天天都出软件，大家用着都很方便，我们搞科研的人不可能用 Apple，只能用 IBM。这样 IBM 把 Apple 就打下去了，Apple 有一段时间几乎被消灭掉，好像有一两年整个市场份额占不到 4%，几乎关门，乔布斯也离开了。1997 年以后 Apple 重新回头，又将乔布斯请回来，推出了 Mac、iPod、iPhone、iPad，但它的商业模式内核还是过去那套。今天的 Apple 的市值已经达到了 3 000 亿以上，超过了中国石油的市值，也超过了微软，而且估计到今年年底之前会变成全球最大、最值钱的一个公司，完全掌控市场，它说什么就是什么，它要做什么就做什么，其他人跟着它跑，其他东西没办法用。Apple 从 70 年代开始，中间有起有落，经过了挣扎、奋斗、挫折，现在成为一个巨人，能够在经受挫折后回过头来再做，而且做得很好，这是我们要学习的。因为企业不可能一帆风顺、永远挣钱的，总会有不好的时候，那时企业要怎么突破？这些东西我觉得我们可以从乔布斯身上学习，就是创新的思路跟创新的模式。

IBM 也有很多值得学习的地方，它最大的特点就是跟大学密切合作。IBM 最开始做计算机的时候，主要技术来源是 MIT，因为二者都在东部。20 世纪 50 年代，企业跟学校合作是很不容易的事情，先是从私立大学开始，慢慢才发展到公立大学。因为早先在美国，公立大学系统不允许和私人企业的利益挂钩，但免费提供技术和产品是允许的，所以企业无法和学校合作，也不可能往学校研究的项目投资，后来，公立学校跟企业的合作关系从专利权开始，慢慢走上轨道，又有一些法律订立了以后，才真正开始形成比较固定的合作关系。可是在刚开始，这种合作关系是不明确的。怎么合作？学校有什么好处？企业又能拿到什么？这些问题都没有现成的答案。双方都有好的愿望，但是开始做的时候，肯定就有摩擦、矛盾。IBM 跟 MIT 的合作相当于建立了一个校企合作的模式，这是一个非常好的模式，到现在越来越重要，因为我们现在知道学校里很多的科研项目，如果想从实验室走向市场，自学校影响到社会，影响到每个人生活，必须通过企业，因为企业是真正影响到社会、影响到个人的媒介。如果大学不跟企业合作，大学的影响是比较小的。比如你获得了一个诺贝尔奖，懂的人都知道你如何伟大，但是一般老百姓跟你没太大关系。可如果要想让科研成果产业化，能够对全世界做出贡献，学校离不开企业。但是过去学校和企业的合作模式不清楚，利益怎么分配不清楚，利益分配底下影响不影响别人的利益不清楚，所以要有相关的法律制定以后，在清晰的条件下，学校和企业才有可能进行卓有成效的合作。IBM 在大学和企业合作这件事情上面提供了一个非常有效的实践模型，它们走过一些弯路，它们中间有过矛盾，所以这个模型如何解决学校跟企业的矛盾，使得双方都乐意把这个事情做好，双方都得利，这里面还有很多要学习的地方。

所以在化学时代和信息时代里面的创新，有以下几个特征：

第一，企业要追求创新。创新企业要有技术，不可缺少的是跟大学的合作，一家企业不可能把所有的东西研究出来。像 IBM 和 AT&T 这样的企业，里面的科学家可以拿诺贝尔奖，但还是要跟大学密切合作。所以企业创新养分的一个来源是大学，创新不可或缺的是与大学的合作。

第二，大学的创新科研必须有国际眼光，闭门造车是不行的。信息科技、化学科技，从欧洲到美国、到澳大利亚，再到中国，不管是谁，只要有一个好的思路，所有研究人员立马就盯上了。大学就有这个好处，可以随时捕捉本研究领域全世界范围内的实时前沿动态。企业不大可能做得到，只有在大学，很多东西没有发表以前就已经知道了，通过会议，通过电话，通过 E－mail，大家都已经对这个方向有相当程度的了解，等到成品出来了，创新已经完成了。所以这就是为什么企业要跟大学合作，而大学必须是一个国际化的大学。在今天，从一所大学的国际化程度就可以判断这个大学未来的发展状况。

第三，企业是将理想实践到社会的桥梁，但是企业要准备好，要有牺牲冒险的精神和价值观。如果只是为挣钱而挣钱，只是做买卖，那不叫企业。我们中国人做买卖很多，也很厉害，从扬州的盐商到西北的煤商，都是做买卖，但是谈不上企业。今天的这个时代需要的是企业家。中国经济建设中，我们要成为龙头老大，要在某个行业里站得住脚，首先得有这些企业家。这些企业家持有愿意牺牲的价值观，看得好、抓得稳，在锻炼出竞争力的时候，企业就建立起来了。就像 IBM、Merck 已经有了接近一个世纪的历史，超过了很多王朝。什么叫创新企业？我认为不以短期经济回报为动力的企业就是创新企业。什么叫创新产品？能够挖掘消费者需求的产品叫创新产品，iPhone 就是例子。我先调查你们喜欢什么，你喜欢的碗是方的我就做一个方碗，你喜欢看的电视是薄的我做一个薄电视，这个谈不上创新产品。创新产品是说你还不知道你要什么，我将产品给你以后，你发现这个正是我想要的，这样的产品才叫创新产品。早期投入创新产品研发的企业会磨炼出长期的竞争力，所以企业家不能一直等待，得提前做准备，抓住机遇尽早开始。中国就需要这样的企业家。大企业家不是别人教的，也不是看书看出来的。乔布斯不是通过看书、市场调查得知怎样生产 iPhone 的，但他生产的 iPhone，我用了以后才发现这是我等了很久的东西。

（二）实现低碳经济需要相关政策的支持

了解了过去的创新之后，我们现在问，低碳经济真的能够成为 21 世纪的时代经济吗？现在是怎样一个情况？技术发展是否已经成熟了？企业文化是否已经成型了？低碳的政策能否落实？现在国内各种政策都在支持低碳经济，深圳就是这些新能源发展的重点地方之一，深圳很多公司都是新能源公司，并且这类公司的数量在极速上涨。现在我们要讲一件绿色能源方面的事情，就是中美新能源协议。在这个协议中，中美要合作发展绿色能源技术，包括三个方面：第一，清洁汽车。清洁汽车不用柴油、汽油，而是用新能源。还有两个方面，就是有关绿色建筑和清洁煤炭的技术。这个协议双方已经签署，现在正在落实。两国将分别成立三个主要的代表单位，双方一起来打造一个新能源时代。

不过，即使是太阳能、风能这样的绿色能源，现在并不是没有问题。另外还有蓄电池的问题。电池的电从哪儿来？搞不好还是烧油烧煤，由热转化成电，储蓄起来，然后再装汽车里，那么这个汽车是不是绿色汽车？虽然汽车本身无碳排放了，但是蓄电池本身存在污染问题。另外，这个蓄电池通常用了几年以后就不行了，怎么处理？有没有成套的设计计划？它里面含重金属，怎么回收？一系列的问题，现在还不见得有一个整体的设计方案。

谈到电池，就谈一点我个人比较感兴趣的东西。实际上，世界上最大、最美丽、最便宜的电池就是绿色植物。从太空往地球看，陆地上都是绿油油的一片，那都是绿色植物，都是电池，太阳能就储蓄在这些叶绿素里面，在植物体里面。为什么不用呢？其实不是不用，钻木取火，就是拿木材取火，然后产生热量煮饭。问题是，这些东西用起来太慢，功率太小。汽油可供汽车跑多少公里？煤炭烧出来有多少热能跟能量？而且它们还可以液化，所以原来依靠植物获取能源的方法不用了，都用石油和煤炭。其实石油、煤炭基本含有的东西跟植物是一样的，因为石油和煤炭是从植物变来的，这个过程要两亿到六亿年，拿出来发挥作用倒挺快，但循环上就出现问题了。石油煤炭放出来的二氧化碳再回到植物，这个植物体变成石油跟煤炭的时候要两亿到六亿年，谁能活两亿年到六亿年呢？在我活着的时候，它就是不断增加，降低不下去，这个地球就开始变形了，变脸了，我能等到六亿年后它再变回来？而且经过长期的冲击和毁坏，快速排放到大气中的二氧化碳能否再重新进入循环更不得而知。所以碳循环是一个基本的问题。可是，这个时间能否被压缩？从两亿年到六亿年这个时间，把它压缩成年、月，甚至是天，它能够发挥同样的功效、能量，如同煤和石油的话，不就解决问题了吗？这就是现在我们面临的挑战。可不可以解决呢？当然，将来新能源可能的供给方法很多，不一定完全靠植物，因为这个还牵扯到水的问题，牵扯到陆地的问题，牵扯到其他一系列的问题，不一定允许全部用植物来获取能源，但这是提供能源的一个重要来源。风能、太阳能，它们也有它们的问题，那些问题如果全部能解决，将来进一步在技术上改进，综合起来，所谓的再生能源就足够了，连核能都不需要。有人说用绿色植物占地，但是用海藻就不占地，而且有很多方法来养殖海藻，不是说完全不要土地，没有土地天天站在水里是不行的，但是不像你想象的那么多地。植物还有一个很大的好处，它可以成为气体，可以成为液体，做成生物柴油，还可以成为固体，比如木材可以烧炭。这一点风能不行，你用风能的话，造完了发电风车以后，出来的能量是电能，它不能成液体，也不能成为固体。除了供应能源之外，植物可以和石油一样，生产所有的塑料产品，因为它里面就是碳氢化合物，是植物体本身最重要的产品，和石油内的一样。

这些技术是有可能成为现实的。中国的生物能源资源很丰富，我有一些数据可以作为参考。微藻一公顷可以生产 30 t 到 60 t 的量，大豆每公顷两三吨就多得不行了，中国的水域面积至少有一亿公顷，计算一下你就可以知道它每年有多少潜力。举一个例子，2007 年中国的煤消耗量是 30 亿 t 标准煤，而微生物柴油一年的总生产能量至少 150 到 300 亿 t，这一项是需用量的 6 倍多。现在谈这个可能是有点做梦，因为这个技术还不成熟，可能有一些问题，比如工艺的价格太高，工艺过程里面消耗其他的能量太多,本身的能量不能全部成为产品等,但是这些数据的对比至少给了我们一个概念,就是这些东西它有没有用,能不能够帮助中国解决一些能源问题。到目前为止,这方面的分析,世界上做得很透彻的机构很少。我们对这里面的问题,了解的远远少于我们不了解的,因为这个技术朝什么方向发展、用什么工艺等还有很多很多的未知数,还没有最后成形。就好像盘尼西林刚开始做的时候,一年的辛苦才能解决十个病人的需要。所以这得有一个演变的过程,不能拿眼下不成熟作为一个借口,说这个东西做不了。生物能源在美国已经越来越受重视,不仅是政策上的重视,学校研究上的重视,还有企业的重视。2010 年调查企业家在新能源投资方向的投资意愿,超过 1/3 的企业家愿意投资生物能源,风能跟太阳能各占差不多 1/3。到了 2011 年,新能源投资中,生物能源方面的超过了 1/2,甚至于达到 2/3,这几年这方面的投资越来越大。这些东西的投入现在看可能是昂贵的,但是将来技术成熟的时候将会有很大的收益。所以企业家应该往长远看。

在中国,生物能源的产业也开始加快了,中粮、中油跟国外一些研究酶的机构合作,报纸上也经常看到。现在企业投入的时机是否成熟?我不知道是否成熟,但是我看过去,从化学也好、信息也好,都需要一个过程,一些时间。计算机是从 80 年代,而化学用品从 50 年代开始,救命千千万,赚钱亿亿元。我觉得化学革命和信息革命,都是经历了三十年之后开始蓬勃发展,三十年可能有什么奇妙之处。新能源从 80 年代开始,到现在已经三十年了,可能是一个关键时刻,很多地方都已经进入中试阶段,很多企业的投资已经开始进入。举一个很简单的例子,英国 BP 公司是搞石油能源的,它在美国加州大学伯克利分校的一个实验室投入五亿美元做一个五年的新能源项目。这个实验室主任是美国科学院院士、英国皇家科学院院士、加拿大皇家科学院院士、欧洲科学院院士。他那个实验室不比我们这些学校的实验室大多少,一年有一亿美元研究经费。为什么 BP 给大学那么多钱?BP 自己没有研究人员吗?但是它愿意投钱到学校去合作。那个主任到我这儿来挺有信心的样子,5 年之内他们肯定要出成绩,出来就是 BP 的成果。中国的企业家有这个视野吗?也许有那么一家两家,但是不够。中国的商界很有前景,现在上市的中国公司排名越来越靠前,全世界大公司中,中国的排名也越来越靠前,越来越多。但是他们有几家真的是跟大学诚心合作,我不知道,至少我没拿到这个钱。所以我觉得企业家们可以行动了。

再举个例子,20 世纪 90 年代初加州政府就提出了零碳排,规定未来汽车一定要成为零排放的汽车。当然,加州没有要求制造商立刻全部换成零排放汽车,而是规定在 1998 年出厂的汽车至少有 2% 是零碳排,到 2003 年,至少 10% 的汽车是零碳排。所以他们已经着手改变汽车。加州在污染控制方面,在水、气、环境质量方面是要求比较高的一个州,所以任何产品到加州卖得就贵一点。一个汽车,卖到密西西比要一万块钱,卖到加州就要一万五,因为它里面设备不一样,排放也不一样。企业并没有因为在加州要求高、卖得贵就赔钱了,他到加州来赚的钱可能更多一点。质量好的卖得贵一点人家也愿意付钱,卖得贵了,赚钱也多了,对环境也好了。关于环境另外有一个例子,是关于抽烟的。在国外,现在公共场所基本上是不可以抽烟的,国内也在开始颁布这方面的规定。颁布这些规定时,很多饭店、咖啡厅这类消费场所都很担心,说如果不让抽烟的人进来,生意将不好做,甚至赔本。酒吧都不准抽烟了,酒吧是什么地方?喝酒抽烟的地方!现在也不让抽烟了,可是酒吧的生意少了吗?哪一家也没少赚。如果真的不让抽烟,可能有更多的人愿意到那里去消费。以前我不愿意去饭店吃饭,因为很可能旁边坐着一个抽烟的会让我难以忍受,而现在饭店都是很干净的环境,我就愿意出去多吃两顿,饭店赚钱也多一点,我吃得也舒服一点。所以这个东西真的是一个观念问题,消费者的观念改了以后,对环境也好,对健康也好,商家赚钱也多。

在我们结束之前,我还要谈一个新的概念。刚刚讲低碳,现在全国都在号召低碳,可是低碳不是最终的目标。要多低叫低碳?今天减到 50% 叫低碳,可是过两年以后就可能是高碳,因为别人都减了 70%、减了 80%,所以最终必须是零碳。低碳是一个过程,零立方是最终目的。零立方是什么概念呢?零碳排、零水耗、零污染。这也是低碳发展的最终目的。零碳排是大气质量的最高标准,零水耗是水资源循环利用最高标准,零污染是清洁环境最高标准,零立方城市就意味着生活品质最高、生活环境最优的人居城市,是人类理想的工作和生活的地方,目前推动的低碳理念其实是一个从传统高碳到未来零碳的中间过程,最终目标是建设绿色零立方的物质文明文化高品质的生活环境。你说耿老师讲得很好,可是能实现吗？举个加州的例子。美国照明要消耗40%的总能源，这占电能的71%，加州出台了一个照明战略企划，预期到2020年整个加州所有的建筑，用最先进的综合管理技术和节能产品，减少60% ~80%的照明用电量。十年之内加州的照明市场将被彻底改变，为什么呢？因为消费者必须要买和过去不同的东西。原来的灯泡不行了，要买LED，或者LED再加上别的传感器进行综合管理，晚上一进门就亮了，一出门就黑了，坐下去就在坐下去的地方亮，睡觉时就在床边上亮。这些节能的技术配合起来，至少可以减少60% ~80%的电能消耗，这意味着现在的能源预期耗尽时间可以延长3倍到4倍，如果本来十年就要用光，现在可以用30年、40年，本来一百年要用光的，现在可以用300年到400年。这是效率上的提升，而剩下的20%，可以用新能源，用风能、太阳能、生物能，最终达到零碳排。城市垃圾也要循环利用，经过各种方法处理生成产品，变成零污染，而且资源化，资源化还要带来钱，废物的概念将会彻底消失。今天我们看到的是废物，明天它就是挣钱的东西，实际上就是将废物里含碳、含氢的物质重新组合利用变成产品。

这一天马上就要来临了，我们可以认为这是遥远的梦想，但是，每个国家都在朝这个方向走，集中了资源，集中了它的科研实力，集中了企业的实力，往这个方向走，我们肯定也不能落后。在台湾的花博会上展出了一个房子，所有的建材都是回收的废弃瓶子，质量轻、坚固，但能通过地震和台风测试，至少50年内可以正常使用，就是说这些废弃物在50年之内不是废弃物，在50年之内是有功能的、有经济价值的，而且它的设施、设计可以让它储存水，允许水的循环利用，可以达到零水废。零碳排在中东也开始快速地进行，在马斯达尔，整个城市盖一个六平方公里的房子，里面全是绿色节能设备，它采用了水的收集、节水、水循环利用、水处理等技术，它用的能量是普通城市的1/4，消耗的水是普通同等大小城市的20%，换句话说，节省了75% ~80%的能源。并且，它还使用太阳能、风能等新能源，所以它没有污染，采用了循环系统，几乎不存在浪费。这个六平方公里的城市虽然不是很大，但是它已经存在了。它花钱很多，不是每个人都可以负担得起，从经济价值来讲，我们可能觉得不合算，但是从技术上来讲，建这样一座零水耗、零碳排的城市是没问题的。我曾经去过深圳前海，不过三平方公里的一个保税区，而整个前海有15平方公里。中东已经盖好的六平方公里的城市，比三平方公里的保税区还大一点。为什么我们不能做？零碳排做不到吗？零水耗不行吗？零污染不行吗？完全可以。如果我们前海做成了绿色零立方的城市，在中国就是一个真正的模式，我希望前海政府能有这样的远见。

为什么要有远见？日本的海啸、地震带来了什么？从1970年以后，一直到今天为止美国没有建过新的核电站，原因是什么呢？核电是便宜的，日本原来发电要靠进口大量石油、煤炭，出于安全原因和经济原因，他们要通过核能来发电。但是，请问3月11日本大地震引发核泄漏以后，日本面临的问题是什么？正是安全问题和经济问题。站在自然灾害面前，我们必须低头，这不是日本的事，这是全人类的事。地震摧枯拉朽、海啸浪可以到几十尺高，超过大楼，凡是海浪经过的地方统统扫平，大楼也好，汽车也好，人也好，什么东西都扫光光，没有任何抵抗和妥协的余地，这就是自然灾害。日本人在学功课。我相信这个功课不仅是日本人的功课，也是我们全人类的功课，我们必须要认真地来对待人类往哪里发展的问题。

再谈最后几点：第一，凡是可能发生的事一定会发生，千万别抱侥幸心理，间隔的时间越久，那么一旦发生，付出的代价越多，越惨重。将来发展的方向必须是一个长远的方向，发展要慢一点，不能着急，因为急功近利的后果可能不堪设想。

第二，人类的发展必须要跟自然规律配合，人定胜天的事是不存在的，不然就是不可持续发展。我们现在不是讲可持续发展吗？可持续性发展的定义是什么？时间，熬不过时间的都是不可持续发展。日本的核电站熬不过去，这一套系统就不是可持续发展的。

第三，自然生态的运行是有秩序的，有逻辑性的，它本身是一套知识。生态的机理是解决环境能源问题的基本原理，必须要研究。我们天天讲生态环境，那么什么叫生态？鱼跟虾是什么关系？鸟跟鱼什么关系？人跟树是什么关系？这就是生态，这里面隐藏了很多人类不知道的知识。生态系统环环相扣，非常密切，一环出问题，环环出问题。二氧化碳在大气里多一点少一点，不过万分之三变成万分之七，数字掰着指头就能算清，但是它的影响力有多大？它造成的破坏能力有多大？它对你的子孙影响有多大？这就不是掰着指头就算得清的。

第四，经济是人类行为的产物，是一个行为的指标，有生命的特性。对经济了解要建立在对人类行为的了解上，我不是搞经济的，但是我担心搞经济的不懂人的行为，担心搞经济的不懂人的心理。企业家需要有对人类行为学、对生态学的了解，才能培养出长期投资的远见。

第五，低碳时代是一个尊重自然的文明时代。低碳引进了一个新的概念，能带着人类往一个新的方向前行，除了经济技术的发展之外，还有文明的进步使然，这个文明不再是你给我鞠躬，而是我们向大自然鞠躬。

第六，新能源开发是更有效地利用自然规律来解决环境问题。

第七，低碳企业是一个品牌。现在，管几百亿投资的人，他们投资的方向是什么？如果这个企业是不环保的企业，你再赚钱，他一毛也不会投进去。但是如果你做电动汽车，就算再不赚钱，人家也可能投很多钱进去。时代已经改变了，作为一个企业，品牌是什么？不是指 LOGO 漂亮不漂亮，是这个企业家有没有这样的胸怀和品位。

提问环节

【主持人】：非常感谢耿教授带给我们一场非常精彩的讲座。下面看看大家有没有什么问题。

【提问】：您好，我想跟您讲一个我的经历，我去年去内蒙古包头做一个调研，看到草原上很多白色风车在转，当时我很兴奋。可是后来我跟当地官员进行交流的时候，我了解到一些具体的情况。第一，一台风车的成本价是一千万到两千万。第二，当时这个项目大部分是大风集团跟山东鲁能进行合作，洽谈的时候说得非常好，风车在上面转，牛羊在下面跑，可是当这个风车建好之后，风车确实是在转，可是牛羊不敢过来了，为什么呢？因为牛羊的皮肤对风向的改变非常非常敏感，它看到这个情况以后就不敢过来了。当地官员说，风车建好之后，包头市的降雨量越来越少。我觉得咱们国内有很多企业是打着低碳的旗号在挂羊头卖狗肉。所以说当政治、经济和环境这三个关系发生矛盾、发生冲突的时候，我们作为知识分子，作为相关的科技人员，该如何选择？该如何去做？这是我最关心的一个问题，谢谢您。

【耿旭】：我非常了解你提到的问题，因为我自己本身也确确实实看到过类似的情况。比如水灌溉的问题，有些缺水的地方，就弄了很多大的水泥管，从长江一带一直灌到北方去,就是为了灌溉,花很多的钱,把这个水弄去了,在头几年绿油油的东西确确实实出现了。但是过了几年之后人们发现,因为它的蒸发量超过降水量,是干旱地区,大量的水过去之后土地就变成了盐碱地,有水也不能种,所以水也停了,地也荒了,损失无数。所以这一类的问题就是他们对自然规律不了解。刚才说风对牛的影响这种情况,我觉得他们是欠缺一些认识。当然我们不能要求每个人对每种东西都了解得清楚,所以现在有一个新的学科方向,叫作生命周期分析,这种分析的方法就是从摇篮到坟墓的一种分析。现在人们越来越重视这种分析,不过这方面的分析刚刚开始,还有相当大的难度。好比说搞风车的人,他对牛羊真的不懂,他以为上面转了下面就挺舒服的,但是没想到有这种问题,所以要对整体系统认识了解,将来需要更多新一代的年轻人、学生有比较深入的、更广泛的对整体的认识。将来我希望我们学院能够培养出一些人,他们能够有这个能力做生命周期分析,点点滴滴地弄清楚,最后作为决策的指引。这一点确实是目前欠缺的环节,不仅是中国,国外也有这个问题,需要改进。

【提问】:老师您好,我有两个问题,第一个问题,其实是我在这里的一个呼吁,因为我是来自一个做供应链的美国公司,绿色供应链是我们一直努力的方向,我们公司也花了很多钱在做这个事情,但是我们发现,绿色供应链我们可以做出来,但是很贵,我们的竞争力也在下降,所以我们的可持续也面临着很大的挑战,所以希望大家以后再买东西的时候,如果有绿色标志,希望大家多支持一把,谢谢。第二个问题,其实环境可持续是一个经济问题,也是一个政治问题,中国现在在建的核电厂应该是占据全世界的一半以上,你怎么看中国的核电发展?

【耿旭】:我个人的意见是,核电站越少越好。但是按照中国的短期需要来讲,未必如此。我们常常是由需要来决定做事情,结果发现很多东西短期的需要和长期的需要是不太一致的。核能的发展过程相当长,有很多历史可以借鉴,有的是成功史,有的是失败史。比如像法国,他们是成功的,至少目前看着很成功。当然法国有很多隐藏的忧患,不是很普通的可以拿出来被讨论的,好比说核污染问题、核废料问题、储存问题,听说有一部分要中国来储存,我不是特别清楚,希望不是如此。所以这里面是有一些隐忧的问题,目前还没有显现出来,如果有这种可能性，我觉得我们要慎重，这是我的看法。

【提问】：教授您好，刚才我在您的演讲中看到低碳里面也包括垃圾，生活垃圾和固态垃圾的处理问题。我们知道，中国内地城市化进程越来越快，到处都在大兴土木，有很多的建筑拆迁、改造，不停地新修。但是现在采用的方式，据我了解，都是用填埋的方式，但是随着这个过程越来越久，那些填埋场也越来越满。这方面我们可以采用什么样的方式解决这样的问题呢？

【耿旭】：我现在不清楚有什么方法可以解决。我觉得有些东西是渐进的，也许是长期的，十年后这些填埋场会出现的结果，可能跟我们现在看到的不一样。换句话说，随着科技的进步，对它认识程度的增加，我们可能变换成其他的处理方法，更完善地处理问题。我个人的想法是，怎么样让它将来不成为废物，现在埋藏的东西说不定将来要挖出来，利用它。现在的技术会把我们局限到目前能做的东西。我是比较反对核能的，但是像其他的东西，我觉得需要一个过程，要允许慢慢地发展，因为它还不是一个最终的成熟技术。但是谈到核能的话，它出现的问题是不可预测的，人的伤亡、环境的破坏、对世界其他的影响，都不可预测。我们中国已经算很客气的了，因为也没办法，但是如果这个东西继续发展下去，你我说不定都会感到不好过了，那怎么办？日本也没办法解决。太严重的东西我们就没办法接受。包括水的利用，南水北调、东水西调，这些违反大自然的东西在大量地进行，凡是可能发生的事情必定要发生，将来总有一天，不是你付账就是你子孙付账，早晚有一天要付出代价。

空间美感与学习的哲学

主讲人：陈可石

讲座时间：2011 年 10 月 15 日

讲座地点：深圳大学城图书馆

主讲人简介

陈可石，清华大学建筑学院硕士，英国爱丁堡大学社科学院博士，北京大学教授，北京大学城市规划与设计学院副院长，北京大学中国城市设计研究中心主任，北京大学城市设计方向的学科带头人。其主要研究方向为城市设计学科在中国的发展，城市设计新理念与新方法，城市设计与古镇复兴，以及可持续的绿色城市设计理念和技术。作为著名的城市设计师和建筑师，由他主持完成的汶川新城水磨镇获得国内外多项大奖。陈教授同时也是在建的珠海歌剧院的首创设计师，以及西藏林芝鲁朗国际旅游小镇、中山市辛亥革命纪念园、翠亨国际旅游小镇、佛山名镇等著名工程项目的总设计师。学生时代的陈教授曾荣获中国首届大学生设计竞赛一等奖，爱丁堡大学学者奖学金及亨利·莱斯特奖和中英文化基金奖。毕业后，他先后担任英国 TBV 设计集团中国部总经理及香港中营都市与建筑设计中心总建筑师。

主要内容

许多人，终其一生都在学习，但是不断学习的你是否思考过学习的哲学？陈可石教授将以自己求学、工作的心路历程，与喜爱学习或者不得不学习的你分享学习与研究的哲学。他的信息将扩张你的眼界，让你了解有所为而有所不为，以及追求真知灼见、知行合一、幸福智慧的求学观。

一、个人经历

我毕业于英国爱丁堡大学，研究艺术史，尤其是研究古希腊的艺术史。我可能是为数不多的研究古典希腊从公元前520年到公元前460年这个时期的人，这个时期是古希腊文明的最高峰，研究的过程中我有很多感悟。我在英国爱丁堡大学读博士期间获得一笔奖学金，叫旅游奖学金。这笔奖学金专门支付我在欧洲的旅行费用，使我有机会踏遍了整个欧洲。这笔奖金，这段经历，改变了我后来的发展方向。

毕业以后我出任东南亚顾问公司综合部的负责人，期间也负责了东南亚的一些项目，我也走遍了东南亚。2002年、2003年这个阶段我回国加入北大，出任城市设计的学科带头人。

二、工作现状

现在，我在北大讲两门课程，一门是城市设计学。我们今年有三十名城市设计方向的新学生，我们以后每年都要保持这样的规模，要超过清华和哈工大，发展的速度也会不断提高。城市设计学是城市设计学科的主干课，我的这门课很多哈工大的同学也来客串，我们也表示欢迎。

第二门课是连续在这个图书馆开设很多年的美学和艺术史高级讲座。这个讲座受到了普遍的欢迎，原来我计划开设三年，但今年是第五年，学校还希望我继续开设下去，这也是唯一一门连续开设多年的课，希望大家能有机会参加。这个课程最使我感动的是，有几个大学城的同学和老师连续听了三年。每年我们会更换40%的内容，特别是今年在结构方面有了很大的改变。

北京大学在我们的研究方向，由我主持也出版了很多书，我今天也带来一些，有兴趣的同学可以通过提问的方式获得赠书。

我们最近完成的“汶川新城水磨镇”获得了灾后重建的第一名，我今年非常有幸到了联合国总部领奖,并且做了发言。这张照片(图1)在联合国总部演讲时放完以后,所有其他国家做灾后重建工作的人都哑口无言,因为我们做的超出了他们的想象,美国旧金山的市长前几天还给我写了一封信,说这个对他刺激太大了。最刺激的是,我在他们鼓掌完了以后又补充了一句话,我说其实这张照片上所有的内容是在18个月内全部完成的。大家看我们做的项目,它在汶川水磨镇,这是(图2)我们获奖的那个中学的设计。这个设计意外地得到了香港政务司的赞助,他们当场捐款5 500万。黄华华省长在视察这个中学的时候评价说,这个中学装修的精细程度超过了广东所有的贵族学校。这是(图3)我们这个项目里的春风阁,我顺便给大家看一下我的书法作品,他们在 刻上去的时候把我的名字涂掉了,春风阁上有我的章没有名字。

图1　汶川新城水磨镇总体城市设计与建筑设计

图2　汶川水磨中学建筑设计

图3　春风阁

下面这张照片(图4)展现的是现在在建的珠海歌剧院,是由我设计的。这是很难得的一次机会,我们击败了设计鸟巢和设计国家大剧院的建筑师,同时击败了众多国内的设计机构,最后我们的方案被评为一等奖和实施方案,大家在网上可以看到我们设计的珠海歌剧院。

接下来这张照片(图5)展现的是我们最近完成的成都城市综合体的设计,被评为“成都市最有原创性的设计方案”。我上个月受成都市规划局的邀请做了“设计的原创性和艺术性”的演讲,在这个演讲上成都市政府聘我为成都市政府顾问。

图4　珠海歌剧院建筑设计

图5　成都文殊坊建筑设计

这张照片(图6)上展现的是我们正在做的佛山清明上河图,受到了汪洋书记的多次赞扬。在上次汪洋书记视察大学城的时候,陈云贤副省长跟我说,今年春天汪洋书记到很多地方都非常肯定这个项目。

这张照片(图7)上展现的是我正在做的中山翠峰国际旅游小镇,这是上个礼拜才完成的。

这张照片(图8)上展现的是西藏林芝鲁朗国际旅游小镇城市设计,是由朱小丹省长亲自负责的一个项目,西藏自治区成立60周年最重要的一个项目,这个月底朱小丹省长要再次去西藏,我也会去。这是关于设计的情况。今天我们不讲城市设计,所以我把我们现在正在做什么跟大家做一个交代,这样大家可以知道一个大概的背景。

图6　佛山清明上河图总体城市设计

图7　中山翠亨国际旅游小镇

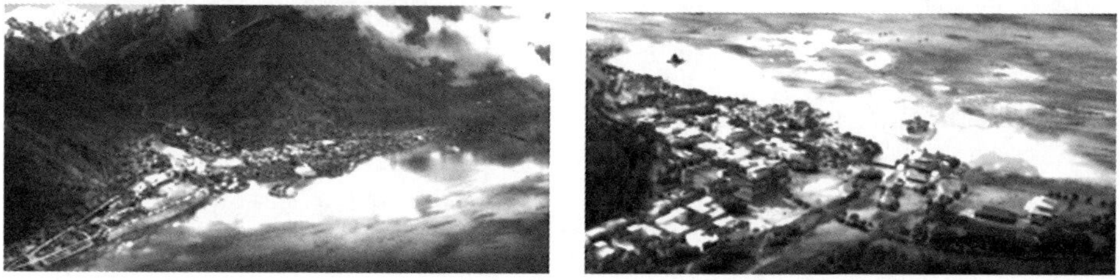

图8　中山翠亨国际旅游小镇

三、演讲主题

今天我们演讲的三个关键词:

(一)空间

为什么要讲空间?空间的意识在很多人头脑里还没能够建立起来。还有很多学者甚至很多成功学者的想象力还是平面的。因为空间的概念非常重要,我首先要讲一下我所理解的空间。人类生存首先是在一个巨大的空间里,也就是我们的宇宙。我最近看了BBC关于宇宙的纪录片,感悟很深。在太阳系之外有一个很大的银河系,这个银河系,根据霍金的看法,从银河系的一端到另一端有10万光年,而且宇宙还有1万亿个银河系那么大。所以我们在宏大的宇宙中,应该有基本的尺度,就是我们的胸怀。在很多时候,我在接触同学,在接触很多学者包括很多成功人士的时候,觉得他们还应了解一下宇宙。我希望和大家分享的是空间的概念,我们处在伟大的宇宙体系中。我不是在这里给大家讲天文学,而是和大家一起分享我对空间的认识。实际上我和霍金教授有机会在英国碰面,他到爱丁堡大学演讲。我和今天很多的同学一样,我很早就坐在了第一排,非常认真地听他的演讲。我后来一直是他很忠实的读者,他的很多书我都读过,我也非常推荐你们读他的演讲录。霍金教授最精彩的不是他的《空间的历史》那本书,而是他的演讲录,那本演讲录虽然很薄、很小,但是对我影响很大。

我们看一看在宇宙当中,在空间里面,我们生存的地球是什么样的空间。这个空间落到今天就变成了一个城市,空间的概念到了我们近距离就是城市的概念。城市是我们生存的基石,是我们城市活动的基石,创造的基础。我们要理解城市、了解城市就演变成我们现在城市规划、城市设计、建筑设计、景观设计还有社会科学。我现在重点研究的课题是我们如何在我们这个星球上,在我们的地球上创造更好、更适宜人居住的生存环境,这就是我们学科很重要的发展方向。

在城市空间里,我们应该怎么理解我们今天的生存空间?我自己觉得有一个很重要的概念要和大家交流,就是我们人和空间的关系。很多学者其实做了半生的学问,或者很多学生在研究的过程中半途而废,其根本的问题就是在空间里没有找到合理的定位。我在研究生阶段,有一个很重要的意识:你必须寻找到未来十年或二十年间,你在这个空间里扮演的角色。就像一个行星在空中,它要有它固定的轨迹,一个人在城市的漫漫人海里也一定要有自己的轨迹。

我接触过的很多非成功人士不是不努力,而是失落在茫茫的空间里,或者说兴趣太广,没有找到自己空间里的定位。从这个意义上来说,我有一个很重要的概念希望和大家分享:就是你们应该在这个时候,尽早地发现并确定自己在茫茫宇宙、茫茫人海、茫茫城市空间中你自己的轨迹。你一定要寻找到这个轨迹。

我非常理解为什么马克思在选择职业的时候他说,他选择的职业是他认为当时最需要的职业。他说这句话的时候,也是他在当时茫茫的人海、茫茫的群体中找到了一个定位,所以创立了马克思主义,改变了整个世界。大家为什么来上研究生,为什么上大学?其根本的原因,我认为是在这个过程中寻找到自己的定位,寻找到自己的轨迹,而且是成功的轨迹。

我们在博大的空间里应该有什么样的胸怀呢？我们应该有一个博大的胸怀。很多时候同学和我讨论的时候，他在提问的时候和在反应的时候，我有一个判断，他的空间是很有局限的，他的意识是很有局限的。很多同学和我谈论很多问题的时候给我一个感觉：他们心胸的空间不够大。首先我希望谈的第一个概念就是大家要了解到你的想象力，你的空间想象力。在这样一个宏伟的宇宙当中，在这样一个茫茫的人海中，在这样的城市空间中，我认为我们第一树立的空间概念就是我们要有宽大的胸怀，任何事情我们都应该以宽大的胸怀来理解、包容、宽容，这样就建立了认知这个世界的基石。

这是我第一个要跟大家交流的，今天虽然叫名家讲座，但我很希望是交流，我在这里不是以一个老师的身份跟大家讲，我希望和大家分享我的理解，这个理解可能是正确的，也可能是不正确的，我希望大部分是正确的，不正确的你们也会有判断力。

二是定位，我们的空间不是平面的，而是三维的，加上时间轴就成了四维。在这个概念下我们选择研究方向，选择人生道路，一定要定位准确。这个定位我认为越早越好。张爱玲说过一句"出名还是越早越好"，我化用她的话，"定位还是越早越好"，定位越早就会越早成功。我特别后悔，我定位得非常晚，我三十多岁博士毕业的时候还没有完全定位好，到四十岁的时候才定位好我应该做什么，已经很晚了。如果再给我提早十年，我可能会做得更好，所以说定位是个非常重要的概念。三是空间里时间是永远往前走的。空间在物理学上还有时间的概念，时间是非常奇特的，现在物理学上没有一个根本的答案，为什么很多事物都是对称的，但是时间永远是向前走的。如果我们在这个空间里把我们的注意力放在未来，我们的理解力就会有很大的不同。时间往前走，我们向前看，这样的理念也是我的空间理念里很重要的组成部分。

（二）美感

我想和大家分享的是美感的概念和如何培养美感、理解美。

我在大学城开设美学和艺术史课程，如果有同学有兴趣的话，大家可以去听并能看到我的观点。我认为很多学者、很多同学在努力了很长时间，在专业知识达到非常高的程度时，突然出现了一个瓶颈，这个瓶颈就是美学上的缺陷。基于我的认识，我希望和大家分享这个概念。美感、美学和美是我们人生当中非常关键的概念，在这个概念里我希望和大家分享在学习过程中，美学与我学习城市设计、运用城市设计的关系，美学与我接人待事、日常生活的关系。第二个和大家分享的理念就是美感，如何培养美感，如何理解美。

我 19 岁的时候，第一次到北京，我有一个同学，用一个质量很差的照相机在天安门前给我照了一张相，这是我的第一张照片。这张照片表达了什么呢？是那个时候我决定到北京来上学。

我在清华读研究生阶段对世界的理解，在我一生当中是非常关键的。我觉得研究生阶段的看法能够奠定人生未来的基础。我看很多成功的人都错过了这个阶段。错过了这个阶段，是非常可惜的。你们现在所处的阶段奠定了之后发展很重要的基石——世界观和宇宙观。我觉得在清华的时候，我才开始了真真正正思考问题。本科的教育基本上没有给我留下任何印象，我在本科的时候，我和我的很多大学同学交流过，我不是老师心目中的好学生，我曾经多次受到老师的批评，老师甚至要劝我退学。我的本科阶段是一团乱麻，但从研究生开始，我觉得才是我人生的一个很重要的阶段。

研究生阶段我认为对每一个人都是非常重要的。我有一个不一定合适，但是确实必要的经历要和大家分享。我觉得一个人一生要有两次初恋：一次恋爱是你遇到你心仪的情人的时候，你第一次有了初恋的感觉，你会非常大的投入，不惜代价、奋不顾身、忘我的投入。还有一次初恋我觉得就是和你的知识，和你感兴趣的研究方向，和你希望终身贡献的方向。

我在清华的时候恰恰经历了这两次初恋，这两个初恋影响了我之后对世界的认识和发展。我在美学课上会讲到我关于第二次初恋是怎么产生的，我今天就省略。当年我们的清华班现在是大家公认的人才辈出的班。朱文一，是清华大学建筑学院的院长；庄惟敏，我同宿舍的，是清华大学设计院的院长；刘嘉峰是阿特金斯总裁；尹稚志是清华规划院的院长；赖德林目前在耶鲁大学做教授。我的导师王炜钰教授比较低调，她是林徽因的表妹，出身名门望族，举手投足都是大家风范。她北大毕业以后，28 岁成为清华大学最年轻的教授，也是很了不起的人物。她也是整个人民大会堂室内设计的总设计师，你们看到的人民大会堂的宴会厅、接待厅、福建厅，所有这些厅，党和国家领导人会见外宾的厅都是她设计的。老太太年近90，仍然坚持设计。去年我们几个老师面试完学生以后，正好就在她住的旁边，我说我想去看一下王老师，其他几个北大的教授跟着我一起去她家，她还是没有太大改变。老太太是个传奇的人物。

当我第一天到达英国，发现我一个人住一个宿舍的时候欣喜若狂。因为在清华的时候，研究生是四个人住一个宿舍，很是拥挤。我不知道你们的研究生居住条件怎么样，最少应该有一个桌子。在英国留学是非常重要的阶段，我和我的很多研究生交流的时候，我都鼓励他们出国。我的一名研究生去年到英国开会以后，我就鼓励他，让他联系一下，看能不能到英国读博士。他联系了，成功了，到了英国读博士。我觉得留学的经历也是人生当中非常重要的经历，我其实也可以在这和大家分享我的观点，如果能够留学的一定要留学，如果能进修也一定要进修。这不是世界观的问题，也不是西化的问题。这是空间的问题，你要换一个空间。

我一直认为英文是非常重要的，很多人很反感，说中国汉语已经伟大。我们这个年纪的很多人对民族的热爱是很强烈的。但是我认为英语为我打开了另一个窗口，另外一个世界，一个西方的世界。很多时候我觉得我们理解"海归"，发现海归有一个好处，就是空间的尺度不一样。所以有的时候我在和很多教授讨论的时候，我有一个理解，不是说学问的深厚问题，是空间的问题，能感觉到他们缺少这个。如果你们还年轻，你们一定要跨越另外一个时空，要争取。我是很幸运的，我出国的时候，从英国大使馆出来碰见我一个同学，他看到我得到签证、录取通知书和奖学金时，他叹息了一下，他说这是一万个苍蝇一个洞，被你钻出去了。也和机缘有关，那一年英国政府准备把庚子赔款给大陆学生，我们是第一批进入英国的留学生。

另外一个是我和大家刚才介绍过的，我在英国的六年期间是地毯式的走遍了欧洲。这个地毯式的情况是背着一个包，坐火车。在欧洲坐火车非常方便，我经常跳到火车上，看见远处一个城市，大概猜出名字，就下来住几天再到其他的地方。我后来偶然读了一本小说叫作《南朝一梦》，那个主人翁和我的经历有点相似，后半部分我没有那个经历，他在意大利旅行的时候，远远地看到一个城市、一个小镇就从火车上下来。我是每年的夏天都会去很多城市。我有一个很重要的理念，我到过的所有的城市，我必须去看博物馆。一方面是由于我是研究艺术史的，另一方面人的修养是靠环境造就的。古希腊伯利克里有一个名言，“我们的城市哺育了我们，培养了我们的道德和民主”。我在爱丁堡大学和剑桥大学时，我感觉他们的校园让人感受到在那儿一定要崇尚艺术，一定要崇尚文化，一定要很规矩。剑桥大学的草地只有正教授才可以穿过的，你要看到一个衣服很一般的人穿过草地，很可能是英国最著名的教授，最著名的学者或是诺贝尔奖获得者。那样的环境里有环境塑造的机制在里面。我很认真地在国内实践了我的理想，一定要创造我们生存、生活的空间和环境。同理，我们目前的城市还是一个比较粗放与粗糙的环境，这样粗糙的环境导致我们产生很多失落。我们道德的失落、艺术理念的失落，我们的浮躁，这些不是大家的原因，是环境不具备，我们现在正在重塑的过程中。我自己有一个看法，我觉得旅游很像是我们储存器的扩容，很多时候你的储存器满了就会给你一个提示，满了满了塞不进去了。我觉得远行是你自己思维空间的过道，你远行完了以后接受知识会更多。我是很主张旅行的，前年我在这个地方有一个演讲，题目叫“让心飞翔”，我提了一个概念叫旅游，后来北大很多老师批评我，说我把同学鼓励走出教室不上课。我不是这个意思，我是说上课完了大家要旅游。

我在英国买了一个尼桑车，是我在拍卖行拍的，那天我进去以后第一眼看中这个车，这个车也只有我一个人报价，我报价 500 块钱，500 英镑大概相当于 7 000 人民币，几千块钱就买了一辆很好的车，我开这辆车到了很多很多地方。

我在爱丁堡是长跑队的，跑了差不多五年。本来星期六下午我是参加一个俱乐部的，这个俱乐部每星期六下午是要跑 16 公里，我每个星期六除了这样重要的演讲以外，包括院长办公会我都不参加。因为人一定要建立一些你认为很投入的习惯，而且一定要坚持。我有一次看卡夫卡的格言，他说“人类只有两个缺点，一是懒惰，二是没有恒心”，我觉得我挺懒的，但是我有恒心，我克服了其中一个。

在英国的时候，我觉得和同学之间的交流也非常重要，不同的种族、不同的世界观、不同的生活习惯能开阔你的思维方式，这也是空间的概念。这种交流使我的思维受益匪浅，我的判断不是在很有限的坐标系，我的坐标系可能会比较宽、比较广，包括饮食、生活习惯、看法、理解力、音乐等各个方面。

最后是毕业,我也和大家分享一下我毕业时参加的毕业典礼。很可惜我们没有这样一个古典的地方,我们毕业的时候,虽然放了一些花,但是总提不起精神。我觉得应该有一个很隆重的地方能够庆祝大家的毕业典礼,我觉得在清华很好,清华的礼堂很有气氛,我们这里应该盖一个礼堂。我毕业的时候和我们的系主任、院长还有办公室主任一起聊天,谈到为什么学习,我们院长就跟我说,他原来也是不感兴趣,也是一个偶然的机会促使他对学问感兴趣,也是从一个坏学生变成好学生。坏学生变成好学生不是老师改变的,是自己改变的。他跟我谈到,他从研究生的时候,突然有一天观念转变,热爱上自己的专业。我觉得他的经历和我很相似,只不过时间、时空不一样。后来我和他一直有很好的联系,我觉得很多学习的心灵感悟是相通的,如果你们有机会和一些成功的学者交流,你们会觉得我们走过的路是一条很接近的路。在这个过程中,我今天根本的目的不是介绍我的经历,而是和大家分享我在这个过程中我自己的一些感悟。

我在英国举办过一个水彩画展,当时英国报纸做了很多报道。我不想成为一个画家,只不过想通过水彩画来表达我对城市、对专业的理解。有一年夏天我到了卢浮宫,站在高根一幅画前面,我突然觉得受到了很大的震撼。紧接着第二年春天我到了佛罗伦萨,在那里画了我第一张水彩画,从此以后,我就积累了一些水彩画,后来在爱丁堡就举办了这个画展。中途我也临摹了一些齐白石的画,有个画廊说可以卖,我就拿去卖,很快就卖掉了。我画的爱丁堡大学(图9),实际上用了水墨画的技法。因为我每天经过这个大门到体育中心,我觉得每天看很熟悉,很熟悉那我就把它画下来,没有其他的意思。这是我画的爱丁堡老城(图10)。一位教授曾经建议我把这幅画赠送给察尔森亲王,因为察尔森亲王也是画水彩画的,总是没有长进,艺术学院的老师说你还不如把这幅画赠送给他,让他学习学习。可惜,后来这幅画带回来以后,有一次家里面漏水,水就把这幅画毁掉了,只有照片。

我画画是有建筑学功底的,和一般画家不一样虽然水彩是英国的国粹,就像中国的京戏一样但这个画展大家觉得不太一样,我的手法有点国法的感觉,我基本上在其他地方留白了。前不久我遇到了一个山东大学的教授说他在爱丁堡大学读博士的时候,在图书馆看到我的水彩画手稿,一直想找我,后来在一个四川餐馆找到我,一起吃了饭。

图 9　爱丁堡大学

图 10　爱丁堡老城

我参加艺术学院人体班画人体的时候，因为我们是学工程的，画人体后人家老师根本不看，说我们水平太差。中途这个班开始用水彩画了，最后我画的时候所有其他人全部停止，全部看我画，因为我两个小时以内肯定画完，他们没有想到有这样的技法。我画的大腿，其实就是一笔拉下来的，我每画到这的时候他们会鼓掌。英国很多艺术学校的学生、研究生，他们其实没有这个功力。

(三)学习的哲学

这是第三个很重要的关键词，也是我今天要讲的重点。为什么要讲学习的哲学？之前我和大家讲了空间的概念，包括心胸、想象力和定位，然后又讲到美感，包含对事物认识的角度、审美的评判标准。在我们研究生阶段，还有一个我们要思考的是，我们要用什么样的哲学进行学习？很多同学和我交流，觉得学习是非常吃力、非常辛苦的一件事情，为什么感觉到非常吃力呢？就是因为有很多克服不了的困难，而且受到很大的压力，我们现在有很多老师有一个习惯就是留很多作业。我不是很赞成,我认为学习一定要找到捷径。我听说我们前任校长胡适教授是最能找捷径的,我读过他很多传记、研究,他是会走捷径的人,会抄短路、走短路的人,所以他做学问能做得很好。我们的时间是有限的,在有限的时间里怎么能够把学问做好,是我长期研究的课题。我所在的跑步俱乐部是世界上最大的跑步俱乐部,也是人数最多的协会。俱乐部里有一个游戏,就是你跑到一个十字路口的时候画一个圆圈,标注几个不同的方向,只有一个是正确的,其他几个画一个十字。我们跑步的时候,经常是跑得最快的那几个人,他们在十字路口的时候选错了路,又要折回来,而我们后面跑的人,选择正确的路线,实际上他们就落到了我们的后面。体力的竞争不是唯一的,任何情况下,我认为选择是非常重要的。

我有的时候看很多学者在学习有压力的时候,或有很大无奈的时候,实际上是没有找到学习的方法和哲学。今天我和大家分享以下十条原则:

原则一:追求卓越。

我们为什么要考研究生?这牵涉到我们的人生态度,如果说我们不是追求卓越,我们这个年龄最好是生孩子,按照传统,我们这个年龄不应该是学习,而应该是养家糊口、就业,很多同学经过一番奋斗以后进入到研究生阶段,是因为我们必须树立一个概念,就是追求卓越。前年的新生入学时,学校让我做演讲,按照我们学校的习惯,演讲必须用英文。我不知道为什么,英文演讲我很难找到一个题目,所以我就找到李清照的一句话“生当作人杰”,这句话就是我演讲的核心。我们既然选择了这个道路,我们就要追求卓越,就要树立一个比较高远的目标,你们一定要想到十年以后你是谁、二十年以后你是谁,你是不是最杰出的那位,在这样的目标下你才能够去努力,任何努力都和我们的目标有关。如果你的目标,只是一个很既定的目标,只是爬一个山丘,你也会觉得很累。如果你的目标是攀登一座高峰,你在爬山丘的时候,你会觉得这个山丘只不过是爬高峰中一个很短暂的过程,你不会感觉到累。我一直觉得追求卓越,树立一个远大的目标是我们杰出的学者最重要的基础。你能从这开始,这就是你的起点。

我觉得要征服的是一座高山,要有这种雄心才能够谈人生的旅程,学习的旅程。大家应该今天回去想一想,在你们的电脑上,日记本上写一个十年后的我、二十年后的我,三十年后就算了,太远了。我认识很多人四十多岁就考虑退休了,特别是搞风险投资的,我不知道有没有商学院的,超过 50 岁职场就竞争不过了。我们有一个时间表,在这个时间表上要追求卓越。

原则二:培养更完美的精神世界。

其实,我们很多同学没有认真地思考过这个问题,我们应该以什么样的精神世界来迎接未来?我们的精神家园里要种一些什么样的花,什么样的树?我们没有考虑过这个问题,所以我们很多同学是把有限的精力花在了学习教科书、参考书上。很重要的一个观点是,我们的精神世界是支持我们学习的关键。如果一个城市没有花园,没有知识的体系,你们就无法享受到这个城市,就不会觉得这个城市好。其实在你们这个阶段,有一个很重要的工作就是建立一个完美的精神世界,在这个完美的精神世界下你会感觉到幸福,你会感觉到很有勇气去迎接未来,去组织一个完美的婚姻,组织一个完美的学习计划,最后实现你的目标。

我觉得这个时候的完整性是非常重要的,在整个研究生阶段是自我塑造的阶段。我最近看了达人周国平的一本书,《周国平对话王小慧》,他提到这个观点我觉得很赞同。起初我觉得这个书我不是很能接受,我怀疑里面有自恋的成分,后来看完以后,我觉得写得非常好。

一个完美的精神世界非常重要,在完美精神世界的基础上我们会感觉到幸福,我们追求的是幸福,我们并没有直接去追求知识、技巧和财富,我们追求的是人生的幸福感。

原则三:要有选择。

我在上大学的时候,还保持着和家里通信的习惯,我父亲有一次在给我的来信中写到要“有所为有所不为”,我后来对这句话非常的认同。我在上大学的时候,在上研究生的时候,甚至包括现在,我首先选择“不为”。我首先不打麻将,选择不抽烟,选择很多东西的时候,你需要选择“不”,你不去做那些和你的目标相反、无关的事情,这样你就会觉得很轻松。

我接触的很多学者,我认为如果没有这个明确的意识,而是兴趣很广、可能性很多,最后就可能很难达到目标。你如果有很宏伟的目标,你就要集中精力,不要浪费精力,在这样的目标下,其实你会领略到很多奇异的风景。

“有所不为”非常重要,我们现在的许多人都很有野心,野心其实是个否定词,你太有野心,有的时候我觉得并不好。如果人家介绍,说这是一个非常有野心的人,那就是否定的,说明这个家伙没什么成就。你们一定要把这个差别找到。

原则四:辨别真伪。

在整个求学、求知的过程中,这一点都非常重要。我现在看了很多鉴宝的节目,发现充满假货,有个人告诉我,现在中国95%都是假的。在这样的情况下,我们来回头看看知识海洋里,其实也充满了假货。我可以不客气地说,我基本不看专业杂志,为什么呢?因为我觉得很多专业杂志都不是原创的,都是翻译的,都是拼凑的,都是山寨的。就像让我吃剩饭一样,我觉得很难受。我们要找到真实的、有品位的、原创的真知灼见,我有一个口号是我们需要追求真知灼见,"真"非常重要。"真"必须有一个前提,就是你必须有鉴别能力。我主张同学拿到书的时候不要急着看,你先拿书看一看重量是不是假的,纸有的时候也是假的。翻过来背面看一看,前面看一看,出版社再看一看,作者介绍再看看。有的时候看到一本宏伟的书,但是突然你发现作者是个不可信的人,这就需要你辨别完了以后,再决定是要精读还是泛读。一定要有辨别能力。

原则五:自信。

自信在你们这个年龄阶段尤其重要,因为在上大学的时候,你们是不可能自信的,大学的时候,老师在讲台上一讲,黑板上一写,你们马上抄在笔记本里,这使你们失去了自信心,你们认为和权威有很大的距离。爱因斯坦说过的一句话:"我是不崇拜权威的,我不要成为权威。"你们一定要超过权威,如果你们觉得超不过老师,我觉得是很可惜的,老师不希望你们超不过老师,如果你们超过老师了,我认为你们就成功了。

我觉得要树立自信就是要树立这样的理念:世界上没有征服不了的高山。这是瑞士的一个网球手说的,他在得了伤病以后,还在准备网球的锦标赛,当时很多人劝他算了,他就说了这样一句话。我看了他的介绍以后,我觉得这个和自信心有关,有他这样的自信心,没有任何高山是征服不了的,你们要树立这样的理念,不要畏惧,不要被权威吓唬到。

原则六:保持非常宁静的心情。

我们这个社会太充斥那种骚动、盲动,连我们的车子都叫动车,为什么叫动?

为什么不能安静下来？我觉得学习需要很宁静很宁静的心，学习还要有很宁静的环境，从这点来说大学城很好，我觉得你们图书馆很宁静，没有高速公路穿过。在香港，很多大学图书馆、教室旁边都是高速公路。很多人问我香港理工学院怎么样，我说千万别去，天天都是汽车尾气，天天都是汽车喇叭，你怎么能学习呢？我听说还有一个诺贝尔奖获得者在那儿教书，后来得了老年痴呆，好像和这个有关系。我觉得宁静非常重要。

原则七：乐观。

无论你持什么样的态度，我认为这个世界和你无关。我们跑步的时候，我们有一个口头禅：无论你怎么样，没有你也一样。我们俱乐部有一个原则，其实你不来也一样，也无所谓。我觉得持什么样的态度对你们的学习非常重要，甚至对交友也是如此。我建议你们交朋友甚至男女朋友的时候，都应该找乐观的，情绪是会传染的。凡是见到很悲观的人，我们要保持一定的距离。一种乐观的心态、乐观的情绪非常重要。

原则八：重视健身。

很多人忽略了这个，我自己觉得最大的投资其实是体力，这个也是古希腊的理念。古希腊人认为投资身体是最重要的，比黄金还重要。我在中学的时候看到一个报道，说有两只老鼠，一只是灰老鼠，一只是白老鼠，灰老鼠不停地运动，白老鼠不停地吃，结论是灰老鼠比白老鼠多活了三倍的时间，这是一个健康的理念。另外一个理念健身是，健身带来的愉快心情是接受学习的物理基础，你们体育锻炼完了以后可以静下来看书。

原则九：行万里路。

刚才我提的理念，一定要扩大你们的空间。很多人实际上不是不努力，而是容量太小，容量太小的原因是旅行太少。这个理念我是深刻实践过的，我现在还非常主张要旅游，我假期的时候一定要组织全家远游，一定要到很远的地方。这种理念实际上是让你们在空间上有更大的拓展力。

原则十：要有想象力。

创造未来，最重要的是要有想象力。如果没有想象力，我们就没有原创力，就没有对未来的期许。这十条原则中最后一条原则就是想象力。

四、总结

法国作家路德维格说:“要让我表达对世界万物的赞美之情一句话就够了,世界是一个奇迹。”我们在座的都是一个奇迹,我们要认识到我们的生命就是一个奇迹,一个伟大的奇迹。我们坐在这个地方,我们走出去又回来坐在这个地方,也是一个伟大的奇迹。更奇迹的是,在这个奇迹的时候我们还处在学习的阶段。

画家梵高说:“深夜里起来看风景,大自然从来没有如此动人、如此美妙。”我们要有发现美丽的眼睛,很多人其实忽略了对美的发现。我在美学课上特别推荐梵高的一本书,叫作《渴望生活》,这本书我们在课上每年都赠送几十本给同学。

戏剧家易卜生认为:“在现实生活中寻求幸福才是真正的叛逆精神。”这也是我认为非常值得推荐的概念,我们很多人从小就叛逆,叛逆到最后又怎么样呢?我觉得这个是很好的理念。

伏尔泰的理念也非常好,他认为:“我在哪里,哪里就是地上的天堂。”大学问家们有这样的世界观,有这样的自信心,所以他们才能够成就一番学问。在众多思想家中,我非常崇拜伏尔泰,也推荐另外一本书《伏尔泰和他的时代》。

蒙田说:“除了活着并快活着,我没有别的追求。”

希望大家活着并快活着,并快乐地学习着。谢谢大家。

提问环节

【提问】:陈教授您好,刚才您提到挂在健身房的那幅作品,我觉得左边那四个字特别大,中间是非常浓的黑线条,右边的字特别小,我想知道这是您的创新吗?因为我自己比较喜欢书法,我觉得传统的书法中没有这种写法,特别是特别大的横,从审美上看不是特别的美。我们看苏轼的《寒食帖》也显得特别苍凉,他的字充满自己的感情,我不知道您那个特别大的斜条,是想表达什么,或是您的一种创新?

【陈可石】:很遗憾你不喜欢那个字。

【提问】:不是不喜欢,我只是想请教一下您。

【陈可石】:我对书法的看法,书法是两个层面的问题,一个层面是漂亮,很多字写得很漂亮,这是必须的;另外一个是你必须要有你的个性,他刚才提到的三个字都是非常有个性的,那个都是几百年前的。我们如果现在有学传播学的同学在这儿,你们会知道现在的传播手段、平面设计手段和从前不一样了,我们必须与时俱进,我想你可以换个角度再看看?

【提问】:教授您好,您讲空间的时候,您说40岁的时候才确定了想扮演的角色,我想问一下,您旅游的这段经历对确定您的角色是不是也很重要?

【陈可石】:这是很好的问题,我认为有两个事情,一个是未知,对未来的未知,未来很神秘,推动你去探索,去往前走。一个是美感,为什么我们要旅游,到风景区,为什么我们喜欢和漂亮的人在一起?是因为有美感的要求。为什么我到40岁确定城市设计作为学科发展的方向?也是有它的机缘,之前的经历,我实际上是做了充分的准备,在那个时候我选择了发展方向,但是在定位的时候,其实我很早就定位了,我在上研究生的时候我已经定位,自己一定要做一个杰出的学者,在漫长的过程中实际上是寻找方向。有时候我害怕别人说我自己夸奖自己,也不能随便把自己当成成功人士,我就交流一下看法。

【提问】:我问的问题是关于玩方面的,您说到一个陌生的城市,您首先会选博物馆,除了博物馆,其它地方呢?旅游出去玩,到底怎么玩,从哪个角度,最短的时间、有哪些捷径玩得更好?

【陈可石】:这个也是很难回答。首先我很肯定旅游的概念,我最近看了《明朝那些事儿》,我推荐你们看最后一本最后一页,我记得是这样写的,明朝最牛的人是谁?是王阳明。在我心目中比王阳明还牛的人就是徐侠客。我认为远行非常重要,你要选一个更远的目标去,到国外,到非洲、欧洲、纽约,不停地去旅游。我每次去旅游,每次去纽约、伦敦都觉得是一场震撼。在接触人、接触事的时候,你一定要有目标,我每次去旅游都觉得是学习的机会,学习完以后用在我的设计中。

【提问】:陈老师您好,我觉得快乐是相对的不是绝对的,如果一个人只有快乐的话其实也体验不了什么感觉,我自己对快乐的观点:首先快乐是从苦闷中得来的,比如说我们看论文,看一个星期论文终于得到了自己的 idea,或是发现自己的东西,那个时候才是非常快乐的,而前面的七天都是在苦闷中渡过的。所以我觉得如果除了活着并快活着没有别的追求的话,好像不太能实现。二是快乐分为很多种,比如说我们现在这个阶段可能跟同学一起吃饭或是一起出去玩就很开心了,但是我吃完饭、游玩完了之后我觉得这种快乐没有意义,没有带给我持久的快乐体验,我想问一下您,在我们这个阶段什么是真正的快乐,怎么样取得?谢谢。

【陈可石】:酸甜苦辣,不想吃苦中苦是人之常情。从哲学上来说,你这个看法是正确的,一定是对比的,一定是在苦里体会到乐,你知道蒙田说这句话的时候,他相当于法国的副总理,他已经是阅历很深的人,他对这句话的理解和你理解的不一样,他理解的是人一生要持这个观点,如果你一生持这个观点,你会珍惜每一天。你说的每一天,有点苦、有点乐、有点郁闷无所谓,总体上一生是持这个态度更好。

【提问】:陈老师您好,刚才您说我们面对未来的空间,应该有博大的胸襟,有很好的定位,我还很赞同您说的通过旅行扩大自己的胸襟、见识,我觉得这种旅行不应该是我们泛泛而谈的玩或是什么,毕竟很多旅行的目的地需要精度或是泛读,对于将旅行看作学习,老师您有什么看法?

【陈可石】:有的时候批判功利主义,我自己认为还是要有一些功利的观点,旅行不是泛泛的旅行,要有一定的目的性。沿途的风景、沿途的心理领悟和你的目标应该结合在一起,所以我觉得要有一些实用主义的理念,有一些功利的选择,我希望旅行的时候要和你们的学习,特别是你们这个阶段的学习有关。

【提问】:我现在是一名高中生,今天听了您的演讲之后我首先感到我非常幸运,我从小就非常喜欢飞机,立志要读航空工程,我明天申请去英国读本科。第二个是,如果我们出去读书的话,比如说读研究生、读博士,在这期间有很多需要留恋的,比如说我们的爱人、我们的家人,当然现在有很多异地恋,我们要如何知道哪个地方适合我们自己。像您回到了自己的国家,有些人选择去别的国家居住,这么多的选择里,我们到底要怎样平衡?谢谢。

【陈可石】:其实研究生也有这个问题,我们面临很多选择,就和我今天讲的有关,我们的目标、我们的哲学有关,所有的这些疑问其实我今天都为你们做了解答,我们其实应该很轻松的学习,很轻松的做出决定、做出判断,凡属于这点心态的,其实都是没有解决我说的十个原则,你在十个原则下,我觉得是没有这个问题的,我当时去英国的时候,我就揣着 20 英镑,最后我买了大巴票以后,从伦敦到爱丁堡,英镑都没有留下来了,12 个小时的公共车我没有喝一口水,后来一个美国老太太看到了,她说大巴卖水你怎么不买呢?我说我没钱。她说你来干什么?我说我读博士学位的,我是拿的奖学金。她为我买了可口可乐。我对那瓶可口可乐深表谢意。在那样一个宏伟的目标下,没饮料也有人给你。我们忽略的是,在整个你追求目标的过程中,你会得到很多帮助,你会遇到很多贵人,这是我的经历,有很多时候是这样的情况。

【提问】:您定义的人生是一本书,人生分为几个阶段,您认为人生在各个阶段适合读什么样的书,您是怎么选择的?是否能高速我们对您一生最有帮助的三本书?让我们参考下,谢谢。

【陈可石】:我后天晚上六点半也在这个地方有美学和艺术的讲座,我会开出接近三百本书,你们可能不了解,我一年读的书大概是 200 本左右,因为我一年可能买 400 本书。我觉得读书不能以几本算,对你有影响的书,各个时代的书,这个要跟每个时期有关,这个时期你关心的,一定要读好书,我在大学的时候就给自己立了一个志向每年必须读两百本书,我确实是这样实践的,也是这样做的。广泛的阅读对于一个人来说非常重要,有一句话叫"知识就是力量",你一定要有丰富的知识,我相信不可能有最好的三本书,肯定有最好的三百本书,我可以推荐给你们。

【提问】:我感觉收获很大,我是研究生毕业以后工作,已经差不多十五年了,我来到大学城图书馆听讲座,一方面是想更多地感受一下年轻人的朝气,我听了两位同学的发言，一方面我是要对课程给我的收获表达谢意。我也想告诉在座的同学，有一定的生活经历之后，听听今天的演讲会有非常大的收获，谢谢陈老师。

【陈可石】：你们以后也要注意，你们应该珍惜每一次学习的机会，因为接触每一个人都是一本书，我已经是博导了，我是持这样的态度，每一次和人交谈我会认真地倾听，我觉得他有很多的优点值得我学习，我接触人的过程中，通过倾听得到了很多艺术，倾听也是很重要的概念，补充一点。谢谢大家。

【主持人】：谢谢陈教授，时间的原因，集体的提问到此结束，今天的讲座就到此结束。

纵论古今谈阳光心态

主讲人:岳晓东

讲座时间:2011 年 11 月 12 日

讲座地点:深圳大学城图书馆

主讲人简介

香港城市大学应用社会科学系副教授,美国哈佛大学心理学博士,香港心理学会辅导分会首任会长。岳博士在心理健康、创新心理、咨询心理、幽默心理和青少年偶像崇拜等方面做出过重要研究。

主要内容

《三国演义》是中国文学史上最畅销的书籍之一,古往今来,无数文人墨客为它吟诵畅言,批评论断。岳晓东从心理学的全新角度解读三国中二十个关键人物的心理特征、性格类型与他们的典型行为表现之间的关系,为读者打开了看三国的另一扇窗,并通过探讨三国人物的人格特质,向大家提出职场的几点注意事项。

谢谢各位周末还过来听报告,我感到非常荣幸。今天我给大家分享一下三国人物对职场人如何保持心态健康的启示。

三国人物,谁的心理素质最强?曹操、刘备、司马懿、诸葛亮、赵云,咱们首先会想到这些人物,我刚才听到有人说刘禅,我告诉大家,阿斗是属于开心指数最高的,而不是心理素质最强的,他也不容易,卖了国还乐呵呵的。

谁的人格最完善？你觉得诸葛亮最完善？我今天要给大家先设一个悬念，诸葛亮有人格障碍，他做事追求完美，自己活得累，也让别人活得累。如果说倒退1 800年，咱们回到三国年代，应该投奔谁？千万不要提诸葛亮，为什么呢？在诸葛亮手下干事没有安全感，你犯了点事，不是把你废了，就是把你办了。所以我提议大家投奔司马懿，因为司马懿比较善待手下。

一、三国人物心理分析

（一）幸福达人——曹操

1. 乐观豁达

咱们先说说曹操的优点，就是乐观豁达。俗话讲就是有着“东方不败，笑傲江湖”的意境。

中国历史上的十大著名战役，三国就占了三段：官渡之战、夷陵之战、赤壁之战。官渡之战，袁绍统领二十万兵马，同曹操的五万兵马过招，结果输了！你们知道袁绍回了老家每天做什么？他就只想三个问题：“凭什么？为什么？怎么可能？”他早也想晚也想，最后想出了抑郁症，两年后吐血而死。我专门请教医生，人怎么能吐出血来？医生说是胃溃疡。袁绍伤心能伤到得了胃溃疡，那也是一番境界！

夷陵之战，刘备给两兄弟报仇，开始打得挺顺手，后来被陆逊火烧联营，一泻千里，刘备输惨了。刘备退到白帝城，也是那三个问题问个没完。结果不足半年就发了病危通知书！在这点上，刘备远不如袁绍，人家好歹还挺了两年嘛！

赤壁之战，曹操号称八十万兵马，其实是三十万兵马，跟刘孙联军八万兵马过招，结果也打输了，但曹操一笑了之。《三国志》中有一段很小的描述，十多个字：曹操跑到一个地方，仰天大笑，说这里如果有伏兵我就死定了，后来果然有追兵赶来。就这么一小段，让罗贯中在《三国演义》中愣是杜撰出三段，第一段张飞来了，把一帮人冲散了；第二段赵云来了，又冲散了一拨人；第三段让关羽在华容道给堵住了，曹操求情了。其实这全都是杜撰的，为了显得关羽忠义分明。

同样是大败、同样是输了不该输的仗，曹操最大的优点是能够告别往事不纠结。你问他心痛吗？“当然心痛了，一统中原的愿望我这辈子怕是实现不了了。我不会把痛苦进行到底,我活着没商量。"就这样,曹操在赤壁大败后足足活了12年!

这里涉及一个心理学的概念,叫主观幸福感,幸福在我心。最近,国际上有一个新的思潮,叫积极心理学,重点研究人是怎么开心的。倡导者叫塞利格曼,他在担任美国心理学会主席时提出一个思考题,就是为什么我们只研究人的负面情绪,如嫉妒、抑郁、焦虑、仇恨等,不研究正面情绪?如喜悦、乐观、幽默、创新等。所以他号召大家研究正面情绪,为的是来个幸福大合唱,唱的是什么曲呢?就是主观幸福曲。因为幸福感是主观的,是可以调整的。对小孩子来说,开心是一种本能;对成人来讲,幸福就是一种技能。

所以,我们可以给曹操做个"焦点访谈":"曹公,您是我的偶像,我是您的粉丝,您是我的阳光,我的唯一阳光。今天我好不容易拜见您,得跟您讨一句人生名言。您当初是怎么告别往事的?"曹公回答:"对酒当歌,人生几何,该放下就放下,且活且珍惜。"

"说的好啊!曹公,再跟您讨教一件事,当您不开心时,您会如何化解呢?"曹公回答:"何以解忧?唯有杜康嘛!"

当然,这只是想象中的对话,但曹操的乐观心态确实不一般,所以他最终能够功德圆满,修成正果,成为三国职场中心理素质的典范。放在今天,曹操就是幸福达人!

主观幸福感还有两个核心概念,心灵旺盛和心灵枯萎。心灵旺盛指花开旺盛,无论任何事情发生,都不会放弃对自我的信念;心灵枯萎指花谢如枯,一有风吹草动,人就要死要活的。前面讲了三国的三个人物,下面再拿《红楼梦》的两个人物来说事儿。

先说林黛玉,她有什么问题呢?她有自卑心理,明明是很受宠,却自我感觉很悲催,感觉贾府上下没有一个跟她过得去的,其他人说话都有潜台词,听他们讲话太累。其实林黛玉是贾母女儿的女儿,是最受宠的,贾府中除了贾宝玉,还有谁受宠程度能超过黛玉呢?没有。可黛玉就是不开心,这叫选择性不开心。

所以幸福是一种选择,也是一种修炼。

另外就是史湘云,史湘云是贾母的侄孙女,按照我们中国的伦理关系来看,几乎出了五服了,不算亲戚。她来贾府,本来是该做丫鬟的,结果做成小姐了,所以她感恩惜福不纠结，整天乐呵呵的，难怪会讨大家喜欢。同样是看见花丛，史湘云乐在当下，睡在花边打个盹；可林黛玉看见花丛，马上想到花开花谢，整出个葬花词来，你说多没劲！

所以，压力是什么？压力是一种评估，可以有积极的评估，也可以有消极的评估。积极的评估就是尽量淡化压力的负面情绪，少纠缠于过去。如果对自我的过失耿耿于怀，对他人的过错念念不忘，你就走不出来了。

2. 能宽恕人

曹操当初战张绣，张绣说我降了，曹操说好啊，两人就搞了一个饭局，聊聊天。本来两人吃得挺好，但张绣多嘴说了一句我婶子也在军中，她现在正守寡，曹操心术不轨，就请她过来一起吃，没想到那婶子是张绣哥哥的编外小妾，年轻漂亮。这个事让张绣听说了，一怒之下反了，这可杀了个曹操措手不及，出了帐篷一路狂奔，连马都没的骑。曹操的儿子曹昂骑马路过，说："爹，您骑我的马走吧，我在这儿挡着，您不能死，我能死。"你看这一刻，曹昂多有孝心啊！现在上哪儿找这样护爹的儿子呢？

后来曹操跑了，捡了一条命，可曹昂却死了。按理说，张绣该得意了吧？但张绣的谋士贾诩劝他说，"你现在赶紧降曹，他会放过你的，再晚就真与你结仇了。为什么呢？因为你把他打痛了，他会尊重你的。"张绣将信将疑，派人对曹操说："曹公啊，对不起，我情绪管理有问题，昨晚冲动了。对不起啊，您大人不计小人过，我这就向您投降。"

曹操果然如贾诩所料，立即宽恕了张绣，还说："是我不对啊，老毛病没改，谁的女人不动，非得动你家女人！真是后悔莫及啊！你家儿子不是还没媳妇吗？我把女儿许给你儿子，以后咱们就是一家亲，咱们的女人我是不会动的。"你说昨天还打得死去活来，第二天就成亲家了，只有曹操有这个胸怀。后来他对张绣确实很善待。

但曹操的儿子曹丕记仇，有一天阴森森地对张绣说："你别太乐，我大哥是死在谁手里的？"就因为这句话，张绣回去后得了抑郁症，不久就死了。

还有，曹操当初有一个朋友叫许攸，后来做了袁绍的谋士，在官渡之战时给袁绍提了很好的建议，但袁绍没听进去。许攸逼急了，就跑到曹操这边，曹操听说许攸来了，不但不计较他曾为袁绍打工，而且光着脚出来迎他。然后俩人躺在一张床上，说得那叫亲切：想当年，咱们在洛阳一起上课，你怎么捣乱，我怎么配合。许攸大受感动，告诉曹操袁绍的粮食屯在乌巢，一把火烧了人就逼急了，后来曹操果然是这样取胜的。

3. 曹操的自卑

曹操也有缺点，就是一三五自信，二四六自卑。而且曹操的自卑让人莫名其妙。

话说某日，匈奴使者来朝拜大汉丞相，曹操那天正好是自卑日，但又觉得自己缺席不合适，思前想后，就让他的一个属下崔琰出场，说你做一日丞相，我做一日卫士。崔琰说什么也不敢，曹操说你坐着就完了，就坐半天，半天就下岗。

崔琰勉为其难坐在那里，匈奴使者晋见大汉丞相，瞅着崔琰是一帅哥，文采又好，但说的都是自己听不懂的话，就侧耳看旁边捉刀那位，观其目光炯炯有神，印象深刻。

匈奴使者出了门，曹操不放心，就找人去做一个"焦点访谈"，说说对我们大汉丞相的印象。没想到那家伙实话实说，说大汉丞相虽然风流倜傥，但说话文绉绉的，不如旁边站着捉刀的那位，那才是英雄好汉（捉刀一词由此而来）。

这事让曹操更纠结了，为什么呢？因为看出来了，佛家说这叫慧眼，脑门上长了眼睛，匈奴使者脑门开慧眼了，看出来曹操是个真英雄。曹操思前想后，最后决定把使者匈奴给杀了，你说曹操有多自卑？

（二）NLP 大师——刘备

刘备这个人能成事，关键在于他看得起自己，胸怀大志，逢人就说，我有一个中国梦。

刘备的先祖是中山靖王刘胜，汉武帝的弟弟。从西汉初年到东汉末年，中间差了 350 年，各位有谁知道自己 300 年前的祖上是谁？据学者考察，从刘邦开创西汉到东汉末年，能够直接跟刘邦搭上线的人有二十多万，他们当中唯独刘备一个人动不动就说我是高祖之后，要匡复汉室，一统中原。

刘备没钱没人，靠什么赢取天下呢？只能靠仁义，比如说他三让徐州。陶谦不想做徐州市长，想请刘备来做。本来这么好一片地盘，又是人家主动谦让的，刘备却一会儿说让吕布，一会儿说让袁术，让陶谦感到很真诚，最后答应只做代市长。虽然后来丢了徐州，但美名留下了。还有就是从新野撤兵，面对曹操追兵过来，刘备对大家说，你们跟我走吧，我带大家奔小康，那帮人还真信啊，拖家带口跟着走，就因为刘备给人感觉说话可信。后来曹兵追上来了，诸葛亮劝刘备说，咱这么拖着走，若被曹兵追上，会有灭顶之灾的。刘备不为所动，最后真被曹兵追上，连老婆孩子都被冲散了，要不是赵云拼命抢救，就都没了。救回来之后，刘备还把儿子扔在地下，留下了脑震荡的后遗症。但不管怎么说，这个广告打得好啊。

其实，刘备最后能够成事，就是因为他看得起自己，努力追逐自己的梦想，在曲折面前不低头，屡败屡战，才取得三分天下的局面。在心理学上，这是典型的自我期盼效应的表现，它可使人在行动中形成一定的定势心理，存在某种坚定的意向，并为此不畏艰难，奋斗不止。用时下的术语来说，刘备也是 NLP 大师，说自己行，自己就行了。不像刘表、刘璋那些没出息的刘邦子孙，说自己不行，自己就不行了。

(三)人格障碍——诸葛亮

1.追求完美

诸葛亮这个人最大的问题是追求完美，放不过自己，放不过别人。比如说马谡该杀不该杀？这是一个人格测试题，说该杀的都是追求完美，说不该杀的都是不求完美。

其实马谡是诸葛亮最大的粉丝，最得力的助手，也是接班人重要人选。马谡有很强的表演欲，为守街亭的事儿立下了军令状，本想在前方捞个功名，不想砸了牌子，损兵折将。诸葛亮本可先把他先关起来，等气消了再说，因为蜀国本来就没人，一个错就给废了，那只有偏执的人才做得出来。

我想司马懿遇见这事儿，一定会从轻处理。第一，先撤职查办，关个禁闭；第二，闭门思过一段时间，然后放出来戴罪立功。这种处理方法可以给马谡成长的时间和空间，让他在挫败中成长。其实，司马懿、司马师、司马昭，包括司马炎祖孙三代有一个共同的特点，就是善待部下。所以后来司马篡曹魏的时候，曹魏底下的部将大多跟他走了。

还有，诸葛亮做事常常是眉毛胡子一把抓，管得太死。诸葛亮与司马懿 PK，给他下个帖子,说咱俩某年某日某刻某地会会功,你摆你龙门阵,我摆我的八卦阵,咱们玩一票。司马懿在接待蜀国使臣时搞了个饭局,期间问蜀国使臣:“您家丞相近来如何?”那人说:“我家丞相近来挺闹心。”司马懿再问:“闹什么心呢?”那人说:“军中二十军棍以上的事情要经他批准。”司马懿听了马上就乐了,心想军中二十军棍的事儿谁来管?连长、营长来管。这连长上面是营长,营长上面是团长,团长上面是旅长,旅长上面是师长,师长上面是军长,军长上面是总司令。诸葛亮号称统十万兵马,那就是个总司令。可他管连长的事,他管得过来吗?这不要活活累死他吗!所以司马懿一等那人走了就对部下说:“我想诸葛孔明必不长久。”后来果真如此。

诸葛亮作为高管,不善分权,管得太细,追求完美,这是他致命的弱点。在这点上,他要向孙权学习,你瞧人家活得多潇洒,凡是敌军来犯,他就给别人处理。先是让周瑜上,再让鲁肃上,又让吕蒙上,个个都尽心竭力,三十五岁上下就都操心而死,而孙权却足足活过了七十岁!

《易经》说得好:“文武之道,一张一弛。张弛是互补的,不是相克的。”如果你太“弛”了,会不求进取;如果你太“张”了,会折自己的寿。由此在管理上,主管越是工作狂,下面越是懒人多。因为凡事都是你说了算,谁都不敢碰了。美国有两位心脏病专家,名叫弗里德曼和罗森曼,他们发现心脏病的起因不是功能性障碍造成的,而是人格特质造成的。他们将人分为两大类:A 型人和 B 型人。前者的突出特征是进取心强、工作投入、追求完美、容易焦虑;后者的特点是心态平和,不争强好胜,比较从容不迫。医学研究表明,前者比后者患心脏病的概率大五倍。诸葛亮就是典型的 A 型人,所以才英年早逝。

2. 偏心

诸葛亮有偏心,最突出的就是歧视魏延。其实这个偏心源自关羽,因为关羽坏了诸葛亮的大事,没有执行诸葛亮给他交代的“北拒曹操,东联孙权”的策略。其实,失荆州对诸葛亮的打击远比刘备还大,刘备一向的观点是走四方,走哪儿是哪儿。但诸葛亮出山时给刘备提交了一个策划书,说是先取荆、益二州,方可图谋天下。这事一度成功了,后来又给废了,都是“关羽大意失荆州”惹的祸。

关羽死了,诸葛亮没办法找他算账。可蜀营中有个人,长得像关羽,名字也像关羽,用的兵器像关羽,个性也像关羽,这就是魏延。关羽字叫云长,魏延字叫文长;关羽是大红脸,长胡子,魏延也是;关羽用大刀,魏延用的也是大刀;关羽是敬下不敬上,魏延也是如此。由此,诸葛亮看见文长就想起云长,很容易生无名火。在心理学上,这是移情的表现。就是一个人把自己对某个人的爱与恨转嫁到另一个相似的人身上。关羽动不动就说:“给我五百小校,我可取大城池”。魏延也动不动说:“给我一万兵马出子午关,咱在长安会师”。诸葛亮是小本生意赔不起,不敢玩大的。你想,子午关是险关,附近一定会有重兵把守,你到了那儿,人家能开门让你进去?而你在那儿只要耽误三五天,援军就来了,围十天半个月,你没吃没喝,人就散了。所以诸葛亮不用魏延的计谋。而魏延老是觉得诸葛亮胆小,在背后议论他北伐成不了大事。

其实,诸葛亮讨厌魏延,还有另外一层原因:诸葛亮培养的接班人是姜维,而姜维是降将,在军中地位相当于一个师长,而魏延一直就是军长、副司令的,所以欲立姜维,必先除魏延。可魏延在蜀军的地位一直在赵云之上。我们常说五虎上将,其实刘备从来就没封过五虎上将,倒是曹操封了五上将军,包括张辽、乐进、徐晃、于禁、张颌。刘备在称汉中王时,蜀军将领的排位是关羽、张飞、马超、黄忠、魏延,那才叫五上将。诸葛亮死前一个思考题就是怎样把魏延给废了,怕他在自己死后北伐闯子午关,赔了蜀国的家底。

诸葛亮是怎么废魏延的?就是让魏延的死对头杨仪出任代司令,当时他充任的职务相当于后勤部长。这杨仪当初经常跟魏延闹矛盾,杨仪是个心眼很小的人,魏延又是个自负的人。有一次两人吵了起来,魏延逼急了,拔刀说“恨不得把你给抹了”,杨仪这大男人就哭了。这事儿连孙权都听说了,说这两个人,诸葛亮在世时就掐成这个样子,诸葛亮死了之后还不得掐个你死我活的?诸葛亮临死时把这句话想起来了,所以让杨仪统军。魏延一听就火了,心想这司令死了,该副司令接班,怎么也不该让后勤部长接班啊!

杨仪说咱们一起回成都去,但魏延说凭什么?丞相不在了我还在,咱们应该继续北伐,不能因人废事啊,所以大家跟着我接着走。杨仪说你再不走,就算你反了。魏延说我一心报国怕啥呢。结果杨仪果然上报魏延反叛,结果是满门抄斩。表面上,让杨仪私仇公报,出了一口恶气。背地里,这其实是诸葛亮造的局,为的是借刀杀人。

魏延是蜀军老将，最后死得这么冤，真是不公平！他充其量是傲慢一点，可惜魏延自己也一点都不觉察。诸葛亮真是想救魏延的话，他可以随便打发他回成都，至少保你一家老小不被问斩，但魏延活一天，就对姜维继位有威，采取这种下策，其实是诸葛亮的私心在作怪。

史书上说，诸葛亮处事很公正，但在处理魏延这个事儿上，诸葛亮就极其不公正。但是他也很无奈，因为他要立姜维。说到底，诸葛亮还是在恨关羽“大意失荆州”，所以他不能让魏延“大胆失益州”。

（四）AB型人格——司马懿

1. 进退自如

在三国风流人物中，把自己管理的最好的人，非司马懿莫属。因为他处理进退自如，该计较的时候非常计较，如攻孟达，灭曹爽，干脆利落，不留尾巴；而该不计较时却非常想得开，一点都不计较，如司马懿出山。

司马懿是官二代，父亲司马防曾做过首都洛阳市长。后来他爹感觉世道越来越黑，就打算回老家养老，问几个兄弟谁愿意回家陪父亲。大哥司马朗说我不去，我要跟着曹丞相建功立业，做最好的自己。司马懿是老二，说我愿意跟着咱爹回老家，这一、三、五下棋，二、四、六钓鱼。司马朗常在曹操面前念叨自己的二弟怎么聪明，遇着难事让他支个招，一准管用。不想曹操听进去了，就说干脆让你二弟也来这儿上班吧，我这就给他发个聘书，高薪待遇。不想司马懿看了说不去，还借口说有胃痛，曹操心有不爽，但当时曹操正忙着与袁绍PK，这事儿就挂了起来。

不想司马朗还是常在曹操面前提二弟。曹操说我再请你一回，上来就给你一副秘书长当，工资加倍，这回可以了吧？但司马懿仍然拒绝上任，编出理由说腿疼。曹操一听就上火了，难道非得皇上给你发一个聘书你才过来？我再把同样的聘请书发给你，同时加一个拘捕令，看你是在拘捕令上签字，还是在聘书上签字？这才把司马懿给逼出了山。

还有就是，司马懿与诸葛亮跳慢三，把诸葛亮给气死了。诸葛亮出祁山伐魏，有个致命的死穴，就是粮草不济。诸葛亮每次与曹军作战，都只能支撑三个月左右便必须退军。所以，诸葛亮每次与曹军作战，都力求速战速决，而司马懿偏偏和诸葛亮跳慢三，坚决不与诸葛亮作战，气得诸葛亮直跺脚。

诸葛亮撑不下去了，就送了司马懿一套女人服装，潜台词是你是个女人。但司马懿想得开，脑筋急转弯，不把女装当羞辱，而把它当礼物，送给自家媳妇。但他底下的部将不干了，说蜀兵有什么了不起？就是输了也要做男人，这可把司马懿逼急了，连忙寻求外援。这外援就是曹睿，曹操的孙子，当时是魏国皇帝。司马懿在奏章中说，我跟诸葛亮对阵，不是不敢打，而是想气死他，因为他山高路远，粮草不济，过不到三个月，就得撤兵，这样我们不费一兵一卒就可把蜀军逼退，但部下不理解我的意图，成天嚷着要出战，麻烦您下个指令，挂在门前，谁出战就砍谁的头。曹睿看了说好，我这给你下条子，还给你派个监军，专门监督不出战。诸葛亮没辙了，再加上烦心的事太多，心力衰竭，死在军中，这不等于被司马懿活活气死了。

其实，做人太 A 型了不行，那样事儿是做好了，但心脏不好了，像诸葛亮似的；做人太 B 型了也不行，那样心脏倒是好好的，可是成不了事儿，像阿斗刘禅似的。这 AB 兼有，进退自如是最好的，司马懿就是榜样。

2. 三国最成功的老爹

司马懿不仅当官是最好的，当爹也是最好的。所以三国归晋，绝非偶然。

首先司马懿对子女进行实践教育，从小就带着他们上战场，一来学会过苦日子，二来学会领兵打仗。所以司马师、司马昭两兄弟都是马上统兵、马下理政的高手。更可贵的是，他们虽出身高贵，但从不张扬，没有动不动就说“我爹是司马懿”。

咱中国有许多坑爹的孩子，动不动就说“我爸是李刚”，就怕别人不知道他爹本事大。在美国，没人会说“我爹是奥巴马”或“咱爹是巴菲特”，人家不提这段。他是他，我是我，我靠本事闯天下。司马懿的儿孙们，全是爹在哪辛苦，就都跟着上，这能吃得苦中苦，方可做得人上人。

比起司马懿，诸葛亮的儿孙就惨了，他的儿子叫诸葛瞻，从未上过前线，邓艾领魏兵来犯，诸葛瞻与他在绵竹交手，结果一战即溃，这也太窝囊了。你想诸葛亮一生打了多少场战？虽也有过败仗，但都能化险为夷。这儿子诸葛瞻从来没有上过前线，一仗就打输了，还搭上了父子两条命。如果说，诸葛亮和司马懿在阴间讨论教子经,诸葛亮可是惭愧大了。

(五)表演型人格障碍——关羽

关羽比较自恋,有表演型人格障碍,就是特别享受别人的关注,爱以夸张言行吸引他人注意力,有点像时下的李阳、陈光标等人。比如,刘备说马超被收降了,并封为左将军,关羽不高兴了,说马超是个什么东西?凭什么让他做一方将领?我要跟他比试比试。

诸葛亮得知此事后,写信对关羽说,马超是谁您是谁?他怎么能与您齐驱并驾呢?就说了这么几句好话,关羽感觉舒坦了,也不再提比武的事儿了。后来刘备封黄忠为后将军,关羽又不乐意了,说黄忠那个老家伙也配跟我站一起?耻辱!又要比试比试。后来部下对关羽说黄忠是谁,您是谁?您的胡子长得有多帅,他黄忠有您这样的胡子吗?这事就结了。

关羽大意失荆州不是策略上的耻辱,而是人格上的耻辱。当初战曹仁,部下一再提醒要他注意荆州防备,马谡的哥哥马良也提醒他,他就是听不进去。关羽原本可以与孙权做亲家的,孙权的妹妹嫁给了刘备,他还想让儿子与关羽女儿结婚,这等亲上加亲好事,愣是让关羽给搅了,还当着吴国使节大骂"孙权的狗崽子怎么配得上我家女儿,甭想!"

你想想,关羽不想嫁女儿就算了,干嘛还把人家孩子骂个狗血喷头的!孙权听了,果然气愤万分,坚定了偷取荆州的决心。如果关羽与孙权做成了儿女亲家,这偷袭荆州的事不就得搁下了!

所以,关羽的为人处事,真是叫人一声叹息啊!

(六)冲动型人格障碍——张飞

张飞做事只图一时痛快,不计后果如何,在心理学上,这是冲动型人格障碍的表现。具体说来就是,情绪急躁易怒,反复无常,无法自控,而且行动前虽有强烈的紧张感,但行动后却有极大的愉快感,对自己的鲁莽行为缺乏悔恨,固此人际关系强烈不稳定,很难与他人和谐融洽相处。

例如,建安元年,袁术攻打刘备,以争夺徐州。刘备派张飞去守下邳,当时下邳曹豹是陶谦的旧部,与张飞共事不和谐,张飞竟在一怒之下,把他给杀了。袁术听说这事儿,就给吕布写信,劝他乘机袭击下邳。吕布率军来攻,中郎将许耽开门投降，导致张飞败走下邳，吕布由此俘获刘备妻小和诸将家属。本来刘备、张飞新入主下邳，民心不定，应该尽量寻求各方合作，但张飞不仅不安抚民心，反而随意杀戮，导致下邳城不攻自破。张飞的这一怒杀，使刘备丧失了一次兴起的良机，极大地延缓了其势力的发展。

建安四年，张飞随刘备到小沛（今江苏沛县），经过秦宜禄管辖的铚县。秦宜禄的原配杜夫人被曹操纳入后宫，张飞就劝他："曹操占了你的妻子，你还给他打工，你还是男人吗？还是跟我走吧！"秦宜禄跟着张飞走了一程，后悔了，想回去，张飞无名火起，当下把他给杀了。

（七）三国最好员工——赵云

1. 感恩的心

赵云有什么特点呢，就是善于思考、不计得失、不喜张扬。首先，赵云是什么时候跟刘备结识？刘备出山时他们俩就认识，那时候刘备也就是个连长，带了百十号人。赵云正在刘备朋友公孙瓒帐下做事，两人感觉特投缘，用男女之间的话来讲，那就叫来电了。但是当时赵云在公孙瓒帐下，不便跳槽，就许诺刘备说，将来有了机会，我一定来找你。

后来公孙瓒被袁绍打散了，赵云躲了一段时间，找到了关羽，投奔了刘备，这时刘备大概在做团长，统帅千百号人。刘备见着赵云，那叫高兴啊，称赵云为"四弟"。刘备这个人对谁好，就请他晚上聊个通宵，聊到什么时候困了，咱就睡了，朋友同眠，是头对头，脚对脚的睡法。赵云上过主公的床，这是特殊待遇啊。但是当刘备做总司令时，却没有重用赵云，赵云一直是个偏将。用今天的话来讲，当刘备称汉中王时，让关羽、张飞、马超、黄忠、魏延等人做将官，却让赵云做校官。可赵云是刘备公司的创业元老，这样虐待老员工，真叫人寒心啊。但赵云不寒心，因为他有感恩的心。赵云不纠结、不攀比、识大体、有气度。用心理学的话来讲，他知道感恩，珍惜眼前的收益，此所谓主观幸福感，幸福在我心！

其实，让关羽、张飞、马超、黄忠压在赵云头上还可以接受，但让魏延压在赵云头上就很难让人接受了。因为赵云是在初平二年（公元191年）认识刘备的，而魏延是在建安十六年（公元211年）投靠刘备的，整整晚了二十年！如果赵云纠结的话，他可以找魏延理论一番。我们设想两人坐下来，叫上两壶酒，三杯酒下肚，然后赵云问魏延三个问题：这第一问，你是什么时候认识主公的，我什么时候认识的？主公刚出山时我就认识了，比你早了二十年。这第二问，你救过阿斗没有？你没有，我救过两回！这第三问，你上过主公的床吗？你没有，我上过！你凭什么盖我头上！

赵云如果这么纠结起来，就纠缠不清了。但赵云进退自如，做人低调。不想你凭什么盖我头上，只想都是为主公打工，怎样做最好的自己。你看三国中有名有姓的武将二三百人，有几个能像赵云这样活到七十，死在病床上？真是少有的恩典啊！

2. 识大体，有定力

赵云还有一点，就是识大体，有定力。当初他打桂阳（今湖南郴州市），太守是赵范，都是河北正定老乡，后来赵范降了刘备，被继续任命为太守。两人一聊，说五百年前是一家，便结拜为兄弟，赵范为兄，赵云为弟。白天上班理政，晚上喝酒划拳。有一天在酒席上，赵范请出一个靓女，说这是他嫂子，赵云连忙说嫂子好，赵范接着说，我哥不久前去世了，嫂子待在家里等待再嫁，提出条件是要找一个帅哥，又是盖世英雄，您正好达标。

赵云这个时候怎么反应的？就四个字：拒绝闪婚，而且还是酒后，你说这定力真是不一般。正式的话是这么说的："你嫂子也是我嫂子，咱们共同把她当嫂子。"当时也有人劝赵云接受这名美女，赵云回答说："赵范是被迫投降，心不可测，何况天下女子不少。"不久后，赵范果然借机逃走，赵云不受此影响。比起吕布因为美色而与主子闹翻，赵云面对美色能不为所动，真是难能可贵！

（八）偏执型人格障碍——张昭

张昭这个人有点像杨丽娟，说话一说到底，一点儿小余地都没有，这有点偏执型人格的味道。突出表现有：极度过敏、固执死板，喜欢在背后说风凉话，公开抱怨和指责别人。

比如，黄初二年（公元221年），孙权于武昌钓鱼台宴请诸臣，说："今天饮酒，一定要醉倒在这里不可。"张昭听后，板起脸就走，孙权派人招他回来，张昭一脸严肃地说，从前殷纣王"糟丘酒池长夜之饮"，你和他没二样。害得孙权扫了兴致，宣布罢宴。其实孙权不就是想与臣下同乐吗？张昭上来就说，你这样喝酒，做了什么表率？他老说这事，弄得孙权上火啊！

还如，东吴嘉禾元年（公元232年），辽东太守公孙衍臣吴，孙权感觉特好，说海外都有人来进贡，瞧我这影响力有多大！孙权准备派遣使者大加封赏，但张昭认为公孙衍是个大忽悠，力劝孙权不要当真。这辽东就在今天辽宁铁岭一带，1 800年前公孙衍就是个大忽悠，想在孙权这里捞点钱，可孙权就是不听张昭的劝谏。

没想到一个半月之后公孙衍果然反了，不认了，孙权觉得这事特窝囊，就来找张昭认错。孙权从上午就来敲门，张昭愣是不开。敲门到下午还不开。孙权急了，就叫人来烧门，又怕把房子给烧了，再叫人灭火。可人家张昭就是不出来。最后张昭两个儿子实在扛不住了，硬把老爹架出来，才见了面。

张昭做事，固执刻板，不讲策略。难怪孙权会按刀大怒说："吴国的人入宫则拜我，出宫就拜你，我对你已经够尊敬了！而你呢？经常面对群臣让我下不了台，我真怕自己失去理智而杀了你。"

张昭应该向谁学习呢？向诸葛瑾，他是沟通高手。一次，校尉殷模犯了错，孙权想要处死他，群臣中许多人劝谏，反而使孙权更恼火。此时，诸葛瑾却在一边默不作声。孙权问道："子瑜（诸葛瑾的字），你怎么不说话啊？"对此，诸葛瑾先请孙权走到一边，单独说："我和殷模都是在老家遭到厄运，背井离乡来投奔您的，我们这些人本应该互相督促才能报答您的恩典。现在殷模辜负了您的恩惠，我想这中间也有我的过失，实在不敢劝您什么。"孙权听后，赦免了殷模的死罪。诸葛瑾说话，以退为进，既表明了自己的立场，又给足了孙权面子，比张昭的直谏高明了不知多少倍。

二、中国古代士大夫压力管理方法

前面说了许多三国人物的故事与心理分析，下面再拿中国历史的几个著名人物来说事。首先，中国古代士大夫压力管理有四种方法。

（一）一死了之——屈原

第一种叫一死了之。说的是谁呢？屈原。屈原觉得世道太黑了，不跟你们玩了，自己玩，玩什么呢？玩潜水。其实，屈原是一个不负责任的男人，因为他开了一个坏头，想不开了咱就跳水、跳楼的。他合适了，因为后人为纪念他，搞出个端午节。可大家想想，端午节是纪念一个自杀的男人，这叫什么节日？后人跳楼、跳水全白跳了，还有谁纪念呢？

屈原应该向谁学习？向张良学习，他们同样是官二代，同样是丧国之痛。但张良玩的是什么？人家玩铁饼，为什么？就想等着某年、某月、某日，秦始皇路过他家门口给他扔铁饼，砸死他。后来，秦始皇路过博浪沙，张良和一个同伙一下子扔出三个铁饼，人是给砸死了，但不是秦始皇，真是人算不如天算。但张良当初想着把秦始皇给做了，而不是把自己给做了，后来帮助刘邦成就大业，不照样报仇吗？

（二）一走了之——陶渊明

第二种压力释放方法叫一走了之。是谁呢？陶渊明。陶渊明也觉得世道太黑了，不跟你们玩了，自己玩。玩什么？玩的是世外桃源，用时下的词说那叫虚幻世界。想当初，陶渊明诗写得好，词写得好，愣是不为五斗米折腰。但他是个不负责任的父亲。为什么？因为他疏于子女教育，把孩子都弄到乡下了，没有正经小学，也没重点高中，孩子都给耽误了。最后他写诗说，自家五个儿子，一个比一个蠢。所以现在没有人声称我是陶渊明的后代，如果有的话，也是转基因转过来的。

（三）一醉了之——李白

第三种压力释放方法叫一醉了之，这是李白。李白也说世道太黑了，不跟你们玩了，自己玩。但他的玩法就是喝。但是喝醒了后发现问题没解决，还是郁闷，正所谓“抽刀断水水更流，举杯浇愁愁更愁”，所以喝酒不管用。但我跟你讲，李白也有人格障碍，就是太自恋了。他进了皇宫，让高力士给他脱靴子，让杨贵妃给他研墨，就为了写两首诗。照这样下去，李白就差让唐玄宗给他捶背了，难怪会被逐出宫！

（四）一笑了之——苏东坡

第四种压力释放方法是一笑了之。曹操就是如此。但我今天要提另一个人，就是苏东坡。其实人家是姓苏，名轼，字子瞻。当苏轼还叫苏子瞻的时候，他向往功名，期望对社会做贡献，追求立功、立德、立言。后来因为被疑写诗嘲讽皇上，从湖州太守流放到黄州做团练副使。这团练副使就相当于民兵连副连长。官府不让上班了,学府不让上班了,苏轼每天在家里闲着,因为挂职的嘛。这段时间,苏东坡主要做了三件事情:

第一,做了一把农夫,弄了三十亩薄田干农活,因为津贴没了,工资卡也上交了,一家老小吃什么?就得自己动手吧,耕田、种地、种菜。

第二,下了一回厨房,结果把自己弄成了国家一级厨师。那年头,苏轼在厨房里研发东坡菜系,什么东坡肉、东坡鱼、东坡羹、东坡饼等二十多个系列产品,那年头不让士大夫下海经商,如果让苏轼下海经商,搞一个东坡餐馆,全国连锁,也得一直火到今天。

第三,改名转运,什么叫改名转运呢?大家想一想,苏子瞻是怎么变成苏东坡的呢?就是因为那段时候郁闷,需要调整心态,告别往事。苏轼要向古人学习,来了个大检索,找到了白乐天。白乐天就是白居易,倒退三百年,他也是哪句话没说妥,皇上给他挂职了,从京城罚到四川的忠州做县官。白居易刚开始也郁闷啊,这凭什么?为什么?怎么可能?但后来一想,既来之则安之,把眼前的事情做好,就接受了组织的考验。白居易特有环保意识,每到周末就搞植树造林活动,搞了个东坡林,还写了好几首东坡诗。苏子瞻仰望白乐天,以他为榜样,所以改名叫苏东坡了。

可以说,苏子瞻与苏东坡是两个人。当苏轼还叫苏子瞻的时候,他追求立功、立德、立言,这是士大夫的传统追求;当苏轼改名叫苏东坡后,他追求随遇而安,尽力而为,这也能做成你最好的自己。所以苏轼得意时,搞了个苏堤,那可是九百年的形象工程啊,想当初,钱塘江水来了,半个苏州城就淹了。后来苏子瞻来了做市长,觉得应该治理,就在中间加一道坝,把它堵住。可没钱啊,政府说你先打个报告吧,但苏子瞻不知道能在杭州干多久,等上面批下来,人也可能走了,所以等不及。苏子瞻说我们不用等政府投资,大家自己行动起来,从我开始,周末咱甭划船了,也甭赏花了,一起来修堤吧,就这样有了苏堤。

自打改名叫苏东坡后,苏轼就成了东方不败。每天尽量做点令自己开心的事儿,并开创了豪放派词风。苏轼在黄州挂职民兵副连长时,一次提着一壶小酒走到了江边。试想,如果屈原到了江边会做什么?他肯定是一猛子就跳下去了,为的是到湖底下找龙王投诉去;陶渊明到了江边会做什么呢?走了一圈就走了,因为这不是我想要待的地方;李白到江边做什么?先喝,喝完了再跳,你知道李白是怎么死的?就是因为喝酒喝多了,淹死的。苏子瞻来到江边,联想到当初三国赤壁,来了激情,写了一首词,叫作"大江东去,浪淘尽,千古风流人物"。

宋词有两个派系,一个是柳永的婉约派,卿卿我我的,一个就是豪放派,豪放词就是由此诞生的。苏东坡因为心态好,才能写出这种篇章。从这层来讲,我们各位是"东粉",那么苏子瞻是谁的粉丝呢?白居易的粉丝,简称"白粉"。想当初,白乐天也很乐观,一早出道就写出"离离原上草,一岁一枯荣,野火烧不尽,春风吹又生"的佳句。苏子瞻来个跟帖,"枝上柳绵吹又少,天涯何处无芳草。"同一个境界,不同的表现。这苏轼做官做得好好的,怎么就给挂了呢?就是因为他当初反对王安石搞的激进改革,主张稳健改革。可王安石有宋神宗支持,就把苏轼给挂了。后来宋神宗死了,宋哲宗继位,他奶奶高太后赏识苏轼,就一路提拔。先做中书舍人,这放在今天就是国务院秘书长,起草诏书的。后来就是兵部尚书、礼部尚书,那时候全国才六个部,做了尚书跟今天"入常"差不多。不成想小皇帝当家后,讨厌苏东坡这一号子人,把他们都给"双规"了。苏东坡最后去了哪里呢?去了海南岛,挂职做了村长助理,正式头衔是琼州太守别驾。

宋朝官服中紫色是最高的官,一、二品大员,苏东坡是穿过紫袍的,结果换穿青衣了,这冤不冤啊?苏东坡63岁挂职村官,是带着棺材去海南的,没准备回来了。可他到了海南之后,随遇而安,尽力而为,提出来主抓教育,做出了青史留名的事迹。

海南这个地方,自从公元606年,也就是隋炀帝二年开科以来,就没有出过举人。海南人盼星星,盼月亮,盼个文坛大腕下海南,终于在公元1097年把苏东坡给盼来了。他名为挂职村长助理,却找到了自己的定位,就是搞了个"高考补习班",让好学的孩子都来读书。结果第二年,海南就出了举人,第五年出了第一个进士!所以海南人到现在还在纪念苏东坡。

其实,苏轼去海南也是很冤的,为什么?本来人家是流放在广东惠州的。苏轼随遇而安,打算长做岭南人了。他给自己盖了一个小院,写了几首小诗自我调侃,什么"日啖荔枝三百颗,不辞长作岭南人",什么"报道先生春睡美,道人轻打五更钟”，不想这事让他当初的哥们，后来的仇敌，章淳知道了。他们当初是同科录取的，是好哥儿们，还曾结伴出游。后来苏轼成了元佑党人（就是稳健改革派），章惇成了新党人（就是激进改革派），但苏子瞻落难时，章惇曾挺身而出，说苏轼写诗不是在嘲讽皇上，替哥儿们说话。没想到等苏东坡上来做中书舍人起草诏书，有一道诏书就是下放章惇的，把他写得很可恶。这让章惇恨呐，心想你苏东坡也太过分了，想当初你落难时，哥儿们我是怎样搭救你的?！现在我落难了，你却把我写得那么损，把我放得那么远，你还有没有点儿感恩的心？

可苏东坡是这么想的，这诏书是皇上让写的，我没办法，我想其他办法来补救。比如说我主持高考，照顾一下你儿子章持、章援，这样咱不就两清了吗？当然后人也另有说法，说苏东坡想照顾自己的弟子李方叔，派人送给他一篇文章读，不巧李方叔外出，仆人收了信函放在茶几上。那天章惇之子章持和章援来访，顺手在茶几上取来拆阅，发现是《刘向优于扬雄论》二篇，带回仔细研读。后来考题果然是《刘向优于扬雄论》。榜出，章援高中第一名，章持中第十名。不管怎么说，章氏兄弟是被苏东坡取为进士的。

后来章惇又翻上来了，他就开始整苏轼，让他不得好死。这会儿听说你苏老弟中午睡午觉，下午吃荔枝，还吃三百粒，你小日子过得也忒滋润！你瞧我在开封，从早上六点干到晚上六点，干得太辛苦了，也没人给寄荔枝吃。不行，我不能让你那么滋润，得再往下放，这就是海南琼州了。

在宋朝，流放海南都是因为犯了大罪，苏子瞻没犯任何罪，就因为写了一首小诗，说是中午睡午觉，下午吃荔枝，就给流放到海南，怎么说都说不过去啊！所以苏轼是63岁带着棺材去海南的。没想到，过了两年，皇上死了，新皇上即位大赦天下，苏东坡回到了中原，更好玩的是，这回章惇倒霉了，又给挂职下放了，到雷州做村长助理去了。

中国历史真好玩，章惇干了很多损事儿，就干了一件积德的事就给下放了，为什么呢？当时皇上死了，得选个新皇帝，宋哲宗没孩子，就在兄弟中选，有人提名弟弟端王赵佶，就是后来的宋徽宗。章惇当时就反对，说端王行为轻佻，不宜为皇。这话说的太有先见之明了，因为后来徽宗果然逛窑子不算，还为了能够跟李师师秘会，专门从皇城打一个地道，直通李师师住所的地下，多大的工程啊？

章惇反对宋徽宗继位没落到好处,后来随便找了个理由就被下放了。同样是下放干部,也都是第二回,苏东坡因为心态好,拉动了海南的教育不算,还熬到了回中原。而章惇一年半后抑郁而死。这差别咋就那么大呢?!

世界卫生组织在20世纪50年代就提出,健康不仅是没有躯体疾病,也包括没有心理疾病,并具有良好的社会适应能力。所以,良好的适应能力是我们立足之本,也是健康的有力保障。今天我讲的所有这一切,就是说明主观幸福感者,必将笑傲江湖;乐观豁达者,必将健康长寿。

提问环节

【提问】:你好岳博士,首先感谢您给我们做这个报告,让我们重新回顾一下三国的历史。因为我对三国,主要是通过新三国了解了一些历史,我看完三国历史之后,我感觉有两个地方跟您讲述的内容有点差异,第一点你说是司马懿把诸葛亮气死的,但是我觉得是诸葛亮自己把自己气死的。这里我有一个分析,主要是在上方谷那一块,诸葛亮没有把司马懿给整死,然后他就气得吐血,最后一病不起,死在了郑州。我觉得可能也是天意,本来司马懿应该在上方谷战死的,这是第一点;第二点,我觉得现在很多人都说刘备仁义,但是对于用人来说,曹操比刘备更重视人才。我想听一下您关于这一点的看法。

【岳晓东】:谢谢你的提问。你说得对,诸葛亮也是有跟自己过不去的时候,所以他容易上火,这是我们讲的A型特点的人易折寿。但是你说上方谷到底是不是,因为我们不能按《三国演义》走,《三国演义》有很多演义的部分,按《三国志》走,确实打了这一仗,因为我没看这一段,我不太了解到底最后这个事情怎么发生的,但是不管怎么说,诸葛亮确实是三气周瑜,其实司马懿坚不出战,也是为了气诸葛亮,这个策略是很成功的,只是我说得有点夸张。

第二点,你刚才说到曹操用人和刘备用人,曹操用人确实很大度。那个时代大家都在抢人才,曹操也的确跟刘备可比,当然,这也是仁者见仁,智者见智。我今天讲这个事情,是希望给大家带来一些一般书里看不到的东西,加上我的渲染、解读,能够让大家有新的感觉,所以我把一些事情说得夸张一点。刘备有一点做得比曹操好，就是他很注意打他的广告、做自己的品牌。这很有煽动性，表面上感觉很仁义，但其实挺残忍。你说，那么多人跟他一起走，在路上都丧生了，就因为他说，奔小康、跟我走靠谱，其实最不靠谱的就是他。谢谢。

【提问】：想问关于关羽的一个问题，我认为关云长是一个英雄，在三国里边也是一个少有的汉子。曹操当时非常看重关羽，甚至对他敬如上宾。刚才你说关羽是一个很自恋的人，他比较有英雄主义，他为什么没有留在曹营里面？

【岳晓东】：这个问题问得好，关羽后来之所以被列为忠义之人也跟这个有关系。但是在《三国演义》当中有很多演义的成分，把他的形象完善了。其实关羽死后刘禅给他的谥号是壮谬侯，这其实是一个很耻辱的谥号。

所以到了宋朝，关羽还是一个很平常的形象。宋朝之后，关羽才被一步步美化，最后登为武圣的地步。刘、关、张结义，关羽用他的一生证明了对刘备的忠诚。而关羽和张飞相继死去，刘备为了实现当初的诺言，也跟着死了，才有今天的刘、关、张的美谈。如果刘备没有跟着死，这段美谈也不会传到今天。其实关羽能有点进步，能有赵云一半的谦卑，后来的事情就不会发生。反过来，为什么不让赵云守荆州，关羽留在主公旁边不就合适了吗？但关羽是绝对不会同意的。关羽会说我是大哥最信任的人，守荆州非我莫属，所以只能给他留几个好的参谋，但是他又不听，等他想听的时候已经来不及了。谢谢。

【提问】：岳教授您好，我是理工科研二的学生，我对历史不大了解，但是我觉得刘备是一个极端自私的伪君子。特别是他居然可以把他的家人、老婆、孩子都扔了不管，我觉得对于一个男人来说，最重要的应该是他的老婆孩子。他这样一个人，在这种时候，能把至亲的人都这样放下的话，如果在其他情况下，有人如果触及到他的利益，我觉得他也会毫不犹豫地把别人牺牲掉。

【岳晓东】：说得好，为咱们女性主持正义。其实说白了，刘备甚有乃祖刘邦遗风，当初刘邦也是如此，跑的时候就想把儿子踹下车去，还是曹操的先祖夏侯婴给救了回来。刘备不是说了两句名言吗？一是“鱼得水”，二是“同手足”。一个是说他与诸葛亮的关系，一个是说他与关张的关系。至于老婆，如衣服，说换就换。所以有谁做了刘备的老婆,可没像想象的那么幸福,很不靠谱的。

【提问】:所以我觉得他应该是一个伪君子,如果真的有人触及到他的利益,他会毫不犹豫把他牺牲掉的。

【岳晓东】:但是刘备有一点,兄弟之情他还是做到了,当时他是皇上,他一定要出去打东吴,下面人都反对,这是非理性的。所以那时候他还是表现得很无私,就因为他表现得无私,后来异姓兄弟超越了同姓兄弟,从此之后演义到今。在江湖上,二哥的地位很重要,大哥是主持正义,二哥一定要做表率,三弟可以稍微放松一点。所以江湖后来完全是按照刘关张这样一种套路演义。

【提问】:老师您好,我是清华大学研一的学生,我问一个苏东坡的问题,苏东坡是中国历史上少有的那种能把儒家思想和佛家,还有道家思想都有所表现的人,这个确实是很少见的,他的那种乐观和他对儒家、道家的借鉴,是有关系的吗?您是如何认为的?

【岳晓东】:有,以前我们叫士大夫,得意入仕,失意就出仕。出入自由,一般人做不到。什么叫得意,比如说你受到重用,你搞一个苏堤,为国家做贡献了,你搞建设、搞工程或者搞什么之类的,给你这样的机会表现自己。但是失意的时候,你还能够让自己有事做,就很了不起了。所以我给苏东坡出了一个对联:上联是"但不闲着",下联是"并快乐着",横批是"笑傲江湖"。像章惇,章惇下来之后,整个人就提不起来了,苏东坡位置比他略低一点,因为他做丞相,他是部长,全国六个部,那同样是政治局常委,只不过他排得前一点。

中国士大夫的压力管理一直没找到标杆,谁是标杆?以前是柳宗元,白居易,后来换了苏东坡,他把士大夫的潇洒做了最为权威的诠释,后来大家以他为榜样。中国研究外国文学家,主要有托尔斯泰、莎士比亚,那外国研究中国文学家,排在第一的是曹雪芹,排在第二个就是苏东坡,国外也有很多人研究苏东坡,所以这个不是偶然的。

其实,苏东坡的粉丝他那个年代就有,而且海内外通吃。他弟弟苏辙,出使辽国,人家就问大苏小苏?有人专门从内地走到海南找苏东坡求教,那真是铁杆粉丝啊。据史书记载,那时候有个书生一天到晚看苏东坡的书,老婆生气了,说我不跟你过了,你干脆嫁给苏东坡算了,后来果然离婚了。所以苏东坡成为第三者了,那年头就有这事儿。

谢谢各位。

从译著畅销书看我国大众的科学文化素质

主讲人：戴吾三

讲座时间：2012 年 3 月 24 日

讲座地点：深圳大学城图书馆

主讲人简介

戴吾三，原清华大学科技史暨古文献研究所副所长，现任教清华大学深圳研究生院。主要从事科学技术史、科学与文化、科学与艺术的研究与教学工作。历任央视科教频道“天工开物”栏目顾问，并多次受邀成为栏目主讲嘉宾。主要著作有《考工记图说》《汉字中的古代科技》《成语中的古代科技》（大陆简体、台湾繁体）《科学与艺术》，主译《手艺中国》等。

主要内容

当代西方的畅销书可以影响中国，为什么国内的畅销书却难以影响世界？西方的畅销书都具备哪些核心元素？中国读者的阅读水准与世界的差距究竟在哪里？戴吾三教授结合《达・芬奇密码》《时间简史》《大设计》等译著，从科学、文化和艺术的多维度，分析我国读者的科学文化素质现状，指出要培养本土的高端创新人才，中国的教育必须破除文理藩篱，加强通识教育。

感谢主持老师的热情介绍，感谢远道而来的听众。我今天讲的这个题目是近年来的一个思考，在讲正题之前我先讲一个花絮。

不久前我到城里保养车，由于等待时间比较长，4S 店为方便顾客，安排了一些娱乐服务，有桌球、电子游戏、碟片等。桌球、电子游戏我不擅长，所以选择看碟片，但是商战、言情、暴力类型的不太喜欢，后来就选了一盘《达·芬奇密码》，因为我看过这本书，也看过大片，想重温一下。正当我看得投入时，接待小姐翩然而至，她脆声脆语地说："看这个干什么？又看不懂，还是看《失恋33天》吧。"她完全不顾及我的感受，甚至也低估了我的智商，不管怎么说，她把片子给弹出来换了，一时让我目瞪口呆，我接下来只好耐着性子看《失恋33天》，反正是要等时间嘛。不过这也引起了我的思考，这样一部在国内热捧的电影，拿到海外放映，能不能也受到欢迎？影片中很多绕口令似的对话可能不好翻译，只看故事情节的西方人会喜欢吗？我进而又想，我们这些年拍的一些大片，有几部能在海外市场上叫响？甚至包括我们费了很大气力做出一些作品试图入围奥斯卡，但结果还是未能如愿。可是我们对比国外的一些大片，发现只要在西方受欢迎，它就能进入中国，而且在中国的票房甚至比海外还好。同样，我们也看到很多的畅销书，只要在西方受欢迎，就能进入中国，还拥有一大批粉丝。再反观我们自己的文化作品，国内叫得很响，但能在海外叫响吗？这值得我们思考。

下面我结合近年几本畅销的翻译书，来为大家具体做一下分析。

一、《达·芬奇密码》

我曾经在小范围里做过调查，许多人看过《达·芬奇密码》的同名电影，没有看过书。看过书好像也没有太深的印象，为什么呢？不可否认，因为有些内容看不懂。这本书的作者现在是美国的畅销书作家，在写《达·芬奇密码》之前，他还写过《数字城堡》《天使与魔鬼》，都上了畅销书榜。2003年他推出的《达·芬奇密码》将悬疑小说发挥到极致，连续四十多周高居亚马逊等畅销书排行榜，2004年被译成中文后在国内一路走红，在北京西单图书大厦、王府井书店等大书店都是在排行榜之首。

（一）书中的知识点

《达·芬奇密码》不要说内容不好懂，电影也不容易懂，4S店那个年轻的女孩就是一个例子。我们知道，悬疑小说都是要营造一些悬念，或者制造一些恐怖的气氛，中国作家写这种小说大概也是这个套路。我们分析原书可见，除了悬疑之外，我们对其中所含的知识点可能有一些不熟悉，例如它的开篇：夜里近11点，法国卢浮宫的老馆长被人杀害在艺术大画廊的拼花地板上，在人生的最后时刻，老馆长头脑十分清醒，他明白无误地把自己的身体摆成达·芬奇名画《维特鲁维人》的样子。用我们中国人的话说其实就是一个大字形，胳膊、腿极力地伸。不仅这样，他还在旁边写下了一串令人难以琢磨的密码，用鲜血在肚子上画了一个五角星，临到生命的奄奄一息，只有十几分钟，他居然从容地做了这样几件事。还给我们留下陌生的三个知识点：一是维特鲁维人，这涉及艺术史；二是斐波那契数列，与数学有关；三是五角星，跟西方的宗教有关。

（二）维特鲁维人

我们在这里集中讨论前两个知识点。《维特鲁维人》这幅画，大家几乎都见过，因为达·芬奇死了好多年，而且中国人缺乏版权意识，一印再印，几至泛滥。但是你想过没有，为什么叫"维特鲁维人"？叫"达·芬奇人"不可以吗？这就涉及艺术史、建筑史了。因为达·芬奇画这幅画的时候，取材于古罗马工程师维特鲁维的《建筑十书》，在书中原作者写道："人体中自然的中心点是肚脐，做仰卧姿势，手和脚都分开，用圆规可以画出一个圆，它的手指和脚趾就会与圆相接，不仅这样可以画圆，而且可以在人体中画出正方形。"由此我们知道，这个原创最早来自维特鲁维。

图1　《建筑十书》中译本封面

《建筑十书》在中国已翻译出版，原作者是维特鲁维，译者是北京建工学院的一位老教授,据他自己说,翻译该书前前后后用了二十几年。书其实不厚,为什么花这么长时间?因为要精读原文,再加上要有专业知识的解读,可以说这是一种费力的学术工作。读过这本译著的人可能不多,因为书的专业面比较窄。这本书有些东西看上去好像过时了,其实不然,书中有些理念一直延续至今,例如其中有一个非常重要的建筑三原则:坚固性、实用性和美观。大家现在看看,哪一所建筑不是都可以拿这三个原则来分析吗?比如有些建筑好看,但是它坚固吗?有些坚固,它实用吗?坚固和实用了,就像我们文革时期的建筑,但它美观吗?没有,因此把这三个原则统一起来,其实并不是一件容易的事。

(三)斐波那契数列

第二个知识点和数学有关,在老馆长旁边留下的密码,外行人看是一串数字:13、3、2、21、1、1、8、5。如果读者一直是学文科或者艺术,再看不懂,又怎么能产生那种领会性的感悟呢?但是这么一串数字,对符号专家来说,那是小菜一碟。所以书里就有一个女警官(专门搞密码学)出现了,她对数字做了一些调整,结果就变成一个数列:1,1,2,3,5,8,13,21。如果是学理科,学过数列就知道它排列的特点,后一位数字是前两位数字之和。当然,这个数列还可以往后排,比方说 13 和 21 相加,就可以得到一个新项。你可以想象,这样相加是不是会趋于无限大呢?是这样的,趋于无穷大是什么现象呢?比如说用 F_{n+1} 比 F_n,我们说最后两项,会趋近于一个值,什么值呢?我先留点悬念。

以上说明,《达·芬奇密码》刚开篇,就考验了不同读者的知识状态。如果不具备相应的知识,就感觉不好懂,必定会影响阅读心情。

《达·芬奇密码》中的数列又叫斐波那契数列,如果你想知道为什么,这就涉及数学史。从数学史知道,斐波那契是中世纪的一个意大利数学家,1202 年写了一本书叫《算盘之书》,其中有一个兔子问题,就同这个数列有关。数学家很有想象力,他提出这样一个假设,假设在笼子里有一对大兔子,每月一对大兔子能生出一对小兔子,新生的小兔子一个月长大,长大以后又能生一对小兔子,一年后会生出多少兔子呢?根据图形,我们看到是 13 对兔子,我们看到有这么一个数列关系,原来的问题是一年,那两年后呢?我们也可以脱离具体的问题,可以带着数字发挥下去,这就是数学的特点。

斐波那契数列只是一个数学游戏吗？不是的。在自然界当中，我们到处都可以观察到斐波那契数列的影子，可以看到许多植物提供了生动的例子。比如说树木都有叶子，你注意过叶子的位置吗？叶子通常都是互生，但是真实的叶子其实都有交错的，叶子交错而上，实际上可以做出一个螺旋形，观察发现，一片叶子到另一片叶子，路径呈现一种螺旋的形状。同样的现象可以在松果壳和向日葵籽上看到，这个我们就不展开讲了。

图2　斐波那契数列

我们来看榆树、樱桃树、梨树的叶子(图3)。榆树的情况比较简单，我们来看最下端的叶子，上升到什么位置，有一片叶子和下面的位置相同呢？结果发现，向上螺旋转到360°之后就会有相同，在这一周当中，抛去起始点，我们发觉有两片叶子。这个情况比较简单，就是绕茎一周有两片叶子。我们看樱桃树稍微复杂一点，如果说在上面能够找到与起始点相同位置的叶子的话，要有五片叶子，也就是说在两周有五片叶子。梨树的情况还复杂一些。但是不管怎么样，通过这样的观察，我们会看到也呈现出一个数列，这个数列就是斐波那契数列。

换一种观察方式(图4)，假设把这个树干横剖，从上往下看，确定了起始点的位置，我们看第一片叶子，转过一个角度，再看第二片叶子，叶子是上升了，但是和第一片叶子有一个角度。情况再复杂一点，从第二片叶子到第三片叶子，又转过一个角度，从第三片到第四片又转过一个角度。下面是一个植物的测试图，进一步做一些分析，相邻两片叶子之间的角度是多少？经过测量是 137°28′，这个

137°28′有什么意义呢？我们都知道圆周是360°，我们如果拿这个137°28′去除以360°的话，结果发现会得出一个数值，这个数值是0.618，可能有的人熟悉，这不是黄金分割吗？是的，先前熟悉的黄金分割点都是在直线段上来确定的，现在我们看到，在圆周当中也有这样的一些特点。大自然蕴藏着什么奥秘？这个奥秘可以用数学来表示吗？你现在就可以想象那些探索自然的科学家，他们对数字的那种情结。

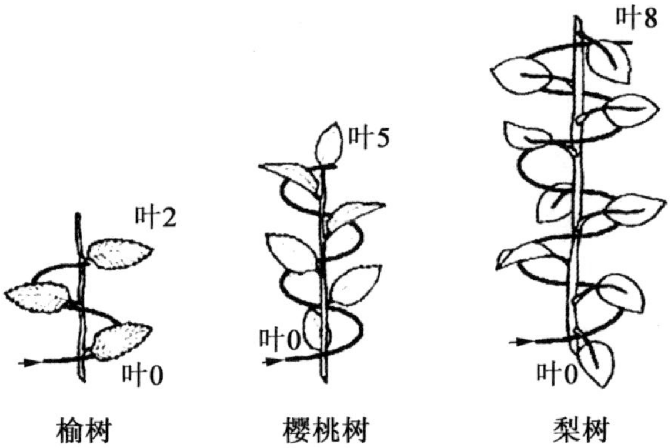

图3　榆树、樱桃树和梨树的叶子

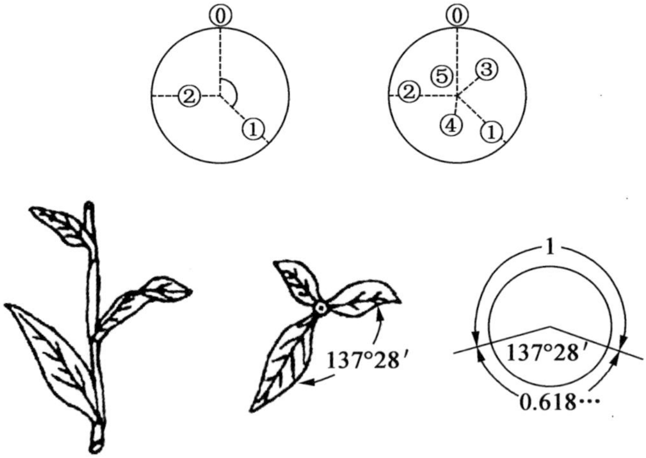

图4　植物茎叶及其俯视投影图

深入地探讨发现，斐波那契数列和黄金比例(也叫黄金分割，Φ，取三位小数是1.618)有密切关系。如果我们把第 n 个斐波那契数字以 F_n 来表示，而以 F_{n+1} 代表下一个，那么就会发现：当 n 趋近无穷大时，F_{n+1}/F_n 趋近 Φ，即趋近1.618……

我们在这里不是讲数学，我们还是在分析小说，分析其中所含有的科学知识。读者自己可以对照，你具备哪些科学知识，你的知识基础在哪些方面会影响你的想象力。

在这里推荐一本《Φ 的故事》，有台湾版，也有大陆版，其中比较详细讲到斐波那契数列。

话题再回到《达·芬奇密码》上，该书作者属于博学多才之士，这是西方学术界对他的一个评价，他敢拿艺术史、宗教史、密码数及恐怖、侦探、悬疑等元素融为一体。这么多元素或知识组合，对中国的作家来说恐怕是一个挑战。

二、霍金和他的著作

(一)《时间简史》

我们先看《时间简史》，也连带介绍霍金的其他几本书，这里特别说明是《时间简史》普及版。1988 年霍金推出《时间简史》，在西方世界引起轰动，但不久各地都有读者向霍金写信说，感觉书中某些概念理解起来非常困难，估计中国的读者问题更多。鉴于读者的需求，霍金写了《时间简史》普及版，其中除了某些文字的调整，也补充了新的科学发现。另外还有《时间简史续编》，是根据《时间简史》的电影脚本，增加了很多人的采访，读起来可以更好地理解霍金。

现在许多年轻人都知道霍金，他真是一个生命奇迹。他 21 岁的时候，是生龙活虎的青年，在剑桥读物理，不仅学习出色，还是赛艇队的舵手。注意是舵手，不是桨手，桨手身材高大，而霍金个子小一些，也就一米七一左右。霍金大学刚毕业时，他感到身体有所不适，后来他读硕士，接着读博士，慢慢地严重了。博士要毕业的时候，明显感觉身体机能在退化，到医院检查，医生很惋惜地告诉他，他得了肌萎缩脊髓侧索硬化症，英文缩写为“ALS”，也称“渐冻人”。家人听了很悲伤，没想到霍金不这样看，他头脑非常清醒，说既然还能活两三年，是不是可以抓紧做一些事？以前学习的时候，霍金并不认真，按他说的话，在读书期间，平均下来大概也就是一天学一个小时，大多数时间要参加赛艇，或者是别的社团活动。而现在他明白了人生的意义，确确实实可以创造奇迹，他非常勤奋地学习和研究并取得了世界级的成果。

霍金曾经三次来中国，第一次在 1985 年，比较低调，知道的人也就限于中国科技大学的范围。第二次就不一样了，这个时候《时间简史》已经在西方、在中国都有了知名度，他来到中国受到很大关注。但是真正产生轰动效应的还是第三次，在 2006 年。他从上海下飞机，两辆警车开道，向杭州飞驰而去。当时大家都惊讶，两辆警车，这个接待规格太高了。为什么他要到杭州呢？因为霍金的一个学生，原来在中国科技大学学物理，后来跟他读博士，这个人回国后到杭州工作，霍金的几本书都是这个学生翻译的，因而霍金要跟他的学生见面，讨论翻译中的一些问题。霍金在杭州引起轰动，但更轰动还是在北京，在北京人民大会堂这样大的场合，居然一票难求，大家都要去看霍金的风采，什么风采？就是坐着轮椅被人推出来，他向大家招手！中国人有这种澎湃的热情，也让人挺感动的。当时为配合霍金的到来，出《时间简史》的湖南科技出版社说，借着霍金来，再宣传一把，搞一句吸引人的广告词，后来想了一句话，语言非常精炼："懂与不懂，都有收获"。这句话确实起到促销的作用，销量突破 40 万册，加上霍金《果壳中的宇宙》等书，总量要过百万。其实有些人买回去可能只是翻一翻，因为没有大学普通物理的基础，书还是比较难懂的，我们必须要承认我国大众的科学文化素质与西方的差距。

不管怎么说，霍金在中国已经有相当多的粉丝，大家谈起来可能会说他的哪本书我看过，《时间简史》或是《果壳中的宇宙》。看来那句广告确实深入人心，"懂与不懂，都有收获"。不懂黑洞，不懂相对论，但至少能懂一个身残志坚的科学家的人格力量。

（二）《大设计》

现在我们来看《大设计》，这是霍金在 2010 年写的，这年他已是 68 岁的老人，身体状况越来越不好。但是他的头脑一刻也没有停止思维，这真是一个奇迹。霍金的手指原来有五个能动，现在勉勉强强动两根半，已经说不出话来了，他要借助语音合成器,在键盘上敲几个字,在屏幕上显示出来,通过麦克风传出他的声音,他的声音其实是机器的声音。

《大设计》一书用非专业的语言,展示对宇宙奥秘最新的科学思考。这本书要比《时间简史》难读,为什么呢?因为一些最新的理论还无法证明,都是思辨,有一些科学家对这些理论是持怀疑态度的。这种情况下,霍金的书还这么畅销、这么有名,我想一个原因就是读者对他的崇拜。

《大设计》不仅文字不好读,插图也十分奇特。在读《时间简史》(插图版)时,你会看到书中的插图,是对一些原理和知识的说明,图和文结合得很好。可是在《大设计》中出现的一些图,没有任何文字说明,隔上二十多页就有一幅图,占一整页。我在这里集中了四幅图,如果没有一些基本的知识,你可能看不懂这些图,先看下面的图(图5)。

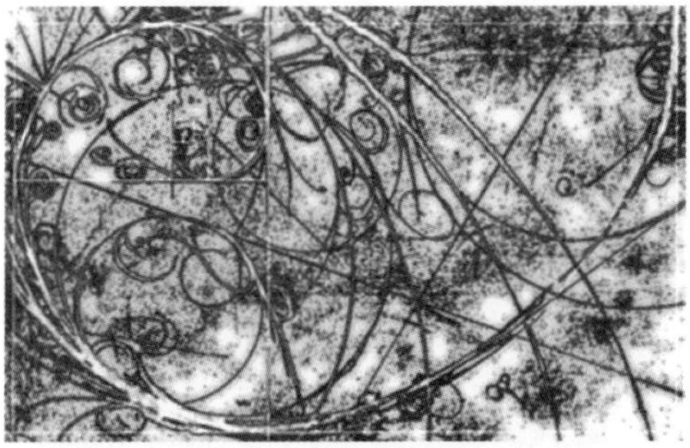

图5 《大设计》的插图

图很好看,可它表示什么呢?是植物的枝条,还是一种铁艺?这实际是粒子的踪迹。书中还有其他的插图,当这些图放在一起,或许会看出一点儿门道,都可见一些螺旋,从一个中心点,然后盘旋向外,越来越大。下面我们取出一个图(图6),把它做一下解构。做一个长方形,在长方形的边线选一个点,线段若取作1,就选在0.618处,我们按这个点分割,会得到一个新的正方形和一个新的长方形,按这种法则再分割,又会得到一个新的正方形和一个新的长方形,依次进行下去,就看到越来越小,小到你无法做了。当然,把图放大了还可以做。取当中最小的小矩形,按照那个正方形的对角,光滑地把它做连接。就会看到,从正方形一个角到另一个角,把它连接然后再连接,就像翻跟头一样盘旋向外,非常奇怪。如果做对角线的话(见虚线),结果发现相交于当中一个点,这个点叫"黄金眼"。现在我这么一说,大家好像懂了。但是想想看,如果不专门学一些数学、物理知识的话,你到底懂多少?能继续深入下去吗?

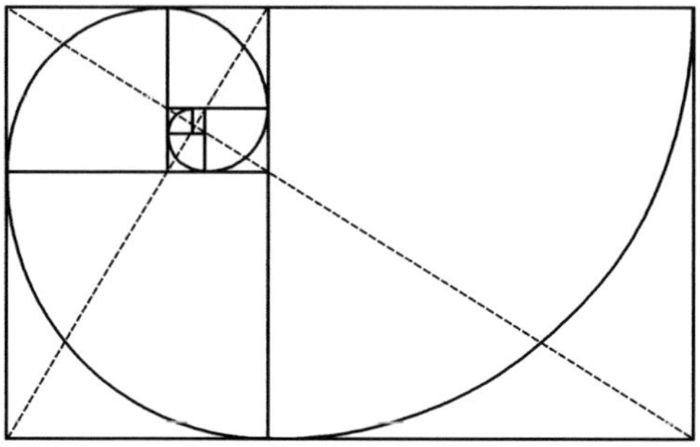

图6 黄金矩形

我们再来看一个形象的描绘(图7),是计算机处理过的,看到像什么?像一个海螺。确切地说,这是一个鹦鹉螺的样子。真实的鹦鹉螺非常贵,在海南三亚,鹦鹉螺是按上万元计价的,因为它在深海里,捕捞不容易。

图7 鹦鹉螺

我们一般人没有见过鹦鹉螺,也没有想过对鹦鹉螺做这样的结构,可能也想不到鹦鹉螺的这种螺线和黄金矩形、黄金分割相联系。这里,我们再次看到自然界的神奇,看到富有魅力的数字,我们也看到了科学家的探寻。你想,在一本书里如果有这些科学元素,无疑是在考验读者的知识结构。

可能有一些感兴趣的读者,这里推荐一本《神圣几何》(图8),书的封面就选择了鹦鹉螺。我之所以推荐这本书,是因为这个作者自小对几何感兴趣,在中学的几何成绩一直名列前茅。这么一个数学很好的人,在咱们这里早参加数学竞赛了,还要被推荐上大学数学系。但是他却不是这样,他先是在澳洲悉尼大学学英语文学、学地理、学古希腊哲学,毕业之后,当了一名地理老师,然后开始写书,至今已出版二十余本书了,内容主要写几何。他的知识结构是这样的,但你可以想象我们有这样的作者吗?由此看来,大学生不要把专业限制过窄,以免影响将来的发展,教育也要改革,要培养文理兼通的人才。

图8 《神圣几何》中译本封面

三、《混沌:开创新科学》与《黑天鹅》

我们再介绍一本《混沌:开创新科学》。这本书1988年在美国出版,1990年被翻译成中文,应该说是比较快的。译者和校者是夫妇俩,其中郝柏林是中科院院士。这本书按当时的学科,还不好归类,最后放在当代学术思想类。我那时对新书比较敏感,很快就买了,但第一遍竟然没有看懂。因为书中的内容与我过去熟悉的知识不合,确如简介所言,整个是颠覆了经典科学。我最早学物理,后来学科学史,自以为熟悉自然科学,而今面对新学术,发现自身知识结构还是有不足。

(一)"蝴蝶效应"的由来

这本书在西方引起热烈的反响,这些年逐渐在中国也产生影响。网上所见有关"蝴蝶效应"的故事描述,大都是来源于此书。作者格莱克是《纽约时报》科技部主任,有科学背景,又善于文学性表达,这就使得该书的故事性很强,很多网站摘编该书的内容,并转来转去,搞得鱼目混珠,导致大家误以为有好多个版本。我做过一个小实验,让学生上网查"蝴蝶效应"的出处,通过学生们对不同网站的材料比较,发现基本内容都是从这本书里出来的,只是把次序打乱重排了。其实最早采访"蝴蝶效应"研究来源的就是这个格莱克,他确实下了功夫。

现在的问题是,很多人都知道"蝴蝶效应"的定义:微小的初始变化会引起结果的巨大差异,或打个比喻,南美洲一只蝴蝶扇动翅膀可以引起北美洲或者亚洲一场巨大的风暴,这样的说法已经比较流行。但是你想过没有,一只蝴蝶有如此大的效应,如果是一群蝴蝶呢?假设这个屋里有几百只蝴蝶都扇动翅膀,会怎么样?恐怕连你打扇子的风力都不如。那为什么说一只蝴蝶就能兴风作浪?说"蝴蝶效应",因为它初始条件小,强调它的放大效应吗?那我们叫蚊子效应怎么样?这么一问,很多人就感觉不理解了。这也反映出很多人不求甚解,只知其然,不知其所以然。

我们再回到《混沌:开创新科学》,认真读这本书。对"蝴蝶效应"最早研究的是一个叫洛伦兹的科学家,他本人研究气象,想着怎样把预报天气的概率提高一些,天气预报所涉及的变量主要有温度、气压、风速、海拔等,不能再多,多了以后,那个时候不便于计算,因为20世纪80年代的计算机是电子管的,电子管工作时间一长,灯丝很容易烧坏。开始洛伦兹取了几个量研究,发现得出的结果和预想的偏差很大。他以为计算机出了毛病,后来又算了几次,还是这样。于是他就拿一个透明的坐标纸,把第一次曲线描绘下来,然后再把第二次曲线覆到上面,结果一看,第一个波相似,第二个波略有差异,到第三个波就差别大了,到了第四个差得一塌糊涂,而所有的差异仅仅是因为初始条件小数点后几位的取舍。洛伦兹觉得位数多了不便,就取了六位,小数点后取六位,居然会有这么大的差异!我们一般保留小数点后三位,就觉得够精确了,保留到六位的时候,微小初始量的改变竟能引起结果的如此差异。洛伦兹很惊讶,这超出了他的知识范围,他就问一些搞气象的同行,那些人要么不理解,要么对他说搞偏了。没办法,洛伦兹只能暂时放下。后来,洛伦兹知道一些物理学家在研究湍流,遇到的问题和他的很相似。一直到1972年,洛伦兹才在一个学术会议上很郑重地提出他的思考,当时最早他叫"海燕效应",后来有人建议,说图形上这么对称,很像蝴蝶的两个翅膀,就叫"蝴蝶效应”吧。这个图形也叫“洛仑兹吸引子”,用了洛仑兹的名字。注意,乍看图形挺好玩的,反映在一个平面内,实际上它们是三维的。

过去我们的书插图很少,有插图也可能仅仅是些黑白线图或者水彩画。1988年出的这本《混沌:开创新科学》,其中有这样的彩色插页(图9),对中国读者是非常新奇的。书中介绍的一位科学家叫曼德勃罗,是一个很知名的犹太籍科学家,是最早研究分形的,这个人的身份有些模糊,不能明确地说他是搞数学还是搞物理的。试图明确一个人的专业,是我们过去的思维习惯。如今我们知道,要有跨专业知识的人才能真正搞出一些创新性的东西。注意左上方的大图形,再看下角的小图形,这个小的放大就如大图形。不懂的人也能看,说像什么?像乌龟。这是不懂的,当然也难怪人家。你看逐步放大的过程,哪怕最小的一块给它放大出来,还看到这种自相似,注意,不是自相等,这两个概念是有区别的。类似的,我们看右边的图,出来很多螺旋,你把局部再放大,仍旧出来很多螺旋,这些小的形状同大的一样,也是自相似。当时我看到这幅图就很震撼,因为从来没见过嘛。很多人爱画画,恐怕从来也想不到这种画怎么画,确实不是用手能描绘的。当时我就想,这个用在服装设计上,姑娘的裙子就多了一些新图案啊!再想一想,为什么

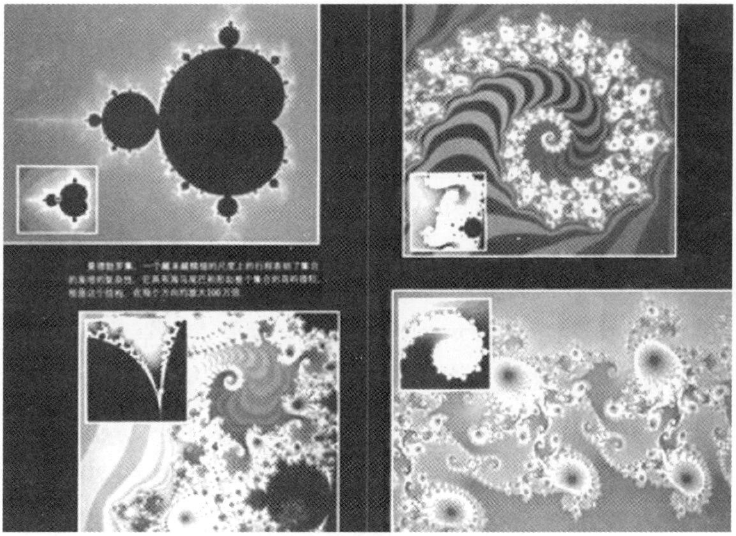

图9　《混沌:开创新科学》中的彩色插页

过去我们的服装设计图案少呢？因为搞艺术设计的人很少有学数学、学物理的，从小就用画笔训练，想不到计算机可以生成这样的图案。现在当然有了，但软件是国外的。现在我们知道，创新就需要学科跨界，中学过早分文理科不好，不利于将来出创新人才。

我再顺便介绍一部电影，当年看到印象特别强烈。电影原名叫 *CHAOS*，若直接翻译就是“混沌”，正是刚才我们谈到的概念。而在中国这部片子被翻译成《乱战》，为什么呢？大概因为是看到画面有警匪的枪战。

我是偶然通过片花知道这部片子的，当时我一看就震惊，这可是高智商的警匪片，一定要去看完整版。因为导演是读过《混沌》原著的，所以他安排了复杂的故事情节，这里面的主犯在作案之前先认真读《混沌》，他打开了彩色插页，恰恰就是刚才我展示的那一页，我当时非常震惊，这可不是小偷小摸，作案前先做功课，看一本最新的科学文化著作。你可以想象咱们的案犯，戴一个头罩就出去了，拿一把小刀就下手。一个社会的大众素质是整体性的，案犯水平高，自然要求警察破案水平也要高，从方方面面都可以观察我国大众的科学文化素质。大家有时间可以在网上看看这个片子，一开始就像是一个常规性的犯罪，如抢银行、扣押人质等。其中有电视录像监控，警察到现场调出来看，有一段十几秒的雪花状，之后又恢复正常。办案的一个老探员，他觉得这个没问题，继续看下面。但是这个案子久破不了，后来又来了一个新人，重新调来录像看，恰恰在放出来几秒之后，他说停，就是这有问题。为什么呢？因为短暂的停止实际是案犯当时做的手脚，就是利用监控录像，好像是一个技术故障，其实里面有文章，这个恰恰不是我们很多人的思维习惯。

话说回来，自从《混沌：开创新科学》这本书 1988 年出版以来，“蝴蝶效应”就渐为人知，但还不是热词。直到 2008 年底，美国爆发金融危机，这个概念迅速传播，到现在一说，几乎无人不知。但是不是真懂呢？要真正弄懂的话，还得下点儿功夫。比如说经济学上的“蝴蝶效应”是什么？社会学上的“蝴蝶效应”是怎么回事？我再推荐几本书，都是译著，有一本与中国的《易经》有结合，叫《混沌七鉴——来自易经的永恒智慧》，你可以看到，该书跟我们对《易经》纯人文的解读是不一样的。

(二)《黑天鹅》

现在假定你看了上面那几本书,你觉得还需要加深学习,我再推荐升级版的书,比“蝴蝶效应”观察得更深刻,这就是《黑天鹅》。这本书目前在国内金融界高管中特别推崇,但是社会大众对这本书还理解很浅,我问一些学生,知道《黑天鹅》吗?他以为是指获奥斯卡奖的电影呢,那部片子也叫《黑天鹅》。这完全是两回事。单说自然界的黑天鹅,是指非常稀有的物种。因为一说天鹅,大家都知道白的。这个故事要讲起来很费口舌,它涉及科学哲学的证实和证伪,在那里作为一个典型例子提出来。你说天鹅都是白的,因为你以前看到的都是白的嘛,英国人踏上澳洲的土地,确实看到了黑天鹅,原来的认识马上就颠覆了。也就是说,你成千上万次的观察归纳,很可能就被一次反例颠覆掉,就此英国著名科学哲学家波普尔提出了证伪理论,有一段时间证伪理论的地位提得很高,现在看来,证伪和证实都是需要的。“黑天鹅”用作书名正是一个喻义,说明虽然极少出现,但一旦出现就可能引起颠覆。在各个领域都会有类似的情况,如果有了黑天鹅,它会改变过去的一切。

首先要熟悉“蝴蝶效应”,熟悉了再接着看《黑天鹅》。《黑天鹅》所提供的关键思想,就是预见不可知的未来。过去我们说到未来的时候,都是充满理想色彩,例如常常问:你的愿景是什么?人生职业规划是什么?一说五年、十年,很多时候说二十年,总给人感觉是好的企盼。但看了这本书之后,你会在思维方式上有所改变。改变那种对未来的理想化状态,你会认识到,先前考虑问题的变量太少。现在看看一年的走势,年初时,一些专家学者做预测,到年底做一个评估,做一个统计,你看看年初的预测,有几件事是被言中了?为什么有这么大偏差?这提醒我们,要对不确定性、复杂性有新的认识。如今,复杂性、不确定性已成为一种新的知识。这种预测性知识应该归在数学、归在物理,还是归在人文科学?可以说都有,这是一种学科的跨界,咱们的《易经》也有这种跨界性,但是《易经》用词很含糊,让人不好理解。我想,这就是为什么不少人都可以讲《易经》,讲得很玄,总可以和什么什么有联系。而依我看,某种程度上,它的科学性不严谨,不如西方学者用科学语言所做的探讨。《黑天鹅》就是以全新的视角来理解现实世界,它的作用就是采取有效的策略,防范未知风险,并把握稀有现象带来的机会。也就是我们常说的机遇和挑战并存，机遇和风险并存。一方面，社会发展中确确实实有一些风险，但是很可能也就是机会，到底是不是机会？什么是机会，什么是风险，这个要靠观察、分析。目前整个社会的变化和知识的发展状态，对我们传统认知构成挑战，新东西没有及时地反映到我们的教材、反映到课堂中来。学生们感觉现在学的就够多了，哪有时间去补充什么新知识？如果缺乏引导的话，确实会有一种迷茫。

四、小结

讲了这么多，现在让我们来做一个小结，也提出一些思考。我们看到西方的畅销书里，有小说，有科学文化著作，还有一些不好归类，比如《黑天鹅》。在一本畅销的小说里，我们可以同时看到科学、艺术、宗教、符号学等元素。相比之下，我国的畅销小说，过于贴近现实，商战、权谋、情仇，多集中这样一些要素，说到权谋，从春秋战国就盛行，君臣上下、朋友之间、兄弟之间，充满争斗，说来也是人性善恶的体现，这样的书在中国可以有市场，但是作为一个文学作品，拉开一段时间看的话，在文学史上没有地位，因为这些东西在《三国演义》中已经充分表现了。在信息化时代，你试图把一部作品推向海外，想获得西方读者的共鸣，就要有一些能反映当今时代的元素。可是对西方读者所期望的阅读体验，我们的作家能提供吗？另外，大家也要注意，由于被热捧的电视剧和好莱坞大片的影响，使得影视的叙事方式也被用在小说里面，表现出一种新的节奏和张力，而国内的文学作品目前对这种反映还不敏感。

我们希望国内出现高水平的作家，具有跨学科的知识结构，可以写小说，也可以写科学文化类作品，要体现出思想力度，类似《黑天鹅》这样的作品。培养跨学科的人才是时代的需要。比如，全球气候变暖这种主题，属于什么学科？当然和气象有关，同时也和国家政策有关，另外与低碳技术、消费观念都有关系。这种主题的研究，能在哪个单一的学科里面设置？还有像地区文明冲突，放在什么学科？过去我们习惯简单地按照阶级划分，世界上受压迫的人就是我们的朋友，搞剥削的就是我们的敌人，以这种思维方式，在制定国际政策时，你会考虑宗教的影响吗？现在我们知道，宗教问题是很复杂的。又如，在处理两岸关系时，涉及到日本、韩国,也涉及到美国,按过去的思维方式,仍用那种简单的一分为二、对立统一的思维来处理吗?对于“六方会谈”问题,你说用什么思维方式,用什么理论来指导?有人说用到博弈论,过去有几个人学过博弈论?我这样说的意思是,世界上的问题实际都很复杂,且不是按分科、分专业来处理的。因而我们要建设跨学科的课程,形成跨界的思维,学习新的思想观念,从对畅销书元素的分析,也给我们一些启发。

我们再回到和书有关的方面。尽管现在利用网络很方便,所需要的信息很多在网上都能查到,但是我建议大家还要善于利用图书馆,因为有些书比较贵,你可能不买,如果上网查,你会发觉只给你扫描了几页,而到图书馆就可以看到全书。再是利用图书馆,可以围绕着一个主题,来搭建你的知识结构。另外,图书馆提供了很多的空间,如研究室、自习室,几个志同道合的人可以围绕一本书进行交流、探讨,所以说在网络时代图书馆仍旧有它不可替代的作用。

提问环节

【提问】:谢谢,我是来自大学城的工作人员。我想问一个科技文化方面的问题,单独从思想觉悟这方面,您对阅读翻译著作有什么建议?

【戴吾三】:这些年翻译的书比较多,阅读时要做一些选择。比如最近一本译著,入选去年11月深圳读书月的推荐,书名叫《失控》,其中谈到如何面对未来,如何预测不可知的未来。作者于20年前做的一些预言,现在很多社会现象都像他所说的在展现。像这样的书,是有前瞻的,这种前瞻就体现思想性。这个作者很有特点,他不是名牌大学的教授,他善于旅行,特别是到亚洲旅行,给了他很多感官上的经验,他也善于在不同的学科广泛涉猎。这本书的好处是你不一定要从头看,而是可以根据感兴趣的章节选读,你会发觉,随便哪一章都可能引起你的兴趣,比如未来的知识状态、未来的大学、未来的图书馆,又如人的进化到底有什么影响?

【提问】:戴老师您好,我是北京大学的研究生,今天下午有很多同学应该跟我一样,非常的震惊,像我们一直以来接受这种比较专的教育,我本人本科学英语，现在是学国际法，一直在文科领域，今天您从符号，从数学的角度分析问题，我真的有如醍醐灌顶，确实我们的知识结构太狭隘了，所以今天这个讲座对我思维的拓展非常大。我听这个讲座时思考了很多，我之前读了一本书，是关于中国和美国的对比，说为什么美国现在要注重那种所谓的文化，是因为他们现在社会已经处于橄榄形的社会，因为他们在经济建设、在整个金融、在社会制度、法律制度都比较完善的情况下，所以他们才可以去提倡精神层次的东西。但是中国不一样，中国起步非常晚，晚了很多年。中国在经济建设的情况下，要谈上层建筑，文化发展，还是不太现实。同时我们又看到中国另外一个方面，从最高层领导人的专业背景看，美国现在很多领导人都是法学的，或者说是文科出身，比如奥巴马就是法学院出来的。从这方面看，是不是中国现在也开始意识到这个问题，从经济领域，开始逐步地向文化领域进军。中国现在提倡文化软实力，我不知道是不是中国也有这样的趋势，说中国领导人越来越重视这个问题，是不是有转型的趋势，我有这样一些思考，想请老师解释一下。

【戴吾三】:这个同学侃侃而谈，要点不是很清晰，但是反映了你的思考。我要对这个同学给予肯定，她的观察是对的，世界已经到了开始复兴文化的阶段，为什么呢？因为对西方国家来说，GDP只是靠经济或者说是实体经济的拉动已经相对稳定，但是文化拉动的空间非常大，文化不要按传统理解为仅仅主要是以书的形式，像电影、音乐、音乐剧、计算机软件、博览会等，都属于文化。你说是学法学，我有一个建议，现在比较缺的是知识产权的研究，特别是和发明专利相关。中关村一位女法官，原来是人大毕业的，她很年轻，还不到40岁，已经是全国知名的律师，因为中关村涉及高科技知识产权的诉讼案特别多，这给她一个学习提高的机会，接手这些案件，她急剧地补充知识。

北大、清华在深圳学法律的学生很多，我觉得除了学习书本知识之外，应该对国际上，或者在北京、上海、深圳这种大城市，在创新领域所涌现的有关知识产权的案例多一些了解，这是扩展知识结构的重要的来源。

【提问】:戴老师您好，我是一名大二的在校学生，我想请您给一些在校学生举一些例子。我从两方面来说，一个是我经常在晚上看一些国外大学开的一些公开课。另外一方面就是我打算过两天,再次去香港做一个为期三天的学习,听他们讲座,去他们的校园感受一下,所以我想请您给我们这些学生一些建议,中国内地的学生如何尽可能地去拓宽自己的视野,还有让自己的思维更加活跃一些。

【戴吾三】:这个问题比较宽,不是几句话能说清楚的,因为家庭经济条件、所在的城市,这都是不一样的,我给的建议就是多走多看,尽可能旅游,但是经济条件不够,对一些人就有限制。如果像你刚才所说的有机会到香港,能到香港读书,我觉得会好一些。不仅因为英语教育,而且也提供了两种文化的对比,让你多了一个新视角。当你再回到内地发展,你就能够明显感觉到你有两种文化背景。除了学校学习,我建议还要多读书,读书一定要做笔记。旅行中看到的一些新奇事物,也要做笔记,久而久之,这种笔记提供的思考会有助于你的提升。记笔记也有一个过程,开始会有一些纠结,用散文记好,还是写思想感悟好?写散文感觉太长,写思想感悟又费时间琢磨,思想性的开始可以简单一些,但是日积月累,你发现你的认识确实在提升,这个提升是可以自我评估的。

【提问】:老师您好,我是一名北京大学的研究生,我学的专业是属于工科范畴。我看到现在有一种现象,很多人都喜欢拿着一个电子阅览器,iPad 或者直接拿手机来看电子书。我们看电子书的时候,大部分是网上免费获取的,里面有一些作者和网站也是面临版权方面的官司。我想问一下,您对现在在网上能得到电子类资源的现象如何看?

【戴吾三】:这个问题有普适性。在电子书盛行的情况下,纸质书还会持续下去吗?其实不仅在中国,在世界上也有这个争论。我自己的看法,纸质书还是有它的市场,尽管在缩小。这来自于一个基本判断,记得几十年前,网络兴起的时候,有人就说会冲垮报纸,冲垮杂志,结果是报纸没有冲垮,尽管在减少,但是许多杂志越办越火,特别是周刊、月刊,为什么?因为有深度、综合性的文章绝对不是当天能够写出来的,也不是微博马上能够传播的。

我们再看电子书。开关一关之后,所有的东西都消失了,那种记忆全要你开开关,再按照标签去寻找。如果书是在书架上,特别是你自己买的书,你看完之后,画上荧光笔记号,如果还伴随有泪痕,那种记忆是不同于电子书的,是不可忘记的。从我个人说，我更习惯纸质书。几乎每一本书都带有记忆，我能清楚地记得在哪里买的，当时买的情形，我是怎么看的？一本看过的书，几乎连带很多回忆。随着年龄的增长，这种关联记忆还有很多。我认为，电子书是带来方便，但它所能给你的那种关联记忆可能是要打折扣的。上百本书浓缩在一个小小的屏幕，看似很多，但是你一关掉它，都消失了。这种消失无法和你摆满了的书架相比。我们不能低估纸质书那种潜在的给人的影响。电子书当然有它的优势，如果是经典性的著作，随时调阅，非常方便，但是新书涉及版权，没有电子化，我建议还是买，让读书真正成为你人生进步的阶梯。谢谢。

【提问】：教授好，我是来自深圳中学的一名中学生，我现在想问的问题是长期困扰我的。第一个问题是，我怎么理解中国当今的文化现状？我们为什么要通过对外国文化输入来评判我们目前的一些现状？这是我的第一个问题。第二个问题是通识教育，我们知道通识教育的英文是 the general education，它涉及面广，有提倡终身教育的意思。不光是对大学，对社会，对我们终身实际上都是教育。

【戴吾三】：这位中学生很好学，我们看到了中国的未来。第一个问题，为什么一定要跟国外比。因为以前我们长期闭关自守，只是和古代比，比来比去，就是在一种文化里。今天我们融入世界潮流，是在被迫的情况下向西方开放，不可能不和西方比，我们要提升自己的实力，也必须校准自己的定位。

第二个问题关于通识教育。对通识教育的认识深入，也是最近十几年的事，为什么？因为有些东西是带有反思性的，比如说民国有没有通识教育？民国借鉴西方的大学模式办学，是有通识教育的，很多大学都允许任意选课、任意换系，对家境条件好的学生，当时可以出国留学或游学，你看梁启超、陈寅恪，他们的教育就是通识性的。再看鲁迅，鲁迅开始学医，后来意识到学医只能治人之病，他要解救中国人的观念，放下手术刀而拿起了笔，当时的教育也为他提供了可能。建国之后，我们在 1952 年，一个重要的改革就是大学院系调整，这次调整，到现在我们还在评估所产生的影响，像清华本来是一个综合性大学，结果改成了一个工科为主的大学，现在我们才意识到为什么不能出钱学森这样的大师。当然，这个影响现在开始弥补，但还需要好多年啊。

【提问】:戴老师,我是刚毕业的大学生,从学习到工作,环境发生了转变,我觉得通过自己的兴趣做工作可能会对自己所学的专业更好,但是这中间遇到很多不如意的情况,我想问,能否通过我们的学习,完善我们的工作,以及保证个人的理想吗?谢谢老师。

【戴吾三】:理想的规划很难做到,人生不如意是经常发生的。我赞同平民奋斗意识。不怕从基层做起,不怕遇到挫折。你很希望继续上学,但一时经济有问题,那暂时就去工作,出于养家或是其他方面,暂时中断了学业。但是经济改善以后可以再学习,这时候学习的动力更强,目标也会更明确,我觉得,平民子女不可能不去打工,因为一时缺少经济基础。好在现在的中国社会,给每个人都提供了成才的条件和可能,只要你去奋斗就有可能,要相信自己。

敢问路在何方——深圳迈向国际级创意城市的路径探讨

主讲人：郭湘闽

讲座时间：2012 年 4 月 7 日

讲座地点：深圳大学城图书馆

主讲人简介

郭湘闽，哈尔滨工业大学深圳研究生院副教授，意大利威尼斯建筑大学客座教授。美国马里兰大学城市理性增长国家研究中心博士后研究员、清华大学博士后、广东省科技评审专家。研究方向为：城市开发与运营、城市规划与设计、城市管理及公共政策分析。出版专著 2 部，发表论文 30 余篇，2010 年被深圳市政府授予"高层次领军人才"称号。

主要内容

上一个三十年，深圳依靠劳动力密集的制造业缔造了一个世界级的奇迹——从三万人的小渔村一跃而成为人口超过千万的大都市。然而，土地、资源等易耗品的日益紧张，京津冀地区、长三角地区乃至泛珠三角周边城市的快速崛起，使深圳不得不开始思考：下一个三十年该如何继续保持领先的优势，实现向国际化都市迈进的远大目标？

"转型"已经成为这座城市发展的关键词，寻找替代制造业的领军产业也已成为这座城市迫切的期望。在此背景下，创意产业脱颖而出，成为深圳聚焦的发力点。

什么是创意城市？深圳离国际级创意城市有多远？如何打造国际级创意城市？郭教授将通过对国内外案例、数据以及发展思路的解读，为公众提供一条观察深圳能否成功突破重围、再续辉煌的思考路径。

大家好！我是郭湘闽，首先非常感谢大学城图书馆给我这么一个宝贵的机会跟大家交流，我有点惭愧地说，我不是名家，所以放在名家讲座里有点惭愧，因为我只是一个普通的青年老师。今天是一个风和日丽的周末，在座的各位本来有更多有趣的事情可以做，但是都放弃了，来到这里听我这个讲座，我要向大家表示最衷心的感谢，也希望接下来这一个多小时的讲座不会让大家过于失望。

今天的讲座有两个关键词：一个是创意，另外一个是城市。今天的讲座主要谈三个方面的内容，首先跟大家解释一下什么是创意城市。其次我们在座每个人都可以称自己是深圳人，对于深圳下一个三十年的发展，我相信每个人都是有所期待的。下一步深圳往何处去？我们今天要敢问路在何方。最后需要问一下深圳跟这个创意城市有什么关系，它离创意城市的标准还有多大的距离，如果深圳要往这条路上走的话，它应该怎么去走。所以今天从这三个方面来展开我们这个讲座。

一、为什么要研究创意城市

首先是第一个内容，什么是创意城市？我们要先稍微多花一点时间了解这个内容，然后再去谈论深圳。创意现在大家都知道是一个非常时髦的热词，到处都在讲创意、创意产业。创意产业我个人觉得是一个比较宏大的话题，今天时间有限，我本人主要是研究城市的，对城市比较关心、比较有兴趣，所以今天我想把这个探讨范围收窄一点，我们就对创意和城市相关的话题进行一点探讨。

讲到这里，为什么我对这个题目有兴趣？来源于一个很有意思的小故事，因为我们天南海北地做规划，最近在新疆我们跟政府的书记有过一个交流，书记说我们新疆人什么都好，文化也很丰富，但是大家都记得我们小时候有一个很著名的动画人物叫阿凡提，他丰富了我们的生活。每个人都记得阿凡提，但为什么这么多年过去以后，今天阿凡提就从我们生活中消失了呢？

书记抛出了这个很有意思的话题。当时我就跟书记开了个玩笑,我说我知道阿凡提为什么消失了。很简单,它被一个叫阿凡达的给打败了!

你看这个图片(图1):阿凡达骑着一只很怪的大鸟从天而降,把我们骑着毛驴的阿凡提赶跑了(大家笑)。为什么阿凡达可以打败阿凡提呢?阿凡提充满智慧,妙趣横生,但他今天为什么就消失了呢?可能有个很重要的原因,就是阿凡达背后承载了很多的高科技为载体的创意元素,它更多地吸引了我们当代消费者,尤其是青年群体的目光,阿凡提尽管他很智慧、很聪明、很有趣,但是他骑的小毛驴几十年都没有变化过,而且它缺乏相关的载体,不像阿凡达坐着大鸟通过好莱坞大片进入了我们千家万户每个人的心中。所以这后面的创意元素使得来自一个无中生有的星球的阿凡达打败了一个土生土长、有着丰富生活基础和历史文化来源的阿凡提,这不能不说是我们当前文化生活中一个非常令人遗憾的现象。

图1　阿凡达

还有更令人遗憾的,就是我们的国宝,我们的熊猫,居然被外国人拿来做成一个很有意思的电影,反过来赚我们中国人的钱,而且赚得很多,并且我们还很开心。我看了很多影评,这些影评都在一一地帮人家分析这个好莱坞大片里面有多少是我们中华文化的元素,他们对我们中国的文化解析得这么透彻,而且表现力这么强。但是大家想一想它背后其实也凸显出我们当前文化创意产业发展的一个很尴尬的局面:别人拿着属于我们的国宝反过来赚我们中国人的钱。

我去张家界旅游的时候很有意思,有一个新闻我想在座的各位也都看到过,就是张家界有一座山,因为被用在了阿凡达电影中,所以当地政府希望把这座山改名为哈里路亚(音)山,跟这个电影保持一致,以吸引更多的游客。这是个很尴尬的事情,因为属于我们本土的山,却只给我们赚到有限的门票钱和微薄的利润,但是当它被移植到了好莱坞电影中时,却在全世界取得了经济上巨大的回报。这个事情也引发了我们的思考。为什么一个普通的元素,在我们的本土就不能发光发热,但经过别人的创意包装宣传以后,反而就有了点石成金的效果呢?这值得我们思考。

带着这个问题,我观察了一下我们的城市,发现一个有趣的现象。我想这张照片(图2)可能很多同学都看过,你们知道这个摩天轮是在哪儿吗?伦敦!大家可能会回忆起来伦敦有一个很著名的景观叫伦敦眼,这是很有创意的举措,实际上它就是一个摩天轮,是伦敦政府在泰晤士河上面做的一个巨大的城市标志性景观。自从有了伦敦眼,我发现这个创意很快就被引进到了国内,在不同的城市得到了复制。这是哪儿呢?天津,天津有了个天津眼,除了支架形状以外,几乎一模一样。而且我最近去新疆喀什,我发现在新疆的一条河上,在中国最西边的城市,居然也有一个架在河上的摩天轮。当我们发现别人有好东西的时候,我们是一股脑地一点不加改变地把它给照搬过来,这是我们的特长。所以在我们这边有了一个新词就叫"山寨"。(笑)

但是别人拿了我们的东西,拿了我们的张家界的山,拿了我们的熊猫以后,别人是经过自己的再创造的,然后反过头来赚我们的钱,我觉得这就是两者在思维上的差距。

图2 伦敦眼

二、创意、创意产业与城市

我是比较关心城市的,所以我就在想应该理清楚创意、创意产业和城市之间的关系。这个概念很长,我们需要知道什么是创意产业呢?包括哪些呢?按照英国人的定义,创意产业包括了十三个行业(具体包括广告、建筑、艺术品和古董交易、工艺品、设计、时装、电影、电子游戏、音乐、舞台艺术、出版、软件、广播电视等),而创意、创意产业和城市之间呈现了一个相辅相成的关系。对于创意城市,这里有一个很有趣的定义:创意城市就是依赖着创意产业而发展起来的一种新型的城市形态。

有学者研究总结了一下人类社会的发展,认为人类社会从最早的农业城市开始,经过了工业城市的变革,再到后工业城市时代。紧接着,学者们提出下一步我们的城市时代将迈向创意城市时代。也就是说,从过去那种依赖基本生产要素的投入和消耗去创造生产力和价值的时代,迈进主要靠我们的脑力和能力去创造价值的时代。

这些定义都很复杂,大家一眼看起来可能比较费劲,有没有简单的方式去解释什么叫创意呢?就是创造性的主意——别人没想过的,你想到了,这就是创意,这是最简单的定义。把创意应用在各个行业中,就产生了广告行业,产生了影视行业,产生了动漫行业,产生了时装行业,产生了设计行业等。这些都是依靠创造性的主意来生存和发展的行业,我们就称之为创意产业。

三、创意产业的基本发展趋势

创意产业发展到今天是什么样的态势呢?很简单,按照联合国的统计,创意产业的增长速度是非常快的,每年10%,大大高于全球GDP增长的幅度。21世纪世界已经进入了创意产业经济的时代,尤其是美国和英国,创意产业年增速分别是14%和12%,比他们的国家GDP增速更快,并且占GDP的比重达到20%以上。创意产业的带动效应是非常大的,核心的创意可以拉动一大批产业的增长。

在这种情况下有人把文化创意比作经济上的一个裂变的核能,就像原子弹一样,它产生的效益无可比拟。我们说一首歌曲就能够赚一个亿,这在过去不可想象，在今天实实在在地发生了。创作一首歌曲真的可以一夜之间变成亿万富翁，就是借助创意产业神奇的产业链的魔力。在这种情况下，我们看看中国的现状：现在我们国家的文化创意产业只占我们同期 GDP 的百分之二点几，而英、美发达国家是两位数以上，百分之十几甚至百分之二十几，而目前我们国家的文化创意产业从业人员是总劳动力人口的 1.5% 左右，也就是说，我们是小荷才露尖尖角。

创意产业爆发力很强，它的创造力相当于社会平均财富创造力的两倍以上，因此我们国家现在开始意识到创意和创意产业对于城市和社会发展的巨大推动作用，整个国家开始重视这个创意产业了。在国际上，创意产业除了带来经济的好处之外，它还有没有更多的好处呢？答案是肯定的。我们现在有一个很流行的词叫作软实力，软实力对于各个国家在国际范围内树立自己的影响力有至关重要的作用，所以现在每个国家都开始重视怎么在国际范围内打造自己的软实力。美国还有个词叫文化巨无霸，不光是麦当劳、肯德基卖的巨无霸，它在文化产业上也推出了巨无霸。一讲起美国的文化品牌大家第一个想到的可能就是电影和好莱坞。每个人都喜欢看好莱坞大片，但是好莱坞大片也恰恰是一个非常有力的价值观输出管道，他把美国人的价值观通过电影输入到我们年青一代的心目当中。最近兴起的美剧风头也是非常强劲。

那么看英国，英国做什么？英国做音乐。再看日本，日本做什么？日本原来跟我们一样也是制造业大国，现在不做了，现在开始强调做文化产业输出大国。它做什么呢？它做动漫，在座的说不定还有日本动画的影迷。日本还可以做网络游戏！当然，韩国的游戏也很厉害，韩国除了游戏以外还做什么？很多，比如《大长今》的电视剧、乐队等。所以我们有一阵子曾经刮起过一阵韩流，还有很多人就自称为哈韩族或者是哈日族。大家想想这些现象实际上就是人家用文化创意产品进驻到我们国家，我们无形中已经受到了别人文化创意产品的影响。

以上案例反映出一个事实，就是以前我们通过跨国企业在别的国家设立工厂生产一些有形的产品，后来我们发现这种有形的产品除了给当地的人带来一些生活上的实惠以外，其实不会在很大程度上影响别的国家的价值观、理念和思想观念，但是文化产品的输出确确实实能够很深刻地影响人们，尤其是年轻一代对于这个国家的观感和认识，所以这是文化创意产品无形当中起到的非常重要的作用。

四、中国的创意产业

世界各个国家都在挖掘自己的潜力，有的做电影，有的做动漫，有的做游戏，中国在做什么？中国有没有能够代表中国形象的文化创意产品？中国最早的时候有张艺谋导演的电影《红高粱》。《红高粱》到国外去参加评奖的时候，中国人激动地说我们终于有能代表中国的影片到国际上去参加电影节了。但是当时老外喜欢《红高粱》是因为这符合他们传统观念中对中国的认知，即认为中国是一个比较封闭、比较落后的国家，所以他们比较欢迎这种产品。可是今天我们中国已经富强起来了，所以我们应该有新的代表国家形象、代表人民形象的文化产品去打开世界之门，我个人感觉这是很重要的。所以我们现在开始输出一些其他的内容，比如在世界各地建立孔子学院。为什么我们要花那么大的价钱建立孔子学院？很大程度上是希望向世界人民宣扬我们中国的价值观、文明文化，否则，我们就会面临外界的误解，这对发展是很不利的，而且这种误解已经实实在在地发生了。

撒切尔夫人就讲过，中国不会成为超级大国，她认为当时中国出口的只是电视机，而不是思想观念。这可能是一个令人警醒甚至是振聋发聩的观点，她从反面提醒着我们，一定要重视用什么样的渠道来建立自己的国家形象。从前面我们可以看出文化创意产品实际上是个非常重要的载体，因此我们要学会对像撒切尔夫人这样的观点说不。

最近我们国家一直在不断加强对创意产业的重视，国家在建立孔子学院，这是在国外进行文化布点布局的一个大手笔。我们国家意识到要想在更大的层面上发展，就有必要通过做一些实实在在的建设开发工作，去向我们的友邦宣传中国的价值观。

最近我有幸参与了我们国家在新疆刚刚设立的一个特殊的经济开发区——喀什的规划。它是中国最西边的一个城市，是五口通八国（五个口岸通向周围八个国家）的城市。政府希望通过这样的城市打开中亚、西亚的窗口，把中国的价值观和文明通过这个城市向外进行辐射。而且这个城市的地理位置也很重要，正好处于整个亚欧大陆的中点，飞机到北京七个小时，到巴黎六个小时，在历史上就非常重要,是古代丝绸之路的要塞,到今天那里还保留了唐僧寨——当年唐僧西天取经的时候讲经的地方。所以它本来就是向外传播中华文明的重要的桥头堡,因为古代丝绸之路就是通过这里把当时中华文明的一些有形产品(比如丝绸)输送到亚洲、欧洲的各个国家去的。

而今天我们希望这个新城输出的不仅仅是有形的产品,更希望通过这样一个特区,向外辐射我们中国当代的先进形象以及先进的文明和文化。这个是国家出于战略考虑做出的一个重大决策。

在喀什,我们看到当地的特产都非常有意思,包括当地的瓜果蔬菜以及乐器等。还有木头雕的果盘,拿在手里是平的,但拎起来就变成一个很精致的果盘。当时我很喜欢,便带了果盘回来,向我的学生们展示。第二次,我的学生跟我一起去喀什。回来时,每人买了四五个果盘。但是我了解情况以后非常生气,因为他们买四五个果盘的价钱比我买一个还便宜。后来我发现原来我们买的地方不一样,我是在老城的皇宫遗址里买的,那儿的国王后裔一直住在遗址里,而我的学生是在当地超市买的,所以我就自我安慰了一下,因为我买的是国王后裔加工的果盘,是有附加值的。这说明,同样一个产品,经过了创意文化的附加值,产品上面有让你觉得满意的历史价值的时候,你会觉得为它付出再高的价钱都值,否则你只愿意为它付出成本价或制作价。

在喀什,我与当地政府领导谈了我们的看法,喀什要怎么发展自己?再像传统那样把自己的好东西以一个很便宜的价钱卖出去,已经不是今天的发展手段。所以我们一定要想方设法提升自己产品的附加值,附加值的点在哪儿?喀什的附加值在于历史和文化。我们完全可以在此基础上做出自己的民族品牌,可能不会逊于其他国家知名的奢侈品品牌。听了我们的建议以后,当地领导非常赞同,因为他们也有切身体会,一个普通的红枣加工过和没有加工过卖的价钱差十倍以上!

五、创意城市的历史和现状

我们回过头去看,创意对一个国家的发展是如此重要,但创意城市的历史是怎么样的?它的现状又是怎么样的?其实创意城市自古就有,例如 1900 年的底特律、文艺复兴时期的佛罗伦萨等。现在有很多知名的创意城市，它们都有各自的特点，有的大家比较熟悉，有的大家可能几乎从来没有听说过。这后面隐藏着什么启示呢？我们等会儿跟大家解读一下。

每个创意城市都有不同的头衔，比如柏林，它的创意在于设计，因此叫作设计之都，每天有超过1 500件的文化事件发生于此。还有民间艺术之都，比如美国的圣达菲和埃及的阿斯旺。阿斯旺之所以能成为民间艺术之都，是因为当地的少数民族努比亚人，发扬了当地遗留下的很多传统，比如编麦草，比如做首饰，比如当地的一些建筑和民族舞蹈等，然后成为国际上认可的创意产业和活动，因此获得了创意城市的称号。阿根廷的布宜诺斯艾利斯，它也是设计之都，因为它本身有很多设计方面的特长。但大家可能不知道还有烹饪之都——波帕扬，这个城市可能大家很少听说。原来煮饭和炒菜也可以成为创意！这个城市就是凭着自己的美食在世界上赢得了一席之地。这给我们很多启示，原来我们的创意城市可以如此丰富多样，可以如此不落俗套，原来每个城市只要找到了自己的特长，把特殊的才华、优势发掘出来，就可以使自己成为国际舞台上一颗闪闪发亮的明珠！

六、创意城市的评价标准

创意城市的评价标准跟我们传统评价城市的标准不一样。在国内，评价城市的第一反应就是GDP，再者按规模、按人口等，这就是中国有一百多个城市提出要建设国际级大都市的原因。在我们的传统观念里面只有大，才能够强，我们从来没有想到原来城市也可以用如此多元化的标准来评价。好比我们把所有的运动员拉出来站成一排评选优秀运动员，最后当选的是谁？肯定是姚明，因为他个儿最大，像邓亚萍、丁俊晖肯定是排名最后的，因为个儿最小。（笑）但要是按照各自的特长去评，就会发现最佳的运动员可以产生于这么多的项目中，评价标准并不只有一个，邓亚萍也可以成为乒乓球世界冠军，丁俊晖也可以成为桌球的世界冠军，而姚明可以在他的项目里面成为佼佼者。只有在这个时候我们才体会到原来生活是这么的美好，每个人都有机会出头。

城市也是一样，如果用一个标准去评价，会逼得所有的城市都争国际大都市的头衔。其实大家心里都清楚，很多城市没有条件去做所谓的国际化大都市。即使在美国,能称得上国际化大都市的城市也寥寥无几。我们把评价、观察一个城市的标准从以往的单一角度变成多维角度的时候,就会发现这个世界一下变得很美好起来,每个城市都可以找到自己的发光点。每个城市,不论规模大小,人口多少,都成为世界城市舞台当中闪闪发亮的明星,这就是创意城市丰富多彩的原因。大家可能很关心创意城市是怎么评选的。怎么才能成为创意城市?关于这个问题,有很多评价指标,欧洲有,香港有,北京也有。

我们介绍一种最流行的评价方法,即现在国际范围内普遍认可的"3T"指标。什么叫3T呢?技术(Technology)、人才(Talent)和宽容度(Tolerance)。这是评价一个城市能否成为创意城市的标准。在以此为标准的排行榜上中国暂列第36位。不过这个指标虽然在全球范围内很流行,却并不是完美的。这个评价指标是西方学者发明的,代表了西方人的视野,比如在评价宽容度的时候,有个很关键的因子——同性恋指数,就是这个城市里有多少个同性恋,同性恋越多,说明这个城市对同性恋的宽容度越高,人越有活力。我一讲在座有的同学就笑了,因为如果以这个指标来评价的话,对中国肯定是不适合的,对很多除了欧美以外的城市来讲也是不公平的,比如说阿拉伯国家,能说他们没有创意吗?是不可能的。所以这只代表了西方的观点。我希望各个团队在做研究的过程中能探索新的、更公平的、更有普便意义的评价指标。

七、深圳为何要走创意城市之路

我们知道了什么是创意城市,接着我们需要探讨,深圳离国际化创意城市的距离有多远?首先深圳为什么非要走创意城市的道路?原来做世界工厂不是做得挺好的吗?富士康不是有好几十万的工人在我们这个城市里生活吗?当然后面虽然出了一点负面新闻,但是总体来说我们这个城市现在还是很好的,人均GDP在全国数一数二。据说十二五末期我们的人均GDP会达到两万美金。但是有一句话说的好,人无远虑,必有近忧,其实在上一个三十年里,深圳积累了太多的隐忧,很可能就要在下一个三十年的发展当中暴露出来,这隐忧包括什么呢?

首先,深圳土地资源紧缺,环境人口问题突出;我们周边城市快速崛起,竞争压力空前巨大:长江三角洲崛起了,京津冀城市群崛起了,中部很多城市群都在快速地崛起,全球范围内的城市网络正在重新构建。所谓逆水行舟不进则退,深圳面临着空前的压力,连我们旁边的伙伴香港,也感觉到了前所未有的压力。以前我们常说深港一体化,但都是我们一厢情愿,而最近香港人突然很愿意跟我们合作了,是因为香港人也感到他们发展的巨大压力,香港曾经的金融中心地位正在逐步地被上海等内地城市取代。

我有个朋友,最近在写一篇解析香港危机的文章,分析香港的不安定感是怎么来的,现在面临着什么样的发展问题?在我们的合作伙伴紧张的时候,深圳同样需要具备很强烈的危机感(比如在资源方面)。

大家从深圳的总体规划图纸可以看到,深圳面积不到 2 000 平方公里,相当于天津一个滨海新区的面积。相比之下,我们的发展空间非常有限。大家看到绿色的线条全部是我们的生态控制线。深圳发展到今天有一个值得我们自豪的地方就是生态保护得非常好,但是我们也为此付出了代价,有一半的土地被划入了生态控制线,真正用来建设的大概是 900 平方公里,图上深灰色的部分就是未来可以利用的土地,只有 100 多平方公里,按照我们三十年来的平均建设用地增长的速度,100 多平方公里只能供我们用几年。你能想象一个城市很快就没有自己的发展用地了吗?到哪里去发展,是非常让人担忧的一个事情。如果我们再延续以前的发展模式,再用大量的土地去请工厂进驻,使我们的城市继续扮演一个世界工厂的角色,这个城市的发展将会是不可持续的。所以最近"转型"这个词一直挂在深圳各大媒体的头条。为什么要转型?不做世界工厂我们做什么?有什么东西能够尽量少消耗甚至不太消耗像土地、水或是劳动力这样的资源?哪些产业既不需要大批的外来劳工从事,又能够有很高的附加值?回答了这些问题,才能够保证我们这个城市持续地、快速地往前跑,才能使深圳继续成为国内其他城市的标杆甚至是领头羊。

于是我们就想到了文化创意产业,这是由深圳目前所处的地位、面临的挑战以及周边的竞争态势等因素所共同决定的。

我们还有一个优势,就是我们深圳的年龄结构。深圳现在有一千多万人口,其中以青少年或者是中年人口为主。所以我们是一个年轻的城市,年轻是我们转型的一个很大的优势。因为城市人口的年轻程度也是衡量创意城市的一个非常重要的指标。年轻意味着活力,意味着想象力,意味着敢想敢干,这里面有很多因素是建设创意城市所必需的。深圳还有很多其他的优点,这里我们就不一一细述了。

深圳已经有 6 000 多家企业开始从事文化产业了,这是它做城市创意产业、城市建设的另一个优势。一提起深圳我们就想到了很多高科技产业,大家可能会觉得科技能拉动我们的经济增长。但是统计数字表明,现实可能跟想象的不一样,高新技术产业的增加值是 15%,而文化产业比它还要高出五个百分点,就是说文化创意产业的发展对转型后的深圳各方面的推动作用更加明显。

八、深圳在国际上的地位

我们来看看深圳在国际上的地位。深圳属于区域级城市。而从综合指数看,我们排在 73 位,这是我们目前在全球城市中的排名。

在全国我们排在什么样的位置?如果从文化产业发展的态势来看,全国可以分成四个梯队,深圳处于第一梯队,也就是我们常说的一线城市,但是从创意城市排名来看,深圳排在第六位。我们为什么排在第六位?一线城市不是北、上、广、深四个城市吗?大家可以看一看,这里面有若干个评价指标,如果以不同的指标排下来的话,有三个指标深圳可能跟其他城市差距并不大,只有一个指标远远地落后于其他城市,甚至是落后于某些二线城市,就是在 211 大学的数量方面。看看我们的竞争对手,哪怕是一些我们平时认为不太起眼的城市都有一个以上的 211 大学,而我们深圳却没有。如果按照我们刚才讲的 3T 指标来衡量的话,211 这个指标代表对人才的评价,我们是远远落后的。这也是为什么深圳要引进三所国内顶尖的高校——北大、清华、哈工大。同时,深圳市也在不遗余力地建设新的大学,为什么?我想这是因为市委市政府领导也看到我们在这方面确实存在劣势。

九、深圳与国际创意城市的差距

我们把深圳跟世界范围内比较知名的城市,比如伦敦,比较一下。伦敦有很多区域做创意文化产业,沿着泰晤士河做了很多艺术文化区。深圳也做了,比如华侨城文化园、大芬油画村等等。深圳在不断地赶超,可能暂时有一点点差距。

深圳跟伦敦比经济效益，只有一点点差异（伦敦创意产业占其GDP的8%左右，深圳占6%左右），而且它的就业人数很多，是第三大容纳就业人口的行业。单纯从比例上讲还比较接近，但差距在国际知名度上，比如说伦敦提出口号“创意伦敦”，我们深圳在做什么？以前是“深圳制造”，现在开始想做“深圳创造”，这点很重要。国际知名度的差距是我们不可忽视的。

广州市长曾经做了一个实验，他在谷歌上面分别搜索了广州、北京、伦敦，结果发现搜索的结果差距巨大。这个小实验客观反映了国际范围内城市知名度的差距。

十、深圳如何迈向创意城市

深圳如何迈向国际创意城市？在这里我想给出一些粗浅的个人看法，把深圳打造成国际创意城市符合国家对它的定位。大家可以看到深圳的城市定位有好多，但国务院的定位中有一条很重要，那就是把深圳建设成为中国的创新城市，这一点跟深圳依托创意产业实现自己城市转型的目标不谋而合。我们可以看到世界范围内很多大城市都制定了自己的发展战略，比如伦敦、纽约、东京等，这就引发了我们对深圳的思考：我们需不需要有自己的创意产业战略？

创意城市发展的模式有两种：内生和外生。内生是自发地生长起来的，自下而上，依靠民间的力量。外生很多时候是被外部要求的，被政府创造，自上而下地推动，例如亚洲的发展模式。这两者是有一点区别的：在欧美，民众有充分的自主权去推动城市的发展，政府也会依靠非政府机构去促进创意产业、创意城市的建设和发展。美国这种模式跟它的社会经济特征非常吻合。美国就是一个崇尚自由主义社会的国家，它早期的创意城市、创意园区都是由民间自发、自下而上生长出来的。斯坦福大学是国际名校，也是第一所在学校里建设工业园的大学。建成之后，世界各地争相效仿。这也可以说是一个原汁原味的创意。这发生在斯坦福，发生在美国这个高度自由化的国家。

还有亚洲的模式。亚洲有多方文化传承的威权主义特征，有威权主义传统，所以它的建设基本上采取政府主导和民间参与相结合的模式。比如日本、韩国、新加坡、印度等等，在这些国家，创意产业乃至整个城市的成长都离不开政府的推动。那么对深圳的启示是什么呢？深圳本身的创意氛围不算很浓郁，现在还处于从深圳制造到深圳创造的转型阶段，所以现在我们需要政府来主导，自上而下去大力地推动。当然这也少不了我们民间自主的参与。其中有几点是值得关注的，例如大量吸引培养年轻的创意人才等。

我是从事研究的，今天关注的话题也与创意和城市有关，所以我根据深圳的特征，借鉴国际的成功案例及失败教训，提出几个建议：

第一，利用城市的更新来推动产业转型。城市更新很重要，国内很多城市都已经利用中心区的更新来推动产业的升级转型，比如上海。上海是个历史非常悠久的城市，它的中心区也有很多老城区。而且中国城市中心区不可避免有很多工业遗址。上海人把它们进行了一些产业上的升级，而且统一采用创意加上其他产业联合开发的模式，比如创意加上旅游，像新天地；比如创意加上地产开发；比如创意加上其他的文化产业等等。现在大家去上海的时候关心一下 8 号桥：一些老的厂房通过改造，一跃成为充满时尚朝气的产业集聚地。还有很多类似的例子，比如北京的 798、南锣鼓巷等，比如广州的信义会馆，都是把老城区加入了时尚创意的元素，使之成为一个非常新的产业集聚区域。

深圳做什么？深圳有一个非常大的城市遗产——城中村。城中村在深圳特区内就有 173 个，关外那就数不胜数了。深圳目前有一千多万人口，这一千多万人当中有超过 50% 的人居住在城中村！大家可以想象城中村对我们深圳城市面貌的影响是多么大，而目前城中村改造又是市委市政府和各界人士高度关注的一个话题，但是同时也是一个难题。我记得上两任市长曾经提出过，要用五年的时间彻底消灭深圳的城中村，但是很多个五年过去了，城中村还是牢牢地扎根在深圳。政府领导是出于城市景观美化或者形象方面的考虑要消灭城中村，但实际上推动起来困难重重，而从研究城市的角度我们倒是有另外的思考。

我去台北的时候有非常大的感触：一个公认的国际化大都市，无论走到哪里，都能看到一大片连绵起伏的，跟我们的城中村一模一样的房子。我注意观察了一下，台北这些社区虽然密集，但是没有我们在城中村中所看到的脏乱差现象。从中我们可以得到一个启发，城中村完全是可以改造好的，完全可以成为城市良性的细胞而不是恶性的毒瘤。城中村不应该简单地一拆了之，而应该保留下来，并且转型，使它有保障房的作用。从这个方面来讲，它有很显著的社会价值和意义。

它应该怎样实现转型？这里面有很多思考，比如美国的乔布斯成为创意天才是有前提的，他创业的时候是在他家的车库里面。网易的创始人丁磊就是在城中村创业，因为刚出校门的年轻人没有资本，城中村这种价格低廉的地方恰恰给年轻人提供了创业的第一块跳板，在这方面城中村有着很重要的孵化器功能。如果我们能把城中村的功能巧妙地转化为某种创意产业或者年轻创业家的孵化器的话，就是利用它的一条非常有效的途径。就我们大学城而言，有很多优秀的博士后没有地方住，而这些博士后恰恰就是这个城市新兴的、向上的、创业的力量，其中不乏研究创意、从事研发的人士，怎么解决他们的问题？能不能把城中村转型做他们的公寓，或者转化为保障性住房？完全可以。最典型的一个例子，平山村。平山村楼房很密，环境也不好，但是在大运会期间，政府做了很多改造工程，立面加上了很多马头墙、女儿墙，显得非常漂亮，一看以为是欧洲小琼岛。很有意思，所以只要稍微装饰的话，城中村不仅不会成为城市景观中很碍眼的东西，还可以以很小的代价实现它功能的转化，利用现有的高密度低价格的特点，成为一些新兴产业、朝阳产业的孵化器，这是我们正在探索尝试的一条城中村改造途径，或者说深圳实现城市更新、城市开发的一个路径。

第二条建议就是人才。我们深圳的一个劣势就是人才缺乏，集中表现在我们缺乏好的大学或者是大学园区。

我们看一下美国硅谷，把成长在硅谷中的国际化品牌列出来的话，大家可以看到小小的一个硅谷竟然有这么大的创意创业的能量。那么硅谷是怎么来的呢？它离不开斯坦福大学这所在学校里面规划工业园的大学。正因为它有宽松的氛围，并且集聚了这么多雄厚的科研力量，才使得美国的经济有了硅谷这个奇迹。所以一所大学带动了一个硅谷，一个硅谷造就了一个美国。从这个案例中大家可以看到研究型的大学对城市乃至国家的推动力是多么的巨大。

大家都看过《指环王》，《指环王》是在哪儿拍的呢？在新西兰。新西兰只有400多万人，它为什么能拍出来这样一部巨片？它产生的总效益是28亿美元，相当于新西兰一年就诞生了一家年产值十亿美元的公司。它为什么是在新西兰拍而不是美国呢？是因为“9·11”事件以后美国把签证政策收紧了，使得很多从事创意产业的人员进不了美国,反而新西兰有非常宽松的人才吸引政策,并且抓住了有利时机宣传自己,吸引人才,所以这些创意产业人才纷纷跑去新西兰,于是这部在全球横扫28亿美元票房的大片诞生在了新西兰。这说明人才对于造就一个产业或者成就一个国家知名度的重要性。

看看国内大学城。当前国内各个城市都非常重视对人才的吸引以及对大学城的建设。大家可以看到,全国15个大学城当中,最大的大学城居然有50平方公里,最小的也有10平方公里。由此看出,每个城市都非常舍得为大学城投入资本,甚至包括很多中部乃至西部的城市。

我们深圳大学城虽然面积小,但是我们可以在有限的面积中创造有利于产生创意的氛围。我记得三年前来大学城的时候,看到那一版规划的时候心里很高兴,因为里面有一个三所学校共享的国际会议中心。在三所顶级的高校中间做一个核心的共享空间,多带劲!我很愿意在这样的氛围中工作,所以我说我很喜欢那个规划,但是没想到前段时间突然看到一个方盒子拔地而起,我的心是拔凉拔凉的(笑),因为我感到有点遗憾。三个学校共享交流的非常好的场所,变成了某个学校某个学院专用的大楼,这对于我个人来说是一个遗憾。第二个遗憾就是,我走遍了大学城,想寻找到一些公共空间,或者一些公共艺术品,结果最后只找到了三块竖在桥头的石头,上面分别刻着北京大学、清华大学和哈尔滨工业大学(笑)。国内顶尖的三所学校会聚的地方应该是充满人文气息的,我们在这个环境交流交往,我们需要的是高水平、高品位的空间。如果连大学城都没有公共艺术品和公共空间的话,那我们这个城市除了是经济上的巨人以外,其他方面就都乏善可陈了。

我们可以看国外的大学。这是哈佛大学的喷泉(图3),当时我也脱了鞋子跑进去玩,每个人都喜欢玩,因为这很有参与感,它不是一个只可远观不可近玩的名人雕塑,也不是一个令学校感到自豪的展示品,而是设置了每个人都可以参与的游戏空间。麻省理工大学严肃的大楼里面都挂了哈哈镜,每个人都到后面去做鬼脸照相,尽管是世界一流的工科学校,但是它的校园氛围就是那么轻松活泼,所以它充满创意。

图 3　哈佛大学的喷泉

第三条建议,我们应该增强城市营销的意识。我们的国际知名度一般,所以尤其强调一点:要用文化的大事件。为什么用文化大事件?因为我整理了一下国内的情况,突然发现我们中国最近干了一些大事,这些事居然全部是运动会。从北京奥运会开始,到广州亚运会,到哈尔滨冬奥会,到深圳大运会,再到南京 2014 青奥会,全世界的比赛都在我们中国举行了。但是我们能不能除了运动再有点别的创意?比如电影节、广告节、时装节、图书节、美食节等。我们有没有别的节?我们有深港的双年展。我们年轻人多,我们能有狂欢节吗?我的一个学生从西班牙回来,他说最大的感触就是那里的节太多了,一年当中有一半的时间在过节,基本上每天就到街上拍别人怎么进行节庆游行。一天到晚生活在这种喜乐洋洋的氛围当中,大家就很轻松,就会有很多想法冒出来,这个城市就是从事创意工作最好的选择。如果一个城市的人每天走在路上都在想着我的股票的涨和跌、我今天能赚多少钱,那么只能说我们离创意还真的很远。

还有一个建议,那就是营销城市要打造创意产业园区,比如欧洲有创意园,韩国首尔有媒体园,我们有没有?我们也有。这是我们在喀什做的一个设计图纸,我们在一座水库的中间设计了一个复合的功能区,把原有的维吾尔村庄经过改造以后做成创意产业园区,里面放什么功能呢?放很多,比如结合里面的实景演出做阿凡提主题乐园,做民族服饰博物馆,做西域民族文化创意产业,做一些节庆,比如说中亚九国的文化艺术节等。

最后一点,大学城要有氛围,还有我们整个城市也要有一个很宽松的城市生活的氛围。具体来说,做城市规划的人应该规划一些创意生活圈。现在我们总是听到工业园、高新技术园,再者就是什么产业园,从来都没有听到某个城市有生活园或者生活圈,因为我们现在想要发展经济的愿望太迫切,所以舍不得拿出任何一点土地做别的,只愿意发展经济、挣钱。现在我们深圳人均 GDP 已经在国内遥遥领先,我们这个时候能不能思路再超前一点,拿出一点点有限的空间来给我们自己的生活氛围营造一点点的品味和格调呢?

一个城市能不能成为创意城市是有基因的,这个基因不是人均 GDP 高就可以解决的,它必须有一些内在的、文化的基因。比如说它善于化解城市中的矛盾,把一些不利于城市形象的东西用一个幽默的手法重新包装,这样成本很低,但是展示了这个城市的创意天分。

还有一点,作为规划师,我们要到一些特定的地方去开发一些特殊的空间,比如城市的廊道,比如城市的滨水区,并把它们建设成为我们享受生活的有品位的区域。比如我们身处的南山区以及大学城,我们在利用大沙河这样的良好景观点的时候,我们国内通常使它尽量地产生经济效益,利用大沙河沿岸,建设一个大沙河的创新走廊,而关注点就是 GDP。我们瞄准的地方主要是在经济方面而不是生活上。我们要怎么把大沙河利用成南山区乃至整个深圳市充满创意的一个生活区域,这是一个思维上的跳跃,也是作为规划研究者为政府提供的建议。

我们在新疆做了个设计,这里有一条河叫吐曼河,政府沿河开放了一大片区域。我们给当地提供了一个截然不同的思路:首先,我们关注如何利用沿岸的优势把它打造成一个充满创意的宜居区域。我们会在这个区域放入很多创意产业园,我们把阿凡提作为主题放进去,让当地的群众能够像阿凡提一样生活在这个地方,外面游客进去参观可以体会原生态的生活,并且能够带动当地居民致富,但是并不把这个产值的经济指标作为评价土地利用价值的唯一要素。整个区域将会充满着生活的气息和创意。把吐曼河的河水引进去,周边景观一定非常好,非常休闲。我们开放吐曼河边最好的滨水景观空间,每个人都可以自由地在这里冥想。还有餐饮区,是为整个配套服务的,我们给它配套很多比如伊斯兰风情街、小镇中心这些元素,把中亚九国的建筑元素融入到整个片区的开发当中,把它们的民族风情在这个区域里面重新展现出来。

我们虽然没有为深圳本地政府提供具体的建议，但是我们带着我们的思考，希望在其他城市的实践中打造出适宜创意产业发展、适宜创意城市建设的一些有价值的生活区域，这是作为规划者的一个愿望。

十一、结语

今天讲了这么多，最后做一个简短的小结：我们认为对于创意城市来说，对城市的评价应该与传统方式不同，不以 GDP 论，也不拘泥于规模大小，评价是多角度的，而不是单一角度的，这样就有充分的空间让每个城市充分展现自己的色彩。它的特性是什么？它给城市以及在城市里生活的市民更多的创造性、更多的个性、更多的活力。它让我们这个城市变得更加宽容，体制更加人性化，所有人都可以得到更加全面和自由的发展。

这种发展模式非常适合深圳，因为这里集聚着富有才华的人，而且是年轻的人。深圳有点像美国，一样有着宽松的体制。我走过了国内很多城市，而深圳的体制机制遥遥领先于很多城市，包括它的观念。其中很大的一个原因也就是因为它不拘一格地录用了很多来自天南海北的优秀人才。

所以把深圳定位为创意城市，是非常吻合深圳本身的历史积淀和特色的，并且将来能够持续地凸显出深圳的特色，使它依然能够跑在其他城市的前面，否则土地短缺、资源紧张、尾气污染、灰霾天气、劳动力成本趋高等劣势可能会拖垮深圳发展的速度。但是，我们有以在座各位为代表的一批拥有高学历、高水平思考能力和创造力的人才，为你们度身定造的城市类型就是创意城市。

还有一点，创意城市代表了低投入、低消耗、高产出的城市未来发展模式，它能够帮助我们深圳实现转型。因此，把深圳建设成为国际化大都市、国际级创意都市，是一个大的历史发展趋势，我们希望政府能够更加清晰地认识并且更加关注和重视创意产业。

深圳也叫作鹏城，讲座的最后，我们预祝深圳这只大鹏鸟能够借助创意产业这个强大的助推力，飞得更高！今天讲座就到这里，谢谢大家！

太阳能光伏发电：一场新的电力革命

主讲人：肖旭东

讲座时间：2012 年 4 月 21 日

讲座地点：深圳大学城图书馆

主讲人简介

肖旭东，美国加州伯克利大学物理学博士，香港中文大学物理系教授，中国科学院深圳先进技术研究院研究员、光伏太阳能研究中心主任。研究领域涉及表面科学、纳米科学及新能源科学与技术，尤其在表面扩散、纳米摩擦学、纳米电子学及薄膜太阳能电池方面成功开展了一系列工作。主持和参与了近 40 项香港及国内的科研项目。在 *Science*、*Phys. Rev. Lett.* 等国际杂志上发表了 100 多篇学术论文，并有多项国际、国内发明专利，论文被广泛引用达 3 000 多次。

肖教授是 1986 年郭沫若奖学金获得者，2004 年国家杰出青年（B 类），2005 年中科院“海外知名学者”获得者。现为中组部“千人计划”人才，深圳市国家级领军人才及科技部国家重大科学研究计划首席科学家。同时，还是中国真空学会常务理事、中国能源学会常务理事以及香港研资局、国家自然基金委评审专家，*IJMPB* 和 *MPLB* 编委兼副主编、《化学物理学报》编委、《物理》编委。

主要内容

太阳能光伏发电将会引领一场电力革命，这场电力革命会贯穿 21 世纪以至以后人类的历史。这是人类文明发展史上的又一次伟大的技术变革。本讲座将以我们面临的能源与环境的挑战为切入点，介绍太阳能发电技术的现状与将来、太阳能发电技术的应用、当前太阳能发电技术在大规模应用时遇到的困难以及太阳能发电给我国高新技术领域带来的机遇。

大家下午好！感谢大家利用今天下午的闲暇时间来听我的报告。我今天演讲的主题是“太阳能光伏发电——一场新的电力革命”，中国喜欢用“革命”这个词，所以我也把它用在这里。

言归正传，今天的演讲包括以下几个问题的阐述：

第一，为什么要有新的能源？主要从我们的需求出发，讲述为什么需要有一种新的能源来帮助我们的文明发展，以及我们的经济发展。

第二，用光伏发电，我们到底需要多大的规模？我想有些同学或者听众，你们可能知道最近光伏企业面临了较大的危机。那么此危机究竟是一个真正的危机还是一个伪命题？或许只是暂时的企业经营问题，而不是社会需求问题。

第三，光伏发电现实吗？大家可能看到过一些光伏发电的例子，但这里讲的光伏发电不是指发了一点电就叫“发电”，而是希望利用光伏技术取代所有的煤电、核电。大规模光伏发电的现实性如何？如果没有现实性，企业经营就会越来越困难。如果现实性已经比较好，企业的“冬天”就会很快过去。

第四，光伏发电现在面临的主要挑战是什么？每一样技术，既然科学家发明了出来，就一定有它的用途，但是能不能被社会接受，还有许多不同方面的因素需要考虑。所以在这里，我会讲述光伏发电到底需要考虑哪些因素。

最后，从技术层面上，我向大家讲述有哪些技术或者说除了现在大家知道的一些技术，还有什么新的技术可以被开发，可以做得更好。

一、为什么要有新能源

发展新能源主要是为了应对来自能源危机和环境污染带来的挑战。那么，我们现在究竟有什么样的能源危机呢？先来看看我们都在使用哪些能源，从全世界的范围看，主要是初级能源：煤、石油、天然气、核能。从统计数据来看，2006 年至今能源消耗一直在增加。

(一)传统能源储备及使用概况

发电主要靠哪些东西？煤、石油、天然气等传统的化石能源！这无论过去还是今后都会在发电中占重要地位。核能和以水电为主的可再生能源在过去也不断增加，只是比重依然偏小。分析不同初级能源发电所占的比例：煤，大家最熟悉的发电媒介，在全世界范围内占发电量的比例约40%；石油，约占全世界发电量的5%；相对丰富的天然气，约占全世界发电量的20%；核电，欧洲国家、日本，用得相对较多，约占全世界发电量的13%。可再生能源中，水电占的相对比例较大，此外还有风能、太阳能等。

地球上化石能源储存还有多少？它能够支持我们多久？引用一个巨大单位Q($1\ Q = 2.93 \times 10^{14}$度$= 1.055 \times 10^{21}$焦耳)，地球上的煤储量大概是25.2 Q，石油约为7.72 Q，天然气约为6.62 Q。这些能源，以2007年的消耗量来计算，煤可以再用200多年，石油用50年，天然气用60年。以上数据都是基于2007年的消耗量来计算的，如果考虑到消耗量会逐年增加，上述数字还会减少，除非我们在不断发现新油田、新煤矿。比如，按照3%的年增长率来计算，原来可以用200多年的煤，最后发现只能用80年。就核能而言，核燃料在地球上的储量还存在争议，所以这个统计数字从8.5 Q到600多Q都有，最悲观的观点认为20年将就用完，乐观的观点则认为还可以用一千多年，暂时不用担心。那么我们的可再生能源呢？水电，水是用不完的，只要有太阳在，太阳就能把水从海洋里蒸发出来，被不同的气流带到不同的地方，它再从不同的河流流下来。所以水是用不完的，只要太阳在它就在。每年水大概能制造0.07 Q的能源。生物质能也主要依靠太阳，大概每年能提供0.013 Q能源。风能相对较大，大概每年能产生0.5到5.1 Q能源(这有十倍之差，不同人计算的不一样。)，但是我们需要制造很多的风能发电机才行。太阳能是巨大的，太阳能每年照到地球上的能量是5 000多Q，而地球每年消耗的总能量仅0.5 Q左右，是它的万分之一。这5 000多Q不能完全被人们取用，有的照到海洋，有的照到雪山上。大概有1/5是能够被我们利用的，如果在这1/5区域的任何地方，装上太阳能光伏发电设备，就可以生产出电能。

全球情况如此，那中国呢？我们中国很不幸，不是能源大国，虽然地大物博，但能源非常稀缺。前几天中石油在渤海某地发现了一个新油田，其股票马上大涨,但是事实上它能有多大?这里要用百分比的数字来看才更有感觉。中国的煤是在所有能源里面占得比较多的,占全世界能源储量的13%左右。石油只有1.5%,天然气大概也是这么多,核能只占全世界的3%左右。水电在中国则使用得比较好。

数据显示,我国去年石油消耗量是4.9亿吨,美国是9.4亿吨,比半个美国还要多。我们再也不是石油消耗小国,因为我们满大街都是汽车。而中国的石油储量只有25亿吨,去年我国就用了差不多5亿吨,如果不从国外进口,只够使用5年了。我们常常抱怨汽油涨价,美国人能用便宜的汽油,为什么我们就不能用。看完上面的数据就知道,为什么我们用的汽油贵,因为我们自己没油。开个玩笑:"要不我们也派部队到中东去,守着他的油田,否则美国人把油运回他家去了。"所以这是一件很严峻的事情。煤,尽管上面提到中国煤储量相对较多,但中国每年烧的煤占世界的48%多,这还仅仅是2010年的数据。考虑到每年消耗速度的递增,中国煤储量也就够我们用三四十年,而不是两百年。所以,我们国家在能源方面是一个非常短缺的国家,有着非常严峻的能源危机。

(二)能源使用造成环境污染

自2007年始,我国二氧化碳、二氧化硫的排放量勇夺"世界第一"。所以大家抱怨周围环境为何这么脏,这就是原因之一。这些年我们发电量是一个怎样的数字?它的来源是什么?数据显示,从2004年到2011年,我国总发电量同比增长基本每年保持在两位数。所占世界发电量的比例也在逐渐增加,2005年中国发电量则占到全世界13.7%,2010年增长到19.4%,2011年应该会超过20%,因为我们每年的增长率总是比别人高。我国主要的发电方式有:火电、水电、核电。我们用不起汽油和天然气,就只有烧煤,通过烧煤,我们大概能发出80%左右的电。近年水电和核电的贡献稍有增加,但它们加在一起也是不到20%。

我们再看几种发电形式的缺点及其对环境的破坏。过分燃烧煤,会导致空气污染,会有酸雨,也会有温室效应,北极的冰也在融化,所以北极熊每天也只好孤零零地站在某个小冰岛上面。我们向地下索取石油,通常人们觉得在陆地上开采石油,不会带来太大的危害,但在海洋里面呢?几年前英国石油公司在墨西哥湾开采时油井泄漏,造成附近海洋大面积污染,对环境和鸟鱼等生物造成致命的破坏，整个墨西哥湾被破坏了。今天，我们要去南海开采石油，去钓鱼岛开采石油，我们需要面临许多问题：第一，那些地方离大陆比较远，要把石油输送回来本身就是一个困难；第二，海上开采，万一出现问题，就会对周围生态环境造成更大的破坏。水电是可再生能源，某种意义上它基本是环保的，但也有自身的问题。比如大家知道的三峡水库，坝的上游水位被提高，这带来许多问题：森林被淹，草地被淹，这些被淹的植物会腐烂，腐烂之后放出甲醛等化合物；上游因为淹水了，所有上游的居民就要移民，所以国家又要出一大笔钱；下游有下游的问题：以前有足够的水利用，但是坝一拦，下游缺水就可能造成干旱。此外，我们有长江，往越南流的潞江；如果我们在上游把坝一拦，下游灌溉农田都可能成问题。所以在用水电的时候，大家会从中受益，但是许多负面影响也是需要考虑进去的。核电，自从2011 年发生日本福岛事件以后，人们再也不那么乐观。二十几年前，前苏联的核电问题，大家认为是俄国人的技术不行，我们没有说日本人的技术不行，但是地震、海啸一来，它的几个核反应堆都相继出现问题，所以没有一个人能说自己的核电设计是绝对万无一失。不怕一万，就怕万一，万一那一点就是毁灭性、灾难性的，就没有办法控制了。所以，怎么利用核电为人类造福，实在是需要一些技巧，不仅仅需要技术上的技巧，而且需要一些政策上的技巧。

上述能源会产生这么多危机，那么我们怎么办？文明不能倒退，生产力不能往回走，我们还是要有能源。要能源，我们就得有其他出路，比如向太阳要能源，那是最"自然"的。这就是今天演讲的主题，用光伏这样一个高技术、高科技来产生电。从世界范围的一个预期来看，石油、煤、天然气，尽管今天还在不断地使用，而且使用的绝对量还在不断地增加，但是科学家预期到 2030 年，这三种化石能源的使用率会达到它们的顶峰，之后，因为储量的问题，它们的使用会逐渐地减低。然而，人类的文明在发展，我们的生产力在发展，我们的经济在发展，我们所需求的能源在不断增加，在 2000 年能源需求大概 0.4 Q，到本世纪末，大概会增至 4 倍。能源需求的上升相对于化石能源的减少，会产生一个较大的间隙，要填这个鸿沟，就需要用太阳能发电。太阳能发电在三四十年后，大概会占到我们能源利用的 20% ~30%，到本世纪末大概会占一半以上。尽管所谓的革命还没到来，但是大家要有心理准备，它随时会来。

二、如果用光伏发电，我们到底需要多大的规模？

（一）全球需要的光伏器件规模

瓦特（W）是大家都比较熟悉的一个单位，太瓦（TW）这个单位是瓦特的10的12次方。现在全世界所有能源的消耗大概是每年15 TW，其中常规电力占1/3，约5 TW。如果大家接受一个概念，未来光伏要取代绝大部分能源成为能源的主力军，那全球需要多少光伏器件？光伏不是每天12个小时都能发电，因为太阳不出来，设备在那个地方就是休息的。这样，光伏设备每天有几个小时可以用？要看不同的地区，平均大概就3至4个小时。上面所讲的常规发电，全世界范围要5 TW，考虑到以后的增长，在三十年后，要装的光伏发电设备发电量大概要达到30 TW。30 TW是什么概念？光伏发电设备的寿命大概是25年到30年，如果我们用30年计算，假设每年生产能力是1 TW，30 TW要花30年时间才能生产出来。等到了第30年的时候，第一年安装的那1 TW寿命到了，需要更换；第31年，其第二年安装的1 TW寿命又到了，需要更换。所以到那个时候，我们也不要指望它发展得多快，就像今天好多地方的电厂一样，每年保持原来的发电量就可以了。

（二）中国需要的光伏器件规模

相比于世界范围每年常规电力5 TW，中国占1/5，就是1 TW常规电力。中国要全部用光伏发这部分电需要有多少光伏器件？按照上面的计算方法，需要3 TW的光伏器件，就是4.5万亿度电。那么到本世纪中叶，即30年、40年后，中国要全部用光伏发电需要有多少光伏器件，按照上面的计算方法，需要有6 TW光伏器件，就是9万亿度电。

那么，现在光伏器件生产能力是多少？数据显示，去年全世界新增的光伏发电总能量是27 GW，这意味着还差30多倍才能到达1 TW。以现在的容量来讲，还远远达不到我们想在30年内把世界上所有发电都换成光伏发电的要求。从这个意义上讲，今天光伏产业所谓的供过于求，那只是一个暂时性的、一种政策性的东西。事实上，光伏发电还可以有30多倍的发展空间。

中国其实是光伏产品的生产大国。从全球光伏组件的生产规模来看，在

2004 年之前,中国的发货量可以忽略不计,但是到 2006 年就开始上涨,2007 年、2008 年一路涨上来。到了 2011 年,中国的发货量已经达到全球的一半,甚至还多。

在 2011 年以前,我国太阳能发电基本上只生产不用,这样有一个极大的危害。因为这是能源产品,制造能源产品要用能源,能源产品造完之后应该带来新的能源,但如果只生产不用会怎么样?我们使用常规的煤发的电来制造太阳能电池,然后把产品卖出去,这样是换了不少美金回来,但是我们只是换了美金,却把污染留给自己,把经济带给世界。

从各国能源消耗结构(主要为:交通用、民用/商用和工业用)对比来看,中国有一半左右的能源用于工业生产,美国的能耗则主要是在运输方面。所以从国家的能源战略、国家的能源安全方面考虑,我国一定要有自己的新能源,要有自己的新能源战略。不能只生产,把产品卖给别人,这样我们的能源危机得不到缓解,只会加剧。

三、光伏发电现实吗

(一)光源能量密度低

如前面所计算,我们需要这么多电,那么我们究竟要安装多少光伏设备?光本身作为能源,跟煤、石油和天然气不同,它有一个致命的弱点,就是能量密度低。尽管到处都有阳光,也不用花钱买阳光,但是需要安装的设备要大,才能把阳光收集起来。所以土地资源是一个很重要的因素,下面主要从土地资源来分析这个问题。

1. 全球需要的陆地面积

太阳每年照在地球上的能量有 5 160 Q 之多,其中有 1/5 左右是能够安装设备的地方。全世界在 2008 年的能耗大概是 0.5 Q,其中有汽油,如用于交通;还有热能方面,比如北方偏冷地方的供暖等等,再有就是发电。发电大概占总能耗的 40%,在 2010 年,这 40% 发出来的电为 2.13×10^{13} 度,相当于 0.072 7 Q。因为有一个效应问题,煤炭和石油都是属于初级能源,电是次级能源,是从煤或者石油转变来的,在这个转变过程里,现在的技术最多只有 50% 能够转化过来,一般的技术都是30%或35%。今天的光伏发电技术主要是晶硅技术,它能实现的光电转换效率在15%左右,有的能达到19% ~20%。假设我们用15%来计算,要得到这么多的电能,只需要在全世界范围内千分之零点五的陆地面装上光伏发电装置或者太阳能电池。

美国人在全球各大陆太阳光高能密度分布地图上画了六个盒子,每个盒子产生3.3 TW能源,六个盒子就能产生20 TW能源,当然,前面分析要30 TW,那么还要多加几个盒子。我们中国至少会有一个盒子,因为我们现在发的电是全世界的1/5,只一个盒子还不够用。在地图上画六个盒子是很容易的,但要把太阳能电池片在这几个盒子装满是一个巨大的命题,是一场新的革命。其原因就是:太阳光相对其他能源是一个低密度能源。

2. 中国需要的陆地面积

讲完世界,再谈谈中国。2010年中国发电4万多亿度,占全世界的19%之多,与人口占有比例相反。现在中国的土地占全世界陆地面积的比例不到20%,在这样的土地上,我们的土地资源当然比外国更加宝贵。那么,我们需要用多少土地资源?全世界范围内千分之零点五就够了,但是在中国是不够的。如上所述,用15%的转换效率,继续采用上面的一些假设,要发中国需要的电,我们需要18 000多平方公里的土地。什么概念?深圳是1 900多平方公里,这就是说要十个深圳的地方全部铺满,这是一个巨大的工程!我们不是说真的一片片去铺满十个深圳,我们把它铺到不同的地方,比如屋顶上。简单算一下,中国现在城市、郊区、农村所有的建筑大概有多少屋顶可以被利用。根据国家住建部的数据显示,城市及县屋顶面积为0.98万平方公里,村镇公共建筑屋顶面积为0.044万平方公里,村镇住宅生产屋顶面积为1.507万平方公里,这些屋顶加在一起,还是用刚才的15%的转换效率,按照每年日照时间2 200小时和每年辐照强度1 500度每平方米来算,它们大概能发5万多亿度电,是2010年的1.38倍。所以从这个意义上来讲,土地资源是一个必须要考虑的因素,若不考虑土地资源,太阳能发电是不可能实现的。当然,上文刚才讲的这个土地资源,全世界拿出千分之零点五的土地,好像不是大问题。但是我们中国要拿出多少?实际上,也就是千分之二左右。960万平方公里乘以2,就是一千多万平方公里,所以千分之二左右的土地拿出来，就足够了。当然，如果考虑以后要发展，像刚才提到的2010年发的电还不够，到三十年后我们要两倍。有两个方法可以解决，一个就是技术的进步，以后我们用的太阳能电池可能不是15%的转换效应，是30%；另一个就是我们还用同样的电，或者说没有技术进步，就必须再去征地，当然，乐观地说，只要电网能达到的地方，比方说戈壁滩，我们有的是不用的空地，那些地方阳光不缺，太阳能电池可以放到那个地方，再把电送回来，这也是一个选择。

（二）日照时间及阳光辐射强度不同

中国适不适合安装太阳能电池？其实只要有太阳的地方都可以装，但适不适合要看经济成本，经济成本与每年的阳光辐照大小相关。阳光辐照强的地方一年可以发更多的电，而阳光弱的地方就发得少，所以花同样的钱买的设备，其经济效益是不一样的。在中国有很好的地方，比如西藏、新疆、青海等地方，每年的日照时间非常长，年日照2 800小时以上，每年的辐照量比较大，每年每平方米在1 850度电以上。刚才上文的计算就是用的每年每平方米1 500度电这个辐照强度，所以只要日照比这个高，都会比刚才那个更划算。我们广东南部在中国的平均水平线上。而贵州、四川每年的日照幅度比较低，在1 000度电左右。目前全世界光伏装机容量有67 GW，有一半左右装在德国，那么德国的日照是不是就比中国好？事实上，德国比我国更靠北方，德国每年的日照时间在1 800小时左右，略低于广州、深圳，辐照强度接近中国的平均水平。基于这样一般的日照条件，德国现在的装机容量却是全世界第一，占到全世界的一半。这是他们的政府下决心取缔全部核电，实现可再生洁净能源。在过去的几年，中国光伏产业主要就是在赚德国人的钱，德国政府补贴买下了这些比较贵但环保的发电装置。

图1给出了全球主要太阳能使用国家的年平均日照时间。我国深圳跟美国加州差不多，深圳比西班牙更靠近南方，但可能是经常有雨天等原因，每年的辐照小时不如西班牙高。图2是全世界的辐照强度对比图，以每年每平方米能产生多少度电做单位，不同的颜色代表不同的数字，越靠近赤道的地方阳光辐照得好，往北去就往下降。我国大部分地方，都在中位数偏上，即大部分地方是“好”的。对于广东来说，广东南部没有特殊的优越性或特别的劣势，属于正常的地方。

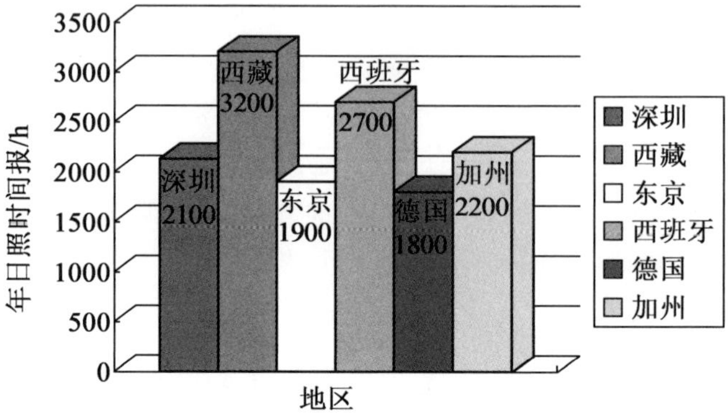

图1 全球主要太阳能使用国家的年平均日照时间

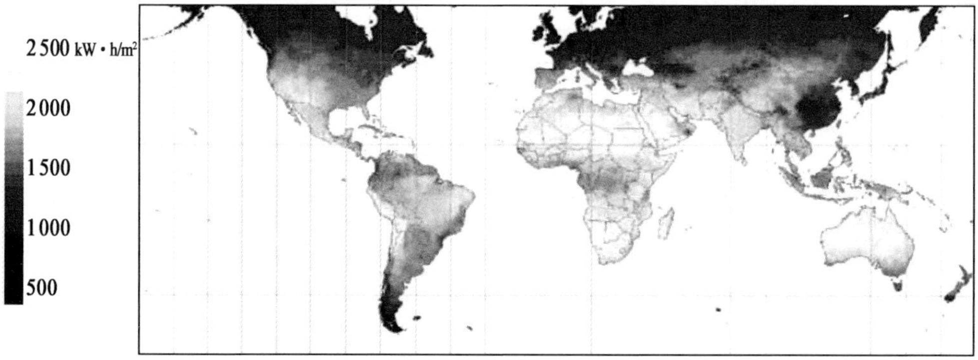

图2 全球辐照强度对比图

讲到这里，我经常会做一个比较。如果我们要用生物质来供给地球人类所需要的能量，那么我们要种多少庄稼才够？生物有一个缺点是，从太阳光转化为生物能是比较低效的。前面提到太阳光直接转化为电能，其转换效率在15%或者以上，但是太阳能转化为生物质，最高的光合作用转换效率大概是6%。钱学森先生当初推算地里可以亩产万斤粮，他依据的是1%阳光的能量转化为生物质能。所以如果全世界要用生物质能来供给所消耗的能源，大概要在地球30%的陆地面积上全部种上庄稼才能实现。而光伏只需要千分之零点五的陆地面积。所以生物质能可以提供给我们某种特殊形式的能源，如用它提取酒精作为汽车的燃料，但它绝对不能解决我们所有的问题。

四、光伏发电的主要挑战是什么?

光伏发电与化石能源的价格竞争是其面临的主要挑战。美国用常规方式生产的电,在2009年时大概是9.5美分一度。而光伏发电,在20世纪70年代的时候,每度电的价钱是常规电的七八十倍,价格非常高。经过三四十年的技术发展,已经使其电价降到了差不多15美分一度电。当然也还要看不同的地区,如在青海和西藏,价格可能只要10美分,因为那里每年发的电多。广东可能就要15美分才行。在图3红色椭圆区域,光伏电价与常规发电价格接近。光伏太阳能电池,从2008年卖35元钱人民币1瓦,到2011年年底大概卖6到7元人民币1瓦,可以看出这个降速多么明显。在2012年,某些地区光伏发电的成本或者价格已经跟常规发电的价格达到了平衡。这样,光伏就不再需要政府补贴,也不再需要付比常规电更贵的价格来购买光电。

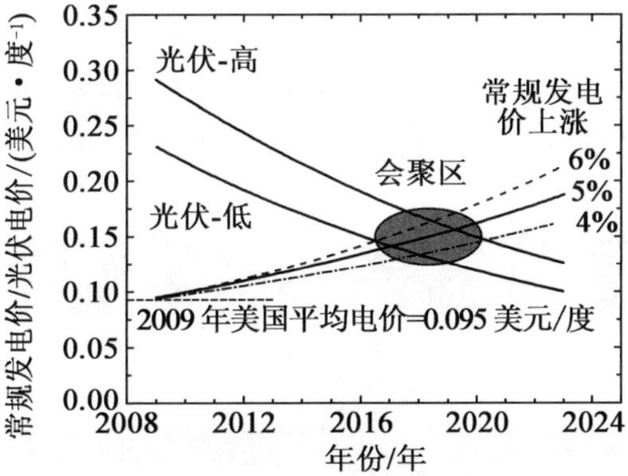

图3 美国的常规发电价格和光伏电价变化趋势

(一)光伏电池的分类

关于太阳能电池,大概可以分为三代。第一代是单晶硅、多晶硅,今天中国制造最多的就是这种电池。第二代是所谓的薄膜太阳能电池,有三种不同的形式:形式简单的如非晶硅,在深圳比较多,但是从德国得到的会议信息,这种形式大概会被淘汰,因为它的转换效率相对较低;另外两种形式分别为碲化镉和铜铟镓硒,这两种电池在中国还没有大规模生产,我所在的中科院深圳先进院光伏太阳能研究中心,研究的就是铜铟镓硒电池。从图4可以看出,第一代电池转换效率比较高,但价钱比较贵。第二代电池转换效率稍低一点,但价钱便宜。而我们梦想的第三代电池,是希望价钱便宜且转换效率高,这个还没有真正实现,是需要以后很多年轻科学家接力做的事情。

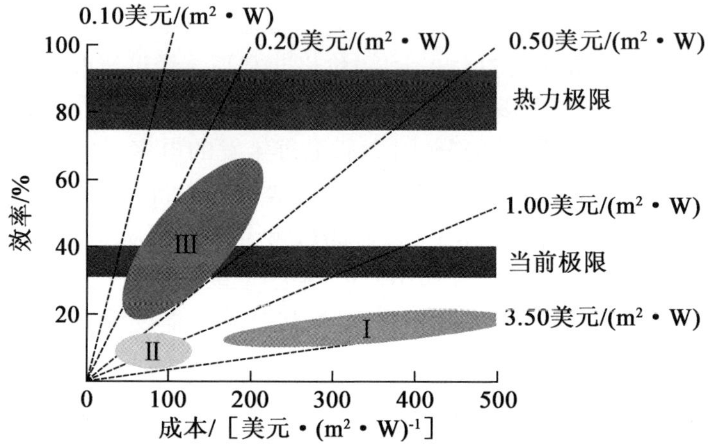

图 4　三代太阳能电池组件的光电转换效率和成本价格对比图

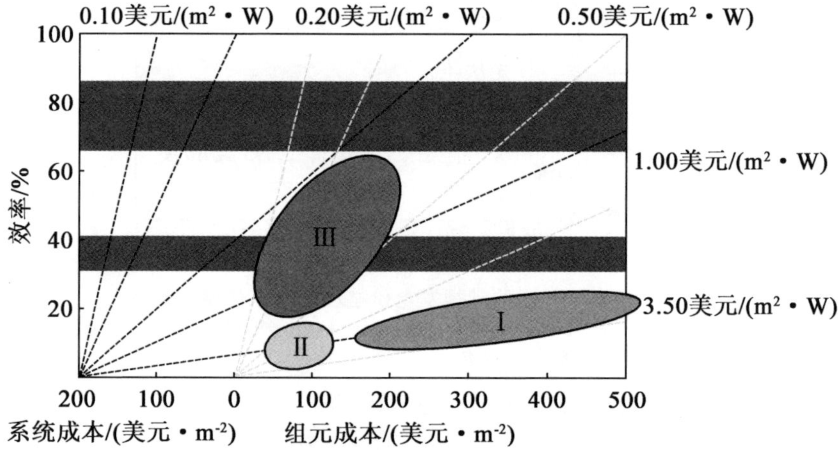

图 5　太阳能电池的系统成本比较

(二)光伏电池的系统成本

整个光伏发电成本不仅含有太阳能电池片的成本,还包括系统成本(土地成本，安装成本，还有安装时的劳动力成本等）。所有不属于模组的成本都归为系统成本。从图5可以看出，过去的系统成本相对较低，但现在光伏太阳能电池组件成本降到很低，系统成本就显得相对较贵。非晶硅太阳能电池之所以将会被淘汰，是因为尽管生产非晶硅电池片成本低，但它需要两倍的土地、两倍的钢架，两倍的劳动力，因而系统成本很贵。所以在光伏行业里电池组件成本和系统成本都需要考虑。

（三）光伏电池的总体成本

发改委的数据显示，到2012年，晶硅组件的价格是5～6元人民币，而成本大概是80美分，所以此类电池的毛利大概是10%～20%，20%很难到，一般在10%左右的毛利。非晶硅的组件价格也是5～6元人民币，它的成本是60美分，它的毛利比晶硅电池更大一点。

光伏一体化的系统或者是大型的光伏电站，它们的价钱大概是12元钱每瓦。这相当于什么？如果我们每年用1 500小时电（中国平均水平），这相当于一元钱一度电。就看你放在哪儿，放在广东得一元钱，你要放到西藏的话，如果国家算你一元钱一度电收购，你就有钱赚了，因为太阳的日照时间比较长。

这里做个假设，一家一天用10度电，电池转换效率为15%，我们需要装多大面积的光伏发电装置呢？是16平方米。如果我们有160平方米面积，那就是1/10；如果建高楼，楼面全部用上，也只能满足十层楼的人用电；但是如果是别墅，面积就足够了。此外，把白天发的电要储起来晚上用，需要一个储能装置。因此，用15元钱每瓦来估算，一次性投资是三万六千元钱。

与其他国家相比较而言，中国在电能上的花销比较大，正如好多开车的人说我们开车成本比美国高一样。中国的电，价格大概是10美分到16美分一度电。美国是多少呢？11美分左右。其实美国不同的地方电价不一样，有的地方花6美分，有的地方花40美分。我们的技术可以达到15美分一度电，15美分对我们用电贵的地方算是平价。当然，我们广东用电是比较贵的，广东工业用电至少是16美分一度电，相当于一块钱人民币一度电。

（四）光伏电池存在的问题

光伏发电自身也存在一些问题。一是太阳光虽然不要钱，但是每平方米的能量比较少,所以我们不得不装许多设备才能发出所需要的电;同时,太阳光每天只能照射大约四个小时,夜里最需要电的时候无法发电;另外一个问题就是发电不延续,受天气制约,有的时候阴天,有的时候太阳光不大好。所以要怎么样去解决这个矛盾?这个矛盾如果没有得到合理解决,光伏发电终究还是一场梦。

科学家有不同的解决方式。举个简单的例子,可以做个水电站,这个水电站跟我们通常的水电站不一样,抽水发电,就是白天有光伏、有电的时候,就把水从一个下水库抽到上水库去,到夜里要用的时候,把上水库的水放下去。

针对于光伏的上述特点,光伏应用可以采用小型的、移动的、便携的模式,这就有很多事情可以做。比如,在不同的玩具上装上一块光伏电池,在户外玩的时候,不用干电池。另外,在汽车上装光伏发电也是可以的,但因为转换效率的问题,所需面积相对较大,如果把这个效率提高,那么把电池片铺到运载工具的顶上就够用了。同时,在足够的转换效率和电池面积条件下,飞机上全部用光伏发电也可以实现。2010年7月,一架叫"太阳驱动"的太阳能飞机就在天上连续飞了26个小时。当然,对于住宅,可以把电池片放到屋顶上,实现建筑光伏一体化。在太空,太阳能电池铺在航天器上,提供所需的动力。旷野、日照好的地方,我们可以做大型的光伏电站。以上都是针对光伏特点,解决光伏应用的一些不同形式。

五、光伏发电相关技术

光伏电池其实是使用了一个半导体的概念,如图6所示为太阳能电池的膜层结构。在硅电池里,薄薄的一层就大概是0.2毫米厚;对于薄膜太阳能电池,薄膜那部分只是几个微米;如果使用衬底,则要看用什么衬底,有的厚,有的薄。

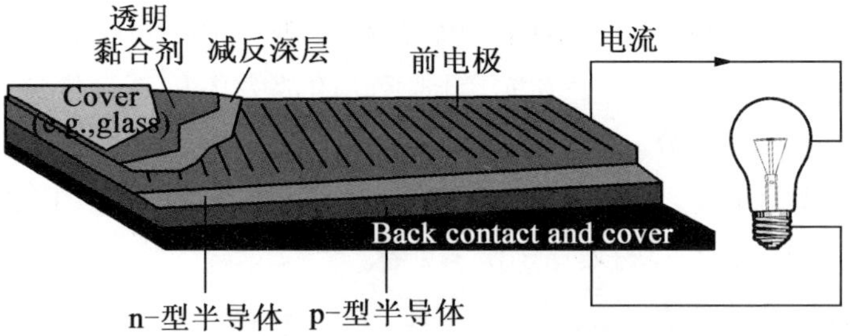

图6　太阳能电池的结构

还有就是所有的光伏发电设备，其发电成本几年内才能“收回来”？如表1所示的各种电池的能量回报期，从一年到三年左右，全部可以还回来。而通常这些电池的寿命为25年，所以就有二十几年是电池提供“正能量”给我们。

表1 各类太阳能电池的能量回报期比较

电池的种类	能量回报期
晶硅电池	2.7年
碲化镉电池	1年
非晶硅电池	1.3年
铜铟镓硒电池	小于1年

用半导体来做光伏器件，理论上有一个转换效率上限，常规的单节光伏电池，光电转换效率最高不会超过31%。如果有新的发明，如我们用好几层不同的半导体叠在一起来做光伏发电，它转换效率最高可以从31%提高到49%。另外，还有其他一些方式能提升光电转换效率，如中间带电池，它是指在宽禁带材料中生成一个中间能带，由单光子吸收变成三光子吸收，在增大开路电压的情况下，进一步增加光电流收集，从而提升电池的光电转换效率。

图7是向我们展示了世界上现有光伏材料在世界某个实验室里达到的最好效果。紫色线分别对应于单节砷化镓电池和其多节电池；蓝色线分别给出了单晶硅、多晶硅、薄膜硅和Si异质结构的电池转换效率；绿色线分别给出了铜铟镓硒、碲化镉等薄膜电池的转换效率；橙色线分别给出了染料敏华电池、有机电池、量子点电池等的转换效率。如硅电池，达到的最好效率为25%，世界上再没有研究小组去投入科研精力，原因是硅电池效率提升的空间很小。薄膜光伏电池（图8），如碲化镉和铜铟镓硒，它们的电池光电转换效率已经非常接近硅电池。

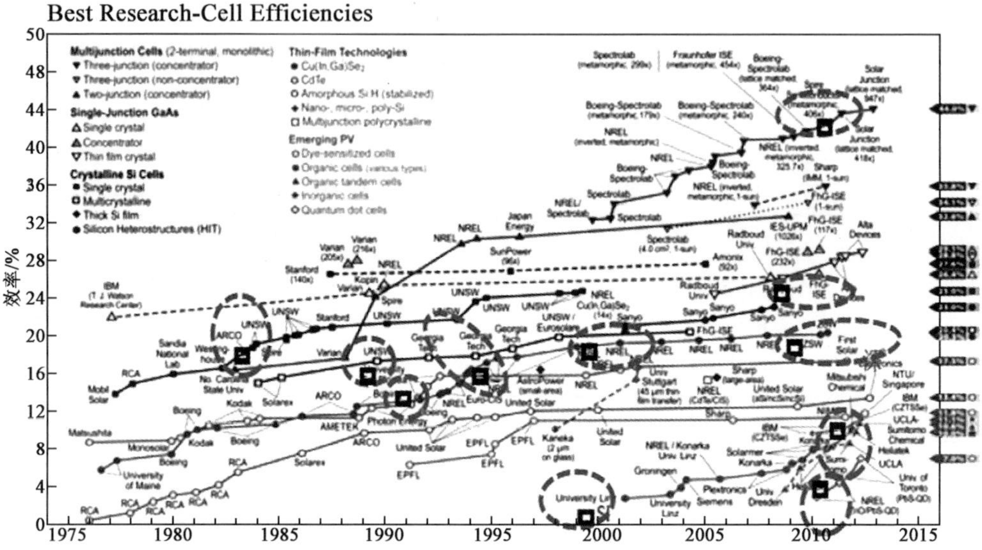

图7 各类光伏材料制成的光伏电池在实验室里面取得的最好光电转换效率

(a) 香港中文大学实验室

(b) 深圳先进技术研究院光伏太阳能研究中心

图8 铜铟镓硒薄膜太阳能电池制备系统

深圳先进院光伏研究中心正在致力于铜铟镓硒薄膜电池的研究。我们过去的主要目标是把生产光伏电池的设备做便宜,把设备做便宜之后,光伏电池本身的成本就降低了。到目前为止,我们国家好多设备还只能从国外进口。我们自己已经掌握了技术就可以在中国把设备生产出来,中国生产的设备跟进口设备相比便宜1/3,甚至便宜一半,是一个很大的成本优势。经过三四年的研究,我们的铜铟镓硒电池的效率已经达到了17%,这17%是实验室水平,还不是产业化的大面积电池产品效率。在香港我们也有一套同样的设备。图 9 展示了我们联合香港中文大学制备的铜铟镓硒太阳能电池及其光电转换效率。我们做出来的电池片，比一般实验室的要大 100 倍左右(普通实验室是 1 厘米乘 1 厘米)，这个研究成功了，就向产业化方向迈进了一大步。目前，我们制作的小片电池效率达到 17%，大片的达到 12.6%，在中国是最好的效能。(截至发稿的 2014 年，我们的电池效率已经达到了 19.4%，世界排名第五。)

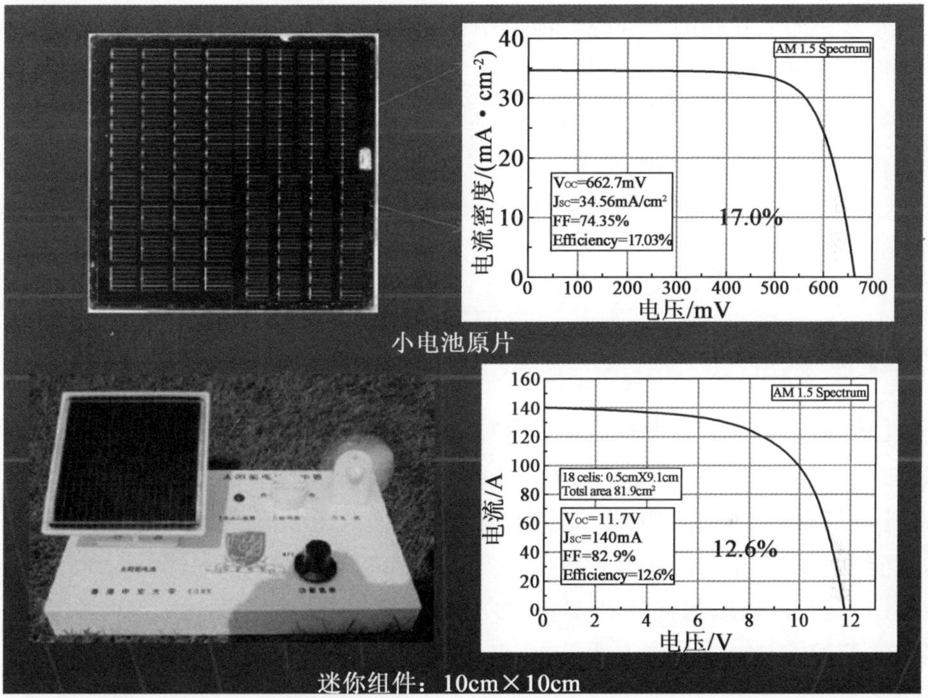

图 9　深圳先进技术研究院联合香港中文大学制备的铜铟镓硒太阳能电池及其光电转换效率

基于目前的研究，深圳先进院光伏中心的工作如何开展？我们已经制定了“三步走”的发展战略：第一步，我们已经基本完成了十厘米乘十厘米的铜铟镓硒电池研究；第二步，今后一两年我们准备把它放大到 40 厘米乘 60 厘米，这需要有一些技术的攻关；第三步，实现产业化，生产 60 厘米乘 120 厘米的电池产品。目前我们在深圳龙岗有一条中试线，这是我们今后两年的研究重点。

六、结束语

温总理曾告诫我们："人民需要白天和绿地，子孙后代需要长远发展，现今的建设不能牺牲后人的发展，要为子孙后代着想。要节能减排、发展绿色经济，转变发展方式，转变经济结构，不再走工业化发展的老路。"

我们为什么有能源危机感？大家可能说有三五十年用就不错了，反正跟我没多大关系。那么我们的子孙呢？他们用什么？所以从人类的发展角度，从国家的发展角度来讲，我们要看的不是三十年、五十年，要看得是更远。今天如果我们再不行动起来，等到常规的能源快没有了的时候，用来制造太阳能发电器件的能源都不够的时候，我们就真的完了。我们不能为我们的子孙后代留下一个烂摊子。因此，从今天起，我们就必须做这件事！从今天起，我们就必须要创造一种可持续发展的模式！

提问环节

【提问】：到本世纪中期，除光伏发电外，其他常规发电投资模式是否会被取代？

【肖旭东】：事实上，常规发电模式到本世纪末还会以相当大的规模存在，只是可能不会正增长。光伏发电在过去十年内，每年的增长率约 50%。如果今后全部用光伏发电，以目前年产率 30 多 GW 计算，要达到需要的 1 TW，则需要 30 多倍的发展，而这 30 多倍不能等 30 多年，所以它的发展增速可能不止 50%，应该更快。

【提问】：太阳能与风能相比有一些弱点：第一，在生产单晶硅和多晶硅的时候会产生污染；第二，太阳能技术的成熟度和成本现在是不如风能的，风能现在发电的成本被降到一元以下；第三，在利用方面，像中国北部，像宁夏、甘肃、内蒙，已经建成的风能发电可以相当于几个三峡一年的发电量；第四，国家在中长期能源发展规划中，风能规划的发电量要远远大于太阳能，你怎样看待太阳能与风能发展上面所处于的优劣势？

【肖旭东】：光伏与风能比较，可以这样看：光能总体的量大，所以它足够供应，它的分布其实比风能更均匀，到处都可以发展；它的弱点，正如刚才说的，光伏发电在过去这些年来还是一个新的技术，跟风能不一样。风能当然也有新的技术在里面，但它的技术源头跟水电、火电没有什么太大的区别，都是转动，然后发电。所以从这个意义上来说风能技术更成熟，成本也更低；但是光伏发电，因为中国公司在去年一年的贡献，把它从三四块美金一下拉到一块美金，使得我们光伏发电很快能与风能发电的成本竞争。光伏发电要成功，不能只靠政府补贴，靠政府补贴的东西永远不会长久，一定要它在自由市场上能够竞争。在我看来这个时机再过两三年一定到了。对于投资家而言，不能只看今天，回报需要一定的时间。

【提问】：第二代光伏电池会用到稀有材料，如果要大规模生产，这个稀有来源怎么解决？第三代，有机 PV 这一块的发展潜力到底有多大？在效率上有多大的提高？在成本上有多大的降低？

【肖旭东】：确实如你所讲，第二代光伏电池用的铟材料，在全世界的储量不多，现在发现镓的产量也不多，虽然我们相信地壳里是有，但是不知道在哪里，这是以后要面临的挑战。正因为有这样的挑战，现在有一种研究是用另外的元素去替代铟和镓，而那些元素在地球上分布非常高，比如现在有研究组利用锌、锡两种元素把电池效率做到 11% 左右，所以成本也不是问题。

有机的问题，我不是很看好，尤其在在发电方面。它有两个致命的弱点，第一就是它的低转换效率，目前可能做到将近 10%；第二个就是它的寿命，如果有机电池只有五年寿命，即使它的成本比其他电池便宜五倍，最多也就跟其他电池打成平手。但是它在哪些领域有优势呢？如果用电量不是很大，比方说外出旅行，要给手机充电，背包上可以放较大的一块电池，因为轻便、易携带等优势它将有一定的市场，但不可能是发电方面的主力军。

【提问】：核能、风能、太阳能的政策走向可能会以哪种为主？

【肖旭东】：不管是哪一代，它必须面对的问题是中国的能源非常贫乏。这几天温家宝总理为什么跑到北极附近去？因为他看到了北极底下的能源，当然是化石能源。只要认真看一下中国过去这十几年的外交，你会发现，领导人出访最重要的任务之一就是跟人家谈能源的合作。我们现在的煤基本上还不需要进口，石油有一半以上是进口。所以能源一定是中国未来的一个最大问题。发改委推行了两个政策，一个是电价补贴计划，用一块钱一度电收购光伏，可能也包括风电上网；第二个是在屋顶铺太阳能电池，大概最高能补贴到七块钱人民币一瓦。在这些政策出台前，中国的光伏基本上是零，但去年一年就装了2.5 GW。因为这些政策，再加上整体光伏产品的价格下降，很多公司都觉得这方面的事是有利可图。

【提问】：目前的国家政策，主要还是鼓励建立大型光伏电站，但是我们知道大型光伏电站实际上也存在一些应用性的问题，比如远距离输电。作为光伏企业或者光伏产业，以后是不是应该注重大型电站的发展，还是应该更多地进行一些小系统建设，比如建筑一体化。

【肖旭东】：我认为离网或者是小型、微网发电今后大有可为。比如福岛事件，当时如果有一个微网发电系统，就不会出问题，就用不着把电缆、发电机再接进去。但对于太阳能电池生产厂家，就不应该只看这一块，可以生产各种型号的模组以适应不同的应用。

数字城市智慧化的发展及其对现代生活的影响

主讲人:朱跃生

讲座时间:2012 年 5 月 12 日

讲座地点:深圳大学城图书馆

主讲人简介

朱跃生,北京大学教授、博士生导师,北京大学通信与信息安全实验室(深圳)主任,北京大学下一代通信网络实验室(深圳)主任,美国 TI-北京大学数字信号处理联合实验室主任,香港城市大学电子工程系兼职教授、博士生导师。国际电气与电子工程师学会(IEEE)高级会员、中国电子学会会士(Fellow)、中国通信学会高级会员。国际标准组织 ISO/IEC/SC6 中国归口单位专家组成员,中国宽带无线 IP 标准工作组标准专家组成员,深圳信息化专家委员会委员,深圳医疗信息化专家组委员。曾获广东省高校科技进步一等奖,广东省自然科学三等奖,“深圳市人才驿站——双百计划”人才及地方领军人才称号,连续四年获工业和信息化部宽带无线 IP 标准工作组标准突出贡献奖,北京大学深圳研究生院优秀教师奖,北京大学深圳研究生院优秀科研奖。在中国内地、中国香港、新西兰、美国等国家及地区从事通信与信息安全、新媒体信号处理,无线移动通信的教学与科研工作 30 年,培养博士及硕士研究生 80 多名,发表学术及技术论文 100 多篇。

主要内容

本讲座将由浅入深地介绍数字化、信息化及智慧化的基本概念,以及它们之间的内在联系。重点介绍:智慧城市建设的发展趋势及管理模式;智慧政府、智能决策及社会管理、智能办公、智慧商务、智能监管、智能服务;智慧教育文化服务、现代家居及生活。

女士们、先生们,大家下午好。今天我为大家做报告的题目是:数字城市智慧化的发展以及对现代生活的影响。当我接到这个任务的时候,我思考了许多,因为不知道市民听众的范围,所以还是从比较浅显的地方开始。我是恢复高考后第一届大学生,参加工作至今已三十多年,三十多年来基本从事自己专业的研究和教学工作,今天就把自己工作和学习中的一些学习经验分享给大家。

今天我讲的内容主要是针对数字城市智慧化,对这个目前很重要的战略发展目标进行叙述。大概分几部分来讲:一是讲数字城市智慧化的必要性;二是什么叫作数字城市,先交代什么是数字城市,然后才发展到数字城市智慧化;三是如何建设,有什么条件、要求;四是对咱们现代生活的影响。按照我讲课的风格,我会留些时间跟大家进行互动,也希望在座的听众们能够特别提出些对现代生活的影响以及如何建设方面的问题,我们可以进行互动交流。

一、数字城市智慧化的必要性

首先,大家看看什么是信息化。信息这个概念实际上自古到今都有。在中国古代的南唐,有个诗人叫李中,在他一首诗《暮春怀古人》里这么写"梦断美人沉信息,目穿长路倚楼台",古人对里面"信息"的理解是:一条消息或一条音讯,如果从英文来看,它叫 Information,它的词根是 Inform,从这个词根看,就是有被通知或告知的内容与消息,这就是古今中外对信息早期的理解。直到 1948 年,一位信息论的奠基人,一个伟大的美国数学家,他叫香农(Shannon),他发表了一篇轰动全球的文章《通信的数学理论》,这篇文章明确地告诉我们"信息是用来消除不确定性的东西",对信息给出了一个明确的科学定义,信息接收方未收到消息前不知道信息发送方发出什么信息,只有在收到消息后才消除不确定性。什么意思呢?就接收信息的人来说,在没有收到消息之前,根本不知道这个消息的内容,因为如果知道了,就不用送了。就像目前所用的交流电,如果不在上面携带东西,我们收到的是一个 50 Hz、220 V 的交流电，没携带任何别的有用信号，只是这么一个交流电，没带来任何信息量。现在我们可以在上面载上一些信号，就变为电力线载波通信。

说到信息与消息的关系到底是什么样的呢？信息它是有新内容、有新知识的消息，消息是信息的一个载体，载体的形式很具体也很多，文字、符号、数据、语言、声音、图片、图像、视频等等，这都可以成为携带信息的载体，所以消息跟信息的关系是，信息包含在具体的消息中，对接收方来说，事先不知道内容的称为新消息。举一个简单的例子，发一条相同字数的消息，它携带的信息量是不同的，比如说，“深圳明天下雨”，我看大家都觉得很正常，明天下雨就下雨呗，没有什么关系，但是如果我们的电台播了一句话：“深圳明天下雪”，字数一样多，那可就是重大消息，非同小可，信息量巨大无比。再看第二条，“邻居的狗咬了某人”，狗咬人，这种事情经常发生，但是如果发一条，“有人咬了邻居的狗”，那这句话就非常有意思了，这样一来，可能点击率极高。所以可见，可能性越小的消息，它的信息量越大。也就是说，信息如果从数学上来看，信息量与其本身发生的概率成反比，那么与意外性和新颖性成正比，就是说意外性、新颖性越大，它的信息量就越大。再看一个例子，A 告诉 B，“你考上北大了”，B 是第一次被告知，因为他在等消息，B 当然很高兴，但后来 C 又告诉 B，“你考上北大了”，这是第二次告诉他了，他反应不大，因为他早知道了，所以第二条消息给的信息量非常非常小。所以信息的价值，其真实性与它的时效性关系非常大。这些事情让我们知道处理消息及信息时，该怎样做？这就是我要讲的从最基本了解信息的含义，我们还必须了解信息的基本特点，包括：感知性、共享性、无限性、有序性、动态性、转化性、传递性、时效性、真伪性及储存性。即信息与消息带来不一样的感知，信息可以进行共享；携带的信息量可以无限，因为你不知道到底发生什么事，我们可以对信息进行排序；每天收到的信息是动态，它们可以被转换，传递及储存。明白了信息的基本特点，在无线城市以及智慧化建设中，我们就知道该做什么。

对于现代信息，它的特点是信息量大，获取手段多样化、数字化、传递高速化、存储量大、网络化以及智能化。上网查一条简单的消息，就会看到好几万条甚至上百万条，这就是海量的数据；获取的手段是多种多样的，你可以用手机，你可以用电脑，可以用各种各样的工具来获取信息。我们能这样做的重要前提是因为它是数字化的，今天的数字城市就是基于这一点。我们要对信息进行高速传递，需要大存储的空间进行存储，需要网络进行传输，更需要对它们进行智慧化分析处理，这是今天要讲的重点。

建立信息社会十分必要也非常重要。2007 年 10 月，十七大报告中有一句话"全面认识工业化、信息化、城镇化、市场化、国际化深入发展的新形势新任务，深刻把握我国发展面临的新课题、新矛盾，更加自觉地走科学发展道路"。"五化"是一个重要的战略目标，摆在我们面前的新课题，我从事信息工程工作，第一次看到"信息化"被提升至国家发展战略的高度，十分欣慰，当然这也是社会发展的必然趋势。十七大报告发表的第二天我接受了一个采访，我当时这样说，信息的采集、存储、处理、分发以及获取是信息传递的关键，保证"信息化"的顺利推进；对信息我们需要做到方便、经济、快捷、到位、准确、可靠、安全。那么我们要做什么呢？必须有保障措施，建立完善的相关政策及法律法规，近几年我国各级部门相继发布了信息传递的各种管理文件，都是保证信息传递及交互的重要法规；技术支撑，如信息基础设施的建设及完善、网络与信息安全的保障十分重要；此外，通过有效的教育途径，提高公众的"信息素质"，譬如，今天的讲座就属于信息素质教育范畴。当时我也明确地提出，城市建设要向数字城市发展。三年多过去了，现在深圳数字城市建设方面已经初具规模，而且不仅深圳，全国以及全世界都在往数字城市发展。另一方面，信息化很重要，但是它跟其他"四化"的发展是相辅相成的，没有一定的工业化、城镇化、市场化、国际化，信息化是白谈，即"信息化"可有力地推进其他"四化"，"信息化"自身的发展也有赖于其他"四化"。

到底什么是信息化？信息化包括国民经济、社会、现代生活信息化，即通过推广和应用信息技术和智能技术，达到全面提高社会发展与管理水平、经济效益、企业竞争力和人民生活质量的目的过程。注意我讲的是一个过程，是从工业社会向信息发展的一个动态发展过程，这非常重要，我们知道第二次工业革命使得欧洲发展，而信息社会使得全球发展。信息化正逐步上升成为推动世界经济和社会全面发展的关键因素，成为人类进步及文明的新标志；它不是一个纯技术、纯工程的概念，而是一个集技术、管理、人文、经济于一体的范畴。

说到信息化对社会的发展及影响。先看看什么是企业信息化？企业信息化是对产品从开发到销售各流程等都进行信息化管理，它可以提高企业经营、管理、产品开发和生产水平，提高创新能力，降低成本，全面提升企业竞争力。我参与深圳的企业信息化评审工作已经有四个年头了，几乎跑遍整个深圳，从宝安一直到接近东莞一带，大大小小工业区的很多企业都在开展信息化工作，实施如金蝶或用友 ERP 系统，因为企业需把整个生产流程、供应链管理流程进行梳理并把它信息化。四年来有些企业已经进入二期建设，进一步提升信息化水平，企业从中尝到甜头，政府采用报销制给予一定的支持，什么是报销制呢？比如这个企业完成了信息化项目实施，我们对其系统进行评估，把系统运行起来，查看实施的程度。如果企业信息化做得好，带来效益，政府给予 50% 的报销，如实施六十万，就报销三十万，如果一百万，就报销五十万。深圳市政府对企业信息化的支持在全国是少有的，使得深圳在企业信息化方面做得不错。在电子商务方面，电子商务以商易为核心，整个贸易过程电子化，通过网络完成，交易成本低，实现全球经济一体化，推动世界经济的发展。对于电子政务来说，通过政府信息化，提高政府的行政效率及整体运作效率。譬如可以在网络上直接提交申报资料。公众参政议政的发展还需有一个过程。从教育来说，多媒体教学、教育方式的多样化、个性化、远程化都很重要，例如，今天的演讲都会放到网络上去。提高城市管理水平和运行效率，提高城市竞争力是城市现代化的标志。跟我们日常相关的是家居的智能化，可以提升人们的生活质量。

二、什么是数字城市

信息的核心技术，有三个 C 的含义，一是 Communication 通信技术，二是 Computer 计算机技术，还有一个 Control 感测技术与控制技术，我们依靠这三个 C 拓展了很多的专业学科出来，支持了现在整个社会信息化以及信息时代的发展，使信息技术成为实现政治、经济、文化发展及人类社会现代化发展的最重要技术。

下面来谈谈什么叫数字化？现在带数字数码的东西越来越多，如数字立体声、数字彩电、数码照相机、数字地图、数字传输等等。

我们将一切信息都通过电子与计算技术转换变成“1”和“0”这两数来处理，

实际上，计算机只懂“1”和“0”这两个数，而现实生活并不是这样的，比如我说话的声音都是模拟信号，是一个连续的信号，并非“1”和“0”，我们想办法把它“1”和“0”，这个过程叫作数字化。目前信息的采集、存储、发送、传输、接收、获取整个过程，全部通过数字完成。信息用数字来处理，就变成了数字化的信息时代，这是电子与通信、计算机网络发展的必然结果。

数字信息化时代赋予的特点是：内容全数字化，传播方式多样化，跨媒体、跨网络、跨终端，交互性、实时性、超时空性和个性化。传播方式很多，如手机。需要特别指出的是能够交互，传统的电视是广播式的，没法干预播放，但有了网络之后就能够互动交互了，而且交互还能够超时空，也就是说，想看几天前的电视节目是可以的，不像以前今天晚上比赛落幕了，除非事先安排把它录下，否则就看不着了，现在不用了，网络上有，当然要按照一定的应用及商业模式来获取，应用模式可以是个性化的。

什么叫作数字城市（Digital City）？我们现在所处的是宽带网络时代，可以计算机技术、多媒体技术和大规模存储技术为基础，以宽带网络通信技术为纽带，运用遥感、全球定位系统、地理信息系统、遥测、仿真－虚拟等技术，对城市进行多分辨率、多尺度、多时空和多种类的描述，利用信息技术手段把城市的过去、现状进行数字化并加以处理，提供各种服务，对城市进行现代化管理，对城市未来发展进行科学预测及城市规划，为城市建设、市民生活、经济发展带来效益和方便。

数字城市的内涵是什么？它的内涵是一个人地关系（地理环境）系统，城市是地，它体现人与人、地与地、人与地的相互作用和关系。Facebook 考虑的是人与人之间的关系，而谷歌地球主要考虑人与地的关系。数字城市由政府、企业、市民、地理环境这些既相对独立又密切相关的子系统构成，体现政府管理、企业的运营、市民的生活之间的关系。通过城市的信息化，测绘城市数字地图，建设政府管理与决策信息化的数字政府，打造企业管理、决策与服务信息化的数字企业，提供市民生活信息，造就适合人居的数字化社区及数字家庭的数字城市生活环境。充分体现“人”的主导地位，更好地把握城市系统的运动状态和规律，对城市人地关系进行调控，实现系统优化，使城市成为有利于人类生存与可持续发展的空间。

三、如何建设数字城市及智慧城市

目前很多城市的规划里都包含数字城市发展计划,建立数字城市及智慧城市,如何实施并将它落实到实处是关键,因此各部门、各行业每个模块之间的协同工作显得尤为重要。

那么如何建设?所需的条件及要求又是什么呢?

首先是信息化建设。信息化的本质是信息获取、信息传递、信息处理、信息再生和信息利用的过程。信息化建设涉及到信息网络体系,包括信息资源、各种信息系统、通信网络基础设施和信息服务平台的建设,即解决“修路”问题,提供高速宽带网络以及计算机服务和网络交换。基础设施的建设是非常重要的,必须保证高的通信质量,否则很多想做的应用就无法实现。上个月信息产业部已发布消息,要将网络带宽提升到4兆。此外,必须具备信息产业基础,如信息科学技术的研究、开发、信息设备的制造,硬软件开发。另外,必须具备信息系统的集成及信息服务管理基础,以及友好的社会支持环境,包括现代工农业生产、管理体制、政策法规章、文化教育、道德观念及法律支撑。通过素质教育,使现代化水平和人们生活质量得到提高,推动精神文明和物质文明进步。

数字城市网络建设是通过宽带无线信息网络、地理信息系统等基础设施平台,整合城市信息资源,建立电子政府、电子企业、信息化社区网络资源,实现城市信息化,发展家庭网络支持远程教育、网上医疗、安全监控、应急联动等业务及服务,包括数字生活区建设、数字家庭网络建设。这些年我们国家在硬件设计及生产上有很大的发展,在深圳有中兴、华为等公司提供网络设备硬件生产。但目前缺乏很好的软件,同时必须做好软件的版权保护工作,这点很重要。数字城市的建设是基于宽带网络的,在整个建设中,必须支持一些应急服务,一旦发生停电停水甚至一些突发性灾难。利用无线城市技术是应急联动的一个重要支撑方案,对付灾难,无线通信比较可靠,最近深圳有几个区正在规划无线城市建设,当然相应的应用就必须跟上来,否则铺好了路,没有车走,即使有车,上面没有乘客也是白搭,所以我们既然要修好路,也要买好车,车里头还要提供很好的服务。城市联动生活小区建设是很重要的,深圳房屋均是按小区来建设,这是很好的规划。目前数字生活区还有很多机会去拓展,譬如数字家庭,在家庭里头形成一个自己私有的网络空间,将所有的终端及家电连起来,到底哪些该连上去?哪些没有必要连上去?不能盲目,2000年Microsoft就开始实施数字家庭行动,把微波炉、洗衣机都给弄上网络,当然可以这么做,但必须考虑做的成本。4兆带宽上来后,家庭看电视基本上就是无线的,也就是说,我们电视机的模式会发生很大的变化,而且既然电视机已经无线了,很多跟它有关的东西都能变成无线,很多事情都可以通过它来完成。对我们这一代人而言,数字家庭可能会产生巨变。

在数字城市建设的基础上,由信息化、数字化向网络化和智慧化发展是全球发展新趋势,也是"十二五"发展目标。智慧城市(Smart City),也就是说这个城市具备智慧功能,是城市信息化的高级阶段,城市发展新模式,其主要特征是以互联网、物联网、电信网、广电网、无线宽带网等网络组合为基础,以智慧技术高度集成、智慧产业高端发展、智慧服务,高效便民。其手段是通过广泛采用物联网、云计算、移动互联网、人工智能、数据挖掘、知识管理等技术,达到提高城市规划、建设、管理、服务的智能化水平,使城市运转更高效、更敏捷、更低碳的目的。

智慧化数字城市的主要特征是:利用物联网实现信息的全面感知、可靠传递及智能处理;利用RFID、传感器、二维码等随时随地获取物体的信息,通过各种电信网络与互联网的融合,将物体的信息实时准确地传递;利用云计算、模糊识别等各种智能计算技术,对海量的数据和信息进行分析与处理,对物体实施智能化的控制;智慧城市面向应用和服务,与物理城市融为一体。

智慧城市与数字城市的关系与区别在哪里?一是关注点不同,数字城市关注信息的采集和传递,而智慧城市关注信息的分析、知识或规律的发现以及决策反应等;二是目标不同,数字城市以数字化和网络化为目标,智慧城市以功能自动化和决策支持为目标;三是实质不同,数字化用计算机和网络取代传统的手工流程操作,智慧化用智能技术取代传统的需要人工判别和决断的任务,达到最优化;四是结果不同,数字化是数据的积累和传递,智慧化是对数据的利用和开发,用数据去完成任务,并实现功能;五是数字城市基于宽带通信基础设施和面向服务的计算资源基础设施,提供创新型管理与服务的互联共同体,而智慧城市是以大系统整合的物理空间和网络空间交互下的数字城市,管理更精细,环境更和谐,经济更高端,生活更宜居。

智慧城市的要素,第一是与信息化深度融合,形成发展创新模式;第二是以城市建设运行要素为单位,充分实施大系统整合与业务高度协同,这句话实施起来相当难,部门之间的互相协同工作不能只顾小肚鸡肠利益;三是由智能感知、分析和响应多元需求,实现物理空间和网络空间的一体化;四是公众多方参与和互动,公众既是服务的对象,也是智慧城市创建的主体;五是制度化融合机制,提供源源不断的以智慧为基础的发展动力。

智慧城市建设的发展趋势及管理模式,包括智慧政府与政务、智能办公、智能监管、智能服务、智能决策、智慧教育文化服务、智慧商务服务、智慧公共服务及社会管理。以视频监控为例,目前有很多城市实施了安防,到处布了安防摄像头,摄像头谁来看?保安或公安,人看是很累的,24 小时不停对着看,谁都累,到了智慧城市就要升级为智能监控,比如我们这个大厅可容纳 250 人,摄像头监控到 250 人,显示正常,如果这里变成500 人或1 000 人,智能监控就自动报告有异常,提醒保安来看到底发生什么事?家居也一样,今天我走的时候根本没人,突然间里面有人了,智能监控就自动报告有异常。

关于智慧政府与政务建设,分两步走。第一步是城市数字化基础平台建设及政府职能部门信息系统搭建,综合利用地球信息系统、遥感、遥控、网络、多媒体、虚拟仿真等技术,对城市管理所需的各种信息,数字化自动采集、整合、储存、管理、交流和再现,对城市功能机制进行动态监测,通过网络化、电子化手段实现政务信息的共享与交流。建设智慧城市,非得建设数字城市不可,数字城市的实质是政府搜集信息、整合信息、产生信息,并依据这些信息对城市实施有效管理,从而提升公共组织实施公共管理的知识含量和技术水准。第二步是政府智能化管理系统开发,在综合分析和处理各类信息的基础上,建立城市管理决策分析的模型,再现城市政府管理,总结行政管理的成功经验和失败教训,预测城市未来的发展前景,为决策者选择最优管理方案,为专家论证和政府决策提供科学依据。例如城市规划,人居环境配套设施,如医院、学校、商场、停车场、加油站的规划。

简要地讲,智慧城市 = 数字城市 + 物联网 + 云计算 + 移动互联网,这样明显看到智慧城市赋予的关键技术,它首先必须是数字城市,有物联网支持,有云计算，有移动互联网。数字城市为城市规划、智能化交通、网格化管理和服务、基于位置的服务、城市安全应急响应等创造了条件，是信息时代城市和谐发展的重要手段，数字地球以空间位置为关联点整合相关资源，实现“秀才不出门，能知天下事”。而物联网解决的是如何去传感，利用 RFID、传感器、二维码等随时随地获取物体的信息实现可靠传递；通过各种电信网络与移动互联网的融合，将物体的信息实时准确地传递。利用云计算、模糊识别等各种智能计算技术，对海量的数据和信息进行分析，数据挖掘等处理，实施智能化的规划、管理及控制。

四、智慧城市对现代生活的影响

下面来讲一个案例。例如：智能交通在智慧城市中起重要的作用，智能交通能解决什么问题？解决的是人，车与路的问题，即人与路，人与车、车与车之间的关系。譬如，套牌车问题，道路摄像头每天拍到的可能不是套牌车犯规，而是拍下套牌车的车牌，有什么用途呢？如果有一个云端在同一个时段检测到深圳和武汉有两部车牌相同的汽车，那么就可以动手跟踪这两辆车，当然前提是部门之间必须共享交通所拍下的照片。再譬如堵车问题，GPS 可以告诉你路怎么走，但无法告诉你这段路的交通情况如何，因为 GPS 系统跟路系统没有完全连起来，这就需要两个部门的协同了。实际上两个行业之间的协同工作很难开展，这时政府就要起到协调作用。为什么前面提到电子政务是智慧型城市的核心，因为政府必须做这件事情，就是说实现智慧城市，政府必须起到一个很好的协同作用。

还有数字校园，我比较关注平安校园、安全校车、电子书包。譬如，我曾经立项做了一个平安校园方案，它从平安校园衍生到平安校车。我立项的动机来自，深圳某中学门口曾有人绑架学生，二是佛山的一个孩子暑天回家，在车里睡着了，孩子闷死在车里，第二天才被发现。这两个新闻促使我萌发了做这个项目的念头。在技术上，我们能够用物联网及移动互联网技术，清楚了解学生到底有没有上车，有没有下车。值得一提的是，中国爆发最多校车问题是在 2011 年的暑假，我们的设计早于它的发生，但作为老师，我们的社会协同能力受限，所以协同很重要！

此外，我经常看到小学生们背着很重的书包，一个十来岁的孩子背着这么重东西,确实有损他的健康。那么能够用电子书包的方式来解决小孩不用背这么多书的问题吗?首先要考虑两个问题,第一,不危害学生的眼睛,因为看了电子书以后眼睛变坏了,那责任可不小,所以选好显示屏是关键;第二,小孩有了 Pad,可以躲在被窝儿玩游戏。所以我们在设计电子书包时,利用无线互联网技术,只允许孩子在学校的局域网络里下载老师的课件,而其他如电子游戏等软件则不能安装。这些事情如何做?用软件控制,在哪里做?在云端控制。所以做智慧项目必须在软件上下功夫。

还有数字医院,远程医疗及急救是智慧城市很重要的因素。利用物联网如体域网,可以在贴近身体或身体里面,采集及传递生理信息。比如某人的生命体征可以与远程社区的医疗服务连起来,进行动态跟踪。它涉及到物联网及移动互联网,也涉及到了云计算,协同是关键,为什么?医生必须负责并及时对信息做出诊断。就目前发展阶段而言,只能做预警式的医疗辅助仪器,这是保健仪器不是医疗仪器,检测数据没在医院做,可靠性就有争议,如果判断错误就有麻烦,医患间就有问题。但远程医疗是智慧城市建设的重点之一,因为现在老年化很严重。此外,有经验的主任医师年纪大,不便坐救护车,急于诊断怎么办?所以将及时拍下或是将动态监控视频送到医院是一个重要辅助的急救手段。

另外,到了新媒体时代,媒体具有对等、超时空及实时特性,使人们从工作、生活方式、思维方式已经发生了很大的改变,特别是乔布斯的终端人性化设计理念,使得我们在移动互联网的应用发展发生很大的变化,如何在一个新的层面上有所创新,使我们的媒体成为智慧媒体,十分重要,也很有潜力。

提问环节

【提问】:朱老师,你好。我想了解有关智慧地球相关产业什么时候才会实现一个跨越式的发展,智慧地球又会在什么时候实现?谢谢。

【朱跃生】:实际上做智慧城市是做智慧地球的一个很重要的环节,因为所有国家实现智慧化,在全球层面上,就取决于全球的协同工作。但目前谷歌在推进智慧地球项目 Google Earth 时就已经碰到一些瓶颈,比如在欧洲或者在咱们国家,每个国家都有自己的信息管理条例以及相关法律，我们希望信息共享，但是注意还有在军事上以及国家安全上等等的一些条例，这里面也包括信息安全及隐私保护问题，微软、IBM、谷歌等都做了很大努力。我个人认为每个国家先做好各自的智慧国家，到那时候，什么东西能够资源共享？什么地方该协同工作？问题就容易解决。

【提问】：朱教授您好，我们知道随着企业的成长与发展，企业的规模不断增大，企业的信息化成为一个必然的趋势，这里有两个问题想问您一下，您觉得当民营企业比较小的时候，比如说几个人的公司如何进行信息化的管理或者说如何建立起信息化的观念。第二个问题，您认为中小企业建立比如 ERP 管理，是发展中遇到瓶颈时再建立，还是说当企业能够负担得起 ERP 系统的时候再建立，谢谢。

【朱跃生】：如果是中小企业或者民营企业，我觉得一开始发展开展信息化管理也是必要的，像我们建仓库一样，把该放的位置先把它规划好，不要等到东西多了后才去收拾它。在我们评审企业信息化项目的时候，有些企业很小，但也做了信息化管理，把任何一张经辛辛苦苦设计出来的图纸都管理好。特别是中小企业，有个企业老总告诉我，正是因为初期发展，员工的流失率很高，更有必要，因为当员工离开的时候想拿走也容易被发现。所以并不是说企业小就不做，给自己定位好后，可选比较经济的信息化平台，没有必要一下子“杀鸡用牛刀”，但是要注意数据的格式及接口。不然东西买了以后，这个数据用不着，那个数据用不着，共享不了，当时定义这个格式，现在要请人转换成另一种格式。所以很好的信息交互必须有一个很好的数据交互格式，比如 XML 格式，容易在数据间实现数据共享。

【提问】：您好，感谢您给我们分享关于数字格式，我是来自中国科学院研究生院的学生，我学的是信号与信息处理，对您刚才讲的东西有一些基础的了解，但是智慧城市是一个很抽象的概念，经过今天您一个小时四十五分钟的解释，让我对它有一个新的理解，我有三个问题，第一个问题就是关于数字城市不管是中国的还是世界的发展，现在仅仅是针对城市，针对比较大的城市，它能进一步发展到中国的农村,因为在中国广大的农村占很大一部分,我们应该推广到农村,想问一下发展的状况。第二个就是在您讲到数字家庭网络的时候,希望所有的东西连在一起,但是我有一个疑问,就是自然环境对整个系统有没有影响,比如说最近深圳老下暴雨,它会有一些闪电,这个闪电会不会影响网络,有没有一个好的办法。第三个问题就是关于医疗预警系统,因为我现在做的就是关于这一块的东西,我想问一下,是在侧重个人网络系统里研究,还是整个大系统,整个云计算的处理。

【朱跃生】:第一个问题,实际上数字乡村很需要,对社区的解决方案就可以搬到乡村去。第二个问题家庭网络该不该连上去,没有说要全部连上去,也就是说,有选择性地去连,关键在于进入家庭这条线,在某种意义上来讲,无线网络更安全,无线接入的代价可能是成本、带宽上的一些考虑。第三,如果是医疗信息处理,对于人体的生理信息的采集,通过网络这部分,可考虑3G/4G方案,很重要的一部分是云端决策部分。

【提问】:朱教授,您好。我想了解云计算在企业实际发展中的动态,谢谢。

【朱跃生】:一般来说,云计算中,基础设施即服务较通用,软件及平台即服务跟行业相关。有一个技术叫面向服务架构SOA,可支持云计算的各种模式,但实际上,要根据行业来定,如果从智慧城市角度来看,要靠紧某个行业或某种需求来发展。

【提问】:朱老师,我是做分布式能源技术的,视频监控方案也有用,最近都在谈大数据、数据挖掘和数据处理,它们三者是什么关系?

【朱跃生】:首先,对视频监控来讲,我们视频监控每天采集的数据是海量的,如果处理高清视频,对大数据量的QOS保证很重要,不管是哪一种云计算模式,应该保障高QOS传输,第二个要很好地存储,然后就是智能处理,这就是云计算的关键,考虑到大数据数据挖掘,智能分析处理要注意的是计算复杂度。例如在复杂的背景里面提取目标特征,带来的计算复杂度非常高,所以重要的一个衡量指标就是计算复杂度,有没有达到一个实时处理的能力是关键。

产业－物流－城市

主讲人：缪立新

讲座时间：2012 年 3 月 27 日

讲座地点：深圳大学城图书馆

主讲人简介

缪立新，清华大学教授，博士生导师，清华大学深圳研究生院物流与交通学部主任；深圳市物流工程与仿真重点实验室主任，深圳市鹏程学者（长期）特聘教授。兼任中国物流学会副会长，全国物流信息管理标准化技术委员会专家委员，广东省物流协会副会长兼学术技术委员会主任，应邀担任国际交通物流会议常任合作主席，东亚运输协会国际物流专业委员会主席等。主要研究领域：物流工程与管理、智能交通、城市及物流产业园区规划。主编论著 11 本，发表论文 100 余篇，进入国际三大检索论文 50 余篇。获 IET 国际工程教育教师奖、国际及国家级竞赛大奖 3 项、省部级科技进步奖 5 项、清华大学教学成果一等奖 2 项。

主要内容

从城市、物流和产业多角度揭示物流业、经济和城市社会经济活动之间的互动发展关系，提出当前推动物流业提升、经济发展，以及城市化过程中改善城市环境、提升城市竞争力的构想。

我所讲述的既不是单纯的物流演变，也不是产业发展的脉络，更不是城市发展史。我试图寻找到一根主线，能够把几者之间的关系理清楚，以助于大家对社会经济发展规律的认识。

讲演分为三部分：

第一部分：概述从古至今的物流，从时间上看物流的发展演变，同时讲述物流的主要组成部分，如物流设施和物流节点的变迁。

第二部分：主要从国内外横向进行比较，讲述在物流的发展带动下产业的发展。

第三部分：主要讲述城市的形成、发展和变迁，从中看到物流在城市的发展中所起到的重要作用。

作者希望通过物流－产业－城市这条主线，得出物流、产业与城市之间相辅相成、互为促进又互为制约的关系。

一、从古至今的物流

根据英国皇家物流协会的定义，所谓的物流就是对从资源供应开始到消费点结束的货物实际流动的管理。人类社会有经济活动开始就有了物流，只是当时人们没有这样的认识和文字定义。从古到今，物的流动确实存在，而且具有相当大的规模，物流的管理世代相传，延续了几千年。[1]

众所周知，物流系统有功能要素和支持要素。物流系统的功能要素或者称之为功能子系统，一般认为主要有运输、储存保管、包装、装卸搬运、流通加工、配送、物流信息等七大功能[2]。物流系统的支持要素则包括制度和政策、法律和规章、行政和命令、标准化系统、组织管理等[3]。

（一）物流的最初形态

在“物流”一词诞生以前，自然界就存在了各种各样的物流形态，且主要以装卸搬运、运输、信息传递为主。

1. 装卸搬运

在动物未被驯化之前，人类只能用自己的双手完成搬运，如图 1 所示。

图 1　动物未被驯化前人类搬运雕塑

2. 运输

相关领域权威学者认为,山羊和绵羊是亚洲西南部最早被驯养的动物,时间大约在公元前 9500 年。[4] 狗也是人类最早驯养的动物之一。狗被驯化的年代大约在一万年前。根据考古资料,较早驯养的家畜有羊、狗、猪、牛、马等。随着动物被驯养,运输的任务很大一部分由动物来承担。

牛较早被人类驯化,据出土的牛颅骨化石等资料证明,家牛或称黄牛,大约 8 000年前被人类驯化。被驯化了的牛,以役用(负重牵引)为主,为人类节省了很多体力。我国内蒙古的游牧民族在草原上举家迁徙,主要的运输工具也是牛车。图 2 为出土的南北朝时期牛车。

图 2　出土的南北朝时期的牛车

马也是古代的主要运输工具。据出土的化石等资料考证，家马原产于中亚草原，4 000 多年前被人类驯养。马的冲刺速度可达每小时 60 公里，多匹马接力可日行 300 里，甚至日行 600 里。马作为主要的役使家畜，用于骑乘、拉车和驮重。图 3 为家马驼重物。

图 3　家马驼重物

人类驯化大象的历史可以追溯到 5 000 年以前的印度北部。当时老虎经常在村庄里出没，只有大象能够赶走它们。有了大象，王公贵族们猎虎不再仅仅是一种责任，而变成了一种乐趣。大象是用来观察和接近猎物的理想交通工具，减小了捕猎的危险。此外，大象还可用来搬运木材等。大象的力气比较大，但是它的速度比较慢。

图 4　大象搬运木材

公元前 3000 年，人类开始驯养骆驼。骆驼主要用来驮运和骑乘。骆驼特别耐饥耐渴，人们能骑着骆驼横穿沙漠，被人们美称为“沙漠之舟”。图 5 为骆驼运输。

图5 骆驼运输

早期的物流运输很重要的体现是在军事上。

由于马比较强壮，具有速度快、耐力强、反应快等优点，在古代的战争中也有较大的作用。所以马的出现不仅利于迁移，方便驼行，更有利于古代战争的战况传达。据传，木牛流马产生于1 700多年前，为三国时期蜀汉丞相诸葛亮所发明的交通运输工具。建兴九年至十二年（231～234年），诸葛亮在与曹魏作战时，需要从四川盆地向北边的汉中等地运送大量军粮，但要通过艰险的秦岭，一般牲畜车根本不能通行，于是他设计了“木牛流马”运输军粮。其载重量为“一岁粮”，大约四百斤以上，每日行程为“特行者数十里，群行二十里”，为蜀国十万大军运送提供粮食。[5] 图6为木牛流马复原雕塑。

图6 木牛流马复原雕塑

3. 信息传递

世界上人工饲养信鸽(图7)的历史记载,可追溯至5 000多年前,我国驯养信鸽约在2 500年前就已兴起。[6] 因为它们恋家和归巢性被人类发现,信鸽逐渐被人们培育驯化,人类利用信鸽的这种特性,将其训练成早期"快递员",用来传递紧要信息。

图7　信鸽

在各种物流活动,尤其是运输中,动物曾为人类提供了丰富动力。但是随着生产力的发展,科技水平的提高,动力机械的发明和广泛应用,动物在现实生活中所起的作用逐渐减少。

(二)物流工具与设施

1. 运输工具

(1)古代的运输工具

古代的运输工具较为单一,主要集中于车、船。

①车。

据《左传》记载,薛部落的奚仲担任夏朝的"车正"官职,主管战车、运输车辆的制造、保管和使用,是我国官办物流运输最早的记载。图8为甲骨文"车"。

图8　甲骨文"车"

②舟。

商代甲骨文中已有舟字，诗经《国风·卫风·河广》云："谁谓河广，一苇杭之。"说明西周已出现了水上运输。图 9 为甲骨文"舟"。

图 9　甲骨文的"舟"

(2)现代的运输工具

现代物流中，运输方式主要有五种，即铁路运输、公路运输、水上运输、航空运输和管道运输等。相应的运载工具可以按照用途分为客运和货运；也可以按照功能分为火车、汽车、船舶、飞机和管道，如图 10 所示。

图 10　现代物流的五种运输方式

现代物流的运输工具为了满足运输需求的多样化，不断地向专门化、通用化、大型化、高速化、绿色化及智能化发展。运输工具专门化表现在从客货混载到客货分载，出现了专门运输货物的货轮、货机、货车，以及出现了专门运输某一类货物的运输工具，如集装箱船、集装箱拖车、集装箱平车、液化气船、罐车、散货船等。通用化主要以集装箱运输的发展为代表。公路运输中，大型集装箱拖车可运载海运、空运、铁运的所有尺寸的集装箱，还有客货两用飞机，水空两用飞机等[7]。巴拿马型集装箱船和超巴拿马型集装箱船就是典型的大型化的体现。高速化在我国的高速铁路发展中取得了一定成绩。高速化的重要作用也体现在航空运输的快递业务中。绿色化的运输工具以电动汽车为代表，一定程度上降低了以往的柴油、汽油汽车所带来的环境污染。智能化的运输工具是以后的发展趋势。谷歌开发的无人驾驶汽车于2014年Code Conference科技大会上亮相。和一般的汽车不同，Google无人驾驶汽车不需要人来操控，软件和传感器取代了方向盘和刹车。制造无人驾驶车的目的是为了防止交通意外、给人们更多空闲时间和减少汽车的使用从根本上减少碳排放量。

2. 物流设施

(1)古代的物流设施

①仓库。

我们的祖先在原始社会就开始学会了春耕冬藏，如半坡遗址中就有大量的储粮窖穴。不过，从此时开始经夏、商到西周时期，人们采用的储粮方式主要是窖储。随着社会的进一步发展以及生产力水平的不断提高，人们发现地面储粮比在地下储粮更为先进，于是有了仓储。殷墟发掘的甲骨文中已有“仓”字，这说明至少从殷商以来就有了仓储[8]。

浙江河姆渡遗址出土的“杆栏式”粮仓(图11)，仓中还盛有稻谷，据考证距今已有7 000年，是至今发现的南方最早的储粮设施。

据考证，甘肃省大方盘城发掘的“大方盘”粮仓(图12)建于汉代，规模较大，是年代较早的地上粮仓。[9]

图 11　浙江河姆渡遗址出土的“杆栏式”粮仓

图 12　“大方盘”粮仓

②物流网络。

远古时代，人们经常沿着动物的足迹或是最省力的路径来行走，经常被践踏的地方就成为小径，日复一日，年复一年，小径逐渐发展成了道路。在公元前 20 世纪的新石器末期，有记载中国就有使役牛、马为人类运输而形成的驮运道。

据《蜀王本纪》记载，春秋战国时期，关中和蜀郡两地人民相互交往的路线通称“蜀道”或“秦蜀栈道”，其中，金牛道（图 13）是秦蜀栈道的重要组成部分。金牛道，得名源自“石牛粪金、五丁开道”的故事,因说石牛能粪金,故称为金牛。秦惠文王更元九年(公元前316年),秦惠王将金牛赠送给蜀王,西蜀五丁引金牛成道,故名金牛道。[10]

图13 金牛道

公元前221年至前206年,秦始皇统一中国后立即修建了以首都咸阳为中心、遍布全国的驰道网(图14),是中国历史上最早的“国道”,这种驰道可与古罗马的道路网媲美。[11]

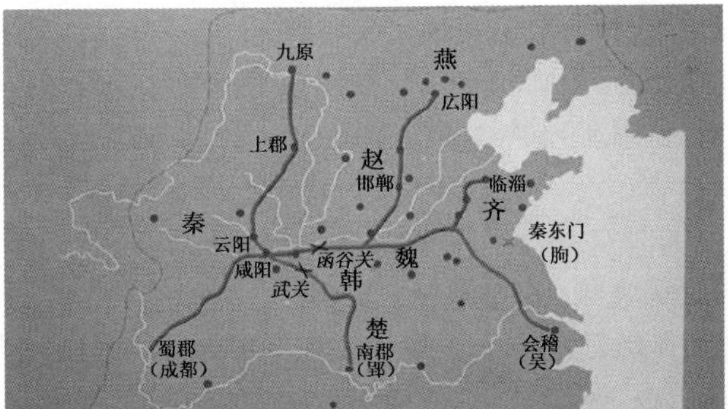

图14 驰道网

漕运是(图15)中国历史上从内陆河流和海路运送官粮到朝廷和运送军粮到军区的系统,包括开凿运河、制造船只、征收官粮、军粮等。[12]

图 15　漕运

京杭大运河(图 16)是世界上里程最长、工程最大的古代运河,也是最古老的运河之一,并且使用至今,是中国古代劳动人民创造的一项伟大工程,是中国文化地位的象征之一。京杭大运河于主要经历三次较大的兴修过程。春秋末期:吴王夫差,为了北上伐齐,开挖始自扬州,经射阳湖到淮安入淮河的运河,把长江水引入淮河。隋朝:为了使长江三角洲地区的丰富物资运往洛阳,开凿从洛阳经山东临清至河北涿郡的"永济渠";洛阳到江苏清江(今淮安市)的"通济渠";江苏镇江至浙江杭州的"江南运河"。元朝:为了使南北相连,不再绕道洛阳,元朝花十年时间,先后开挖了"洛州河"和"会通河",北京与天津新修"通惠河"。新的京杭大运河比绕道洛阳的大运河缩短了 900 多公里[13]。开凿到现在京杭大运河已有 2 500 多年的历史。2002 年,大运河被纳入了"南水北调"东线工程,通过它长江下游的水得以送到北部缺水的山东和河北等地。

在我国西南还蜿蜒着一条起于唐代、兴于明清的茶马古道。茶马古道是指存在于中国西南地区,以马帮为主要交通工具的民间国际商贸通道,是中国西南民族经济文化交流的走廊,茶马古道是一个非常特殊的地域称谓,是一条世界上自然风光最壮观,文化最为神秘的线路,它蕴藏着开发不尽的文化遗产,它连接川滇藏,延伸入印度境内,直抵西亚、西非红海口岸。[14]

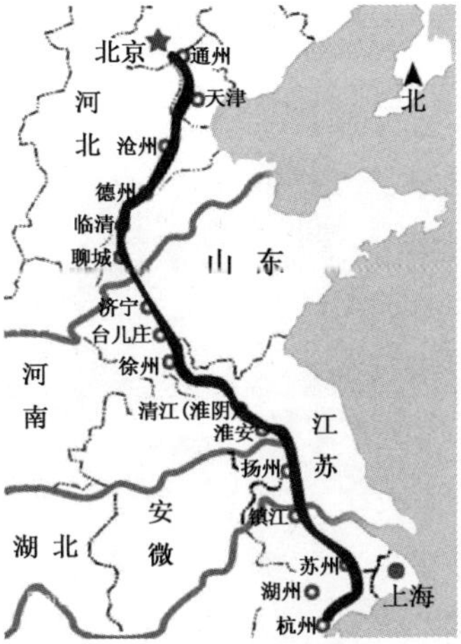

图 16　京杭大运河

“丝绸之路”之称，是 1872 年德国人李希霍芬提出的[15]，是西汉（公元前 202—公元 8 年）时，由张骞出使西域开辟的以长安（今西安）为起点，经甘肃、新疆，到中亚、西亚，并连接地中海各国的陆上通道。它的最初作用是运输中国古代出产的丝绸。丝绸之路是一条东方与西方之间经济、政治、文化进行交流的主要道路。

（2）现代的物流设施

现代的物流设施多种多样。各种交通运输设施是整个社会物流系统运作的基础，它们固定在某个地点或者线路上，如铁路、公路、机场、港口等，这些基础设施共同构成了综合运输网络。以这些交通运输为基础的铁路货运中心、公路货运中心、航空货运站、码头集装箱堆场等都是为社会提供服务的物流综合基础设施；而物流中心、配送中心等设施往往是由企业自主建设的综合性物流基础设施。上述各种综合性物流设施一般都是由仓库、场站、站台、道路等基本设施构成。

①仓库。

现代的仓库（图 17）不仅有古代仓库的储存功能，还可按用途分为批发仓库、采购供应仓库、加工仓库、中转仓库、零售仓库、储备仓库和保税仓库。现代仓库由储存物品的库房、运输传送设施（如吊车、电梯、滑梯等）、出入库房的输送管道和设备以及消防设施、管理用房等组成。仓库按所储存货物特性还可分为原料仓库、产品仓库、冷藏仓库、恒温仓库和危险品仓库。

图 17　现代仓库

②美国物流网络。

1817 年美国开始修建第一条著名的运河——伊利运河(Erie Canal)。1830 年,美国已建成 1 930 余公里长的运河;1840 年,运河总长达 5 300 多公里。从 1817 年到 1909 年共开运河 7 454 公里。1830 年 5 月 24 日美国第一条铁路建成通车,全长 21 公里。从 1850 ~ 1910 年的 60 年间,共修筑铁路 37 万余公里,平均年筑路 6 000 余公里。第一条横贯大陆并且被誉为“自从伊利运河建成以来美国史上运输工程的一项最高成就的铁路线”——1869 年,联合太平洋铁路和中央太平洋铁路在犹他州的奥格登接轨。随后,西部铁路建设高潮迭起,1869 ~ 1893 年,圣菲铁路、北方太平洋铁路、南方太平洋铁路和大北铁路等四条横贯东西的干线相继完成。五条铁路线总长达 112 654 公里,成为沟通东西部的大动脉,西部铁路网及全国铁路网随之形成。1916 年,美国铁路营业里程达到历史上的最高峰,共 408 745 公里。图 18 为美国铁路网。

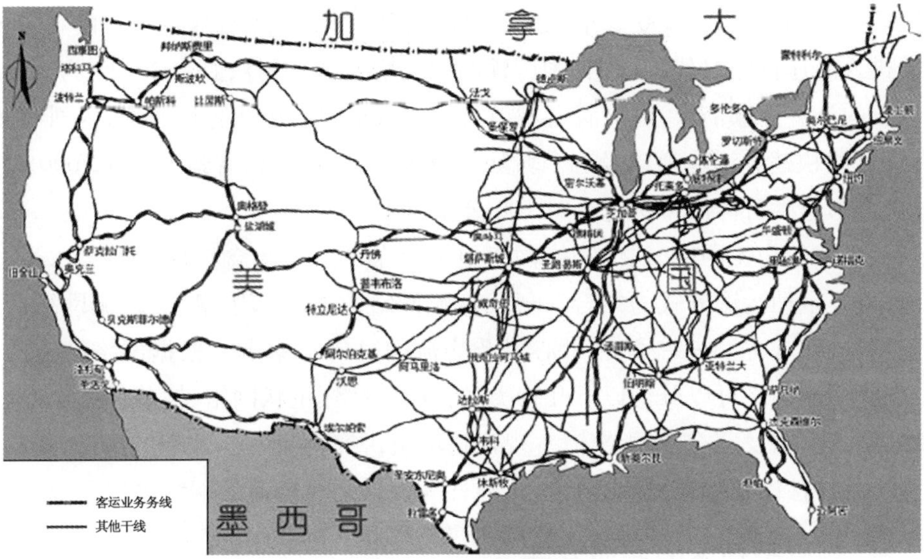

图 18　美国铁路网

美国铁路网由六条横贯东西、十多条联络南北和十多条由东北向西南的主要干线以及大量的支线和地方线所组成。美国铁路营业里程居世界第一位,现有本国铁路 260 423 公里。其中一级铁路为 212 742 公里,轨道延长里程为354 813公里,另外还有美国拥有使用权,非本国在国内修建的铁路 23 112 公里。

③中国铁路网络。

1876 年 12 月 1 日,由英国商人修建的上海至吴淞的淞沪铁路全线完工通车,它是我国第一条铁路。1905 年,清政府排除英国、俄国等殖民主义者的阻挠,委派詹天佑为京张铁路总工程师,主持修建京张铁路。京张铁路于 1905 年 9 月开工修建,于 1909 年建成,全长约 200 公里。京张铁路是中国人自行设计和施工的第一条铁路干线。武汉长江大桥于 1955 年 9 月 1 日开工建设,于 1957 年 10 月 15 日建成通车,是中国在万里长江上修建的第一座铁路、公路两用桥梁。2006 年 7 月 1 日,青藏铁路建成通车。青藏铁路东起青海西宁,西至拉萨,全长 1 956 公里。青藏铁路是世界上海拔最高、线路最长的高原铁路。自1997~2007年,我国铁路共进行了六次大提速。2007年4月18日第六次大提速后,在我国部分铁路线区段,列车时速可达200公里以上,这标志着中国铁路运输第一次与世界同步,开始进入高速铁路时代。根据《中国铁路中长期发展规划》,到2020年,为满足快速增长的旅客运输需求,建立省会城市及大中城市间的快速客运通道,规划“四纵四横”铁路快速客运通道以及三个城际快速客运系统;建设客运专线12 000公里以上,客车速度目标值可达每小时200公里以上。[16]

较以往的物流网络,现代物流网络更为复杂、完善,包含铁路、公路、水运、航空、管道等多种运输方式的结合。现代物流网络由节点和边组成,物流网络的节点包括仓库、车站、码头、配送中心以及物流信息的汇集点。根据网络结构的不同,现代物流网络可以分为以下几种类型:现状网络、星状网络、树状网络、轴辐式网络、网状网络及完全图网络[17]。现代物流更讲究物流系统效率的高低,需要根据货物的特性以及物流成本、效率、可靠性等因素选择合适的网络类型。

二、物流带动下的产业发展

随着现代物流与供应链理论的不断发展,物流对经济发展的重要作用逐渐得到了人们的广泛认同。

(一)物流带动第一产业的发展

中国自古就是农业大国,农业的发展与我们每个人的生活息息相关。

以前受交通不便与信息沟通不畅的限制,农产品主要在一定的地域范围内流动。远距离的农产品流通有时是出于给君王上供的需求。如杜牧的《过华清宫》“一骑红尘妃子笑,无人知是荔枝来”描写的就是从涪洲运送荔枝到长安,供杨贵妃品尝的例子。据《新唐书·杨贵妃传》记载:“妃嗜荔枝,必欲生致之,乃置骑传送,走数千里,味未变,已至京师”,因此,许多差官累死、驿马倒毙于四川至长安的路上。图19描绘的就是差官快马加鞭运送荔枝的场景。

图 19　杜牧《过华清宫》

而新中国成立以来，随着城乡一体化进程的不断发展，城市和农村之间的交通越来越便利，物资运输频率也在逐渐提高。尤其是近几年，中国农产品市场发展迅猛、规模增速惊人[18]。丰富的产品品种和可观的需求量为中国农产品市场提供了良好的发展基础。农产品市场的发展离不开农产品流通体系的支撑和推动，其中，农产品物流更是这一作用的重要保证[19]。如何将农产品快速运输到城市中，已经成为城乡协调发展过程中需要考虑的核心问题[20]。

现如今，电子商务的发展也为农产品物流提供了有力的保障。例如，京东商城、一号店、顺丰优选、淘宝汇吃·挑食等电商平台（图 20）。雨润食品也正式宣布进军电商行业，投资 20 亿元建自主电商品牌"雨润庄园"。

长期以来，我国农产品产后损耗十分严重。据了解，我国果蔬损耗率高达 25% ~30%，全国每年约有 1 亿多吨果蔬在运输过程中腐烂，直接损失高达1 000 亿元。而美国的农产品全产业链都以冷链物流为支撑，损耗仅 1% ~2%。根据发展改革委编制的《农产品冷链物流发展规划》，2015 年，我国肉类和水产品冷链物流水平将显著提高，食品安全保障能力显著增强；果蔬冷链物流进一步加快发展。果蔬、肉类、水产品冷链流通率分别提高到20%、30%、36%以上，冷藏运输率分别提高到30%、50%、65%左右，流通环节产品腐损率分别降至15%、8%、10%以下。为促进农民持续增收、保障消费安全，我国计划到2015年将全国冷库总容量在现有880万吨的基础上增加1 000万吨，建成一批效率高、规模大、技术新的跨区域冷链物流配送中心，冷链物流核心技术得到广泛推广，形成一批具有较强资源整合能力和国际竞争力的核心冷链物流企业。[21]

图20　目前典型的生鲜食品电商

（二）物流与第二产业相辅相成

第二产业主要包括工业和建筑业两大部分。从宏观层次看，一方面，高效的物流支持着第二产业的发展；另一方面，第二产业的发展也呼唤着物流行业的发展壮大[22]。

1.物流促进资源的开发

（1）煤炭

我国是一个多煤少油贫气的国家，煤炭工业在我国能源工业和国民经济中承担非常重要的角色，是国民经济的重要基础产业、支柱产业。改革开放以来的三十年，煤炭的能源主导地位被进一步明确。国家在能源战略（1980年、2002年、2004年）中描述"以煤炭为基础、扩大煤炭开放和以煤炭为中心"，显示出煤炭的重要地位。统计数据显示，中国是世界最大的煤炭生产国，产量达34.71亿吨；同时也是世界最大的煤炭消费国。2011年中国煤炭消费量增加到25.51亿吨标准煤，中国成为驱动全球煤炭市场的主要动力来源。中国国家统计局2011年统计年鉴数据显示，中国煤炭在能源生产总量以及中国能源消费总量中的占比均在70%以上。[23]

而我国煤炭资源分布与消费呈地域不平衡的状态。我国大部分煤炭资源集中于山西、内蒙古和陕西以及新疆、甘肃、宁夏和青海地区,所占比重已经超出煤炭总储量的80%。我国的煤炭消费地区主要分布于中东部。这就导致了长期以来的西煤东运、北煤南运的格局。因此,畅通的煤炭流通渠道在煤炭运输中显得尤为重要。

我国的大型煤炭生产企业一般都自营物流业务,其运营模式大致可分为三类:一是仍然从事单纯的煤炭贸易,买入卖出赚取贸易差价,由客户自己负责煤炭运输、中转、仓储和加工等中间环节;二是在进行煤炭贸易的同时,提供煤炭运输服务和配煤等加工服务,但主要盈利点仍然是煤炭贸易;三是少数领先的煤炭物流公司,经由煤炭贸易转型为煤炭流通服务上,在从事流通贸易的同时提供专业化的煤炭加工和数字化配煤等服务[24]。

山西是我国的煤矿储藏大省。例如,大同煤矿集团有限责任公司(简称同煤集团,其前身为“大同矿务局”),是我国第三大煤矿国有企业,仅次于神华集团及中煤能源集团。大同煤矿跨越大同、朔州、忻州三市,拥有煤田面积6 157平方公里,总储量达892亿吨,年产原煤3 000万吨以上,居全国之首。山西平朔安太堡露天煤矿位于朔州市区与平鲁区交界处,总面积达378平方公里,地质储量约为126亿吨,现为大型露天开采的煤矿。

正太铁路是山西修筑最早的一条铁路,全长243公里,其中在山西境内170.7公里,后因线路经滹沱河架桥困难,改由石家庄修起,故又称石太铁路。民国时期同蒲铁路全长862.7公里,是纵贯山西省中部的南北交通大动脉,是继正太之后修筑的另一条铁路。2004年底,山西省铁路营业里程达到2 513公里。2007～2011年铁路煤炭发运量累计完成32 361万吨,煤炭经销量累计完成16 868万吨,累计实现主营业务收入890.77亿元。

1983年山西省政府批准成立山西省煤炭运销总公司。2004年成立晋中南、晋东南铁路煤炭销售有限公司。2012年1月撤销铁路事业部,组建“山西煤销集团铁路销售总公司”,对铁路煤炭销售实行专业化管理。2007～2011年铁路煤炭发运量累计完成32 361万吨,煤炭经销量累计完成16 868万吨,累计实现主营业务收入 890.77 亿元。[25]

作为我国北煤南运最大装船港的秦皇岛港，承担了我国北煤南运总下水量的近一半运量。并且秦皇岛港的出口煤炭下水量占到我国煤炭出口总量的 50% 以上。秦皇岛港煤炭运输的后方通路主要集中在"三西"煤炭外运的北通道（大秦线、丰沙大线、京原线）和中通道（石太线、邯长线）[26]。大秦铁路被称为是世界上流量最大的"煤河"，其上游是煤炭储量占全国 60% 的"三西"（山西、陕西、内蒙古西部）煤海，中下游连接了京唐港、曹妃甸等重要节点，入海口是世界第一大能源输出港秦皇岛港。如今，大秦铁路年运量已由 2002 年的 1 亿吨达到 2013 年的 4.45 亿吨，实现了"1 条变 4 条"的铁路史奇迹。目前，每天有 93 列重载列车在这条铁路上穿梭驰骋，以每秒 15 吨的流速将"三西"煤炭输送到渤海之滨。[25]

（2）石油

按照《找矿突破战略行动纲要（2011—2020 年）》，国土资源部、国家发展改革委、科技部和财政部组织实施了找矿突破战略行动。2014 年找矿突破战略行动实现重大进展，新增石油探明储量 39.47 亿吨、天然气 2.3 万亿立方米，在鄂尔多斯、塔里木和渤海湾盆地连续发现 8 个亿吨级油田，在鄂尔多斯、四川和塔里木盆地连续发现 6 个千亿立方米的气田[27]。但我国原油消费量的半数以上以原油进口为主。石油进口主要依靠大型油轮运输，港口物流逐渐成为原油运输的重要环节。2008 年，我国进口原油 1.788 8 亿吨，其中 90% 的进口原油依赖港口进入我国。据统计，目前已建成、在建和近期将建的原油码头，仅 30 万吨级的就有近 20 座[28]。而反观国内成品油则呈供需地区不平衡的状态，华东和中南地区成品油市场占国内总消费量的 60%，东北和西北地区只占约 20%，但东北和西北地区的成品油产量却占全国总产量的近 50%[29]。从当前中国石油的物流建设来看，依然是以管道建设为主，公路运输发展势头迅猛，港口物流稍微滞后，但呈后起之秀之态。

沙特是名副其实的"石油王国"，石油储量和产量均居世界首位，使其成为世界上最富裕的国家之一。1984 年，已探明的石油储量为 500 亿吨，天然气储量为 34 885亿立方米。石油和石化工业是沙特的经济命脉，石化产品外销 70 多个国家和地区，石油收入占国家财政收入的 70% 以上，石油出口占出口总额的 93%。

2005 年沙原油日产量为 1 050 万桶。随着石油工业的发展，尤其自 70 年代以来，沙特港口的现代化建设发展迅速，设施先进。1976 年，沙特设立港务管理局。现有 8 大工商业港口（6 个工业港口，2 个商业港口），总泊位达 183 个（商业港口泊位 137 个，工业港口泊位 46 个），年吞吐量能力达 2.5 亿吨。

2. 物流带动工业的发展

工业是国民经济的支柱产业，反映了国家、地区的经济发展水平与阶段，是经济增长的主导部门和经济转型的基础。2013 年我国实现生产总值（GDP）6.727 9万亿美元，从工业发展状况来看 1～11 月份，全国规模以上工业增加值同比增长 10%，预计全年规模以上工业增加值比上年增长 10% 左右[30]。而物流对工业发展的促进作用体现在：完善的物流基础设施如四通八达的交通网络等为工业企业奠定了区位优势；物流企业提供综合完整的物流服务，提供无缝隙服务和物流全程控制，增强了企业竞争力；现代物流管理技术和信息化手段的运用，如剥离物流资产、整合物流资源、改进物流服务等，有力支持工业企业主业的发展，加强企业的核心竞争力。

（1）鲁尔工业区

鲁尔工业区位于德国西部的北威州，它的总面积大约是 4 500 平方公里，大小相当于中国青海湖，人口超过 600 万，包括埃森、杜塞尔多夫、多特蒙德等主要城市，是欧洲最大的经济区。自 19 世纪起，随着工业革命的兴起，鲁尔工业区渐渐成为德国的煤和钢铁生产基地，几乎支撑了德国长达 150 年的发展，被称为“德国工业的心脏”。鲁尔工业区的地理位置十分优越。自古就为东西欧往来的“圣路”地带，也是北欧通向中欧、南欧的捷径，地处欧洲的交通路口。在近代资本主义发展中，又位于欧洲经济最发达的“金三角”内，便于工业区间以及与欧洲共同体成员国间的贸易往来。图 21 为 1955 年的鲁尔。

图21　1955年的鲁尔

鲁尔工业区的繁荣也依赖良好的交通运输条件。莱茵河纵贯全区南北，莱茵河口上的7 000吨级海轮和8 000吨的顶推船队，可直抵杜伊斯堡港。从杜伊斯堡港到荷兰边界的莱茵河段，鲁尔区年均运输量达1亿吨，还可通过河口的鹿特丹港与世界各地进行贸易往来。区内有沟通莱茵河、鲁尔河、利珀河和埃姆斯河的4条运河网，总长达425公里(包括通往埃姆斯河下游河段)，鲁尔区有大小河港74个，这里的河道与港口均已标准化，可通行1 350吨的欧洲标准货轮的航运。同时，鲁尔区东部可利用多特蒙德－埃姆斯运河航运，经埃姆登港与海外运输联系。所以，虽然鲁尔区地处内陆地区，但由于它有着方便的水运条件，特别是莱茵河通海航运，使得它与沿海地区具有一样廉价的运费条件。铁路运输与河运同样发达。区内铁路密度非常大，营运里程达9 850公里，占全国近1/5，多东西走向，从巴黎通往北欧和东欧的铁路，由本区穿过，哈根是德国最大的货运编组站。公路和高速公路四通八达，是区内及其他工业区联系的纽带，从德国西部通往柏林和荷兰的高速公路均从区内通过。鲁尔区公路汽车行驶的密度为全国平均密度的一倍，达每公里55辆。[31]

但是，在20个世纪六七十年代，鲁尔区遭遇了“煤炭危机”和“钢铁危机”，不得不缩小煤矿开采的规模并减少钢产量，重化工业集聚带来的环境污染、用地紧张、交通拥挤等问题，迫使许多企业的经济活动纷纷向德国南部地区转移，也使鲁尔区的工业发展难以为继。20世纪60年代，鲁尔区开始进行调整工业结构与布局,发展第三产业和优化生态环境等方面的综合整治。经过综合整治,鲁尔区经济结构趋于协调,工业布局趋于合理,经济由衰落转向繁荣,改变了重工业区环境污染严重的局面,成为环境优美地区。鲁尔工业区的振兴计划为全世界的旧工业区改造提供了范本。图22为现如今的鲁尔。

图22 现如今的鲁尔

(2)苏州工业园区

苏州工业园区于1994年2月经国务院批准设立,同年5月实施启动。苏州工业园区位于苏州古城区东南部,苏州市区东部,东接昆山市,南连吴中区,西靠姑苏区,北隔阳澄湖与常熟相望,通过发达的高速公路、铁路、水路及航空网与世界各主要城市相连。轨道交通20分钟到达上海、60分钟到达南京,与沪、宁、杭融入同城轨道化生活。在苏州市新制定的城市总体设计中,明确了苏州工业园区在"双城双片区"格局中的"苏州新城"地位,即把园区建设成为长三角地区重要的总部经济和商务文化活动中心之一。园区开发建设一直保持持续快速健康的发展态势,主要经济指标年均增幅达30%左右,2013年实现地区生产总值1 900亿元,增长9.4%;公共财政预算收入206.9亿元,增长11.8%;实现社会消费品零售总额278.5亿元,增长16.2%;实际利用外资19.6亿美元,完成进出口总额804.6亿美元,完成固定资产投资742.2亿元,均保持稳定;城镇居民人均可支配收入、农村居民人均纯收入分别达4.9万元、3.09万元,分别增长9.2%、12%。园区连续多年名列"中国城市最具竞争力开发区"排序榜首,综合发展指数位居国家级开发区第二位，在国家级高新区排名居全省第一位，并被评为跨国公司眼中综合吸引力最强的中国开发区之一。[32]

三、城市的演变

希腊建筑学家道亚迪斯所提出的“人类聚居学”理论道出了城市的实质——人类聚居的形式之一。

人类从一开始捕食动物生食，到后来学会钻木取火，开始吃煮熟、烤熟了的食物，再到后来发现粮食作物可以食用，这是一个重大的转折。粮食作物的发现使人类活动发生了重大变化，农业文明慢慢开始了。随之而来的是，人的居住方式发生了改变，社会关系也随之产生了变化。人类从繁衍抚育，慢慢开始要保护防御。因为资源缺乏，部落与部落之间产生了争斗、合并、联姻，部落的规模越来越大，争斗的强度也随之增加，出现了一个专业门类的人——军队。这时候就需要储备粮食来为部队补给，便出现了大规模的粮仓。

正如我们上面所介绍的，从群居部落到农业文明，城市在一步步扩张，城市的职能在一步步完善，直到产业的发展带动经济的繁荣，城市的功能才逐渐形成、完善。这条围绕着物流－产业－城市的脉络是本文的一条主线。

（一）原始社会的群居

人类除了社会属性外，还具有动物所具有的本性，依靠移动来躲避危险，依靠群居，以便交配繁衍，养育后代。慢慢的，人类开始开展相互协作的群体活动，寻找和获取食物，自此人类为了生存而群居。原始社会的群居可分为三个时期：旧石器时代（距今约260万年或250万年～约1.2万年[33]）、中石器时代（旧石器时代和新石器时代之间的年代）、新石器时代（大约从1万年前开始）。

1. 旧石器时代的群居

旧石器时代人们通过采摘果实、狩猎或捕捞获取食物；以一些植物的果实、坚果和根茎为食物。群居在山洞里或部分群居在树上；集体捕猎野兽、捕捞河湖中的鱼蚌来维持生活。图23为旧石器时代的房舍。

2. 中石器时代的部落

到了中石器时代，石器慢慢变得比较锋利，人们大量使用细石器、弓箭；这个时候人类开始驯养，如驯羊、驯狗；在一些地方还发现了独木舟和木桨。这时候人们认识到近亲婚姻的危害，形成了族外婚制，互相通婚的两个氏族就形成了部落。图 24 为太平洋岛上的原始部落。

图 23　旧石器时代的房舍

图 24　太平洋岛上的原始部落

3. 新石器时代的定居

到了新石器时代人们开始定居，开始制造和使用磨制石器，并且发明了陶器。慢慢地出现了原始农业、养畜业和手工业。人类将植物的果实加以播种，并把野生动物驯服以供食用。人类不再只依赖大自然提供食物,其食物来源变得稳定,同时农业与畜牧的经营也使人类由逐水草而居变为定居下来。

随着新石器时代定居的出现,人们为了追求稳定生活而采取了储藏食物的方法。人们开始种植可周期性收获的植物,驯养野生动物,对聚落外部的威胁进行防御,进行地点固定的周期性祭祀活动。这样的变化使得城市慢慢形成,开始了城市的起源。

(二)古代城市的形成

1. 城市的雏形

最初的城市是顺应农业文明的产生而发展起来的。这时的聚集、定居主要是为了便于王权的统治。

卡洪城(图25)是为修建金字塔的工匠、奴隶提供生活租住设施的一种特殊城市。卡洪城长380米,宽为260米,内部分为东西两大部分。据推测,占总面积约三分之一的西部为奴隶的居住区,东部的北侧排列着十几个大庄园,东部南侧大概是供自由民劳工、手工业者、商人等生活居住的地区。[34]

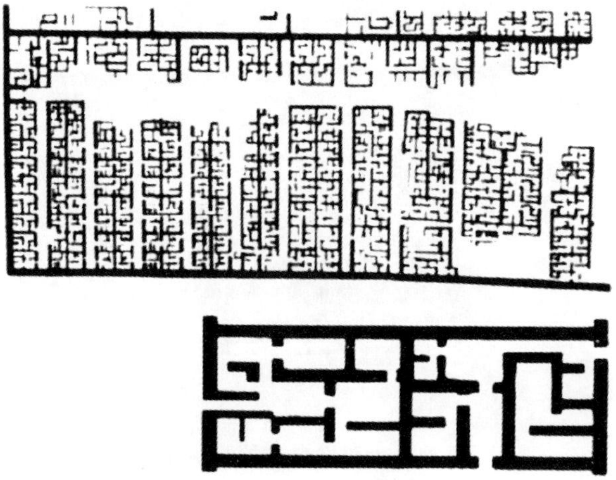

图25 古埃及卡洪城

2. 城市的扩张

伴随着定居、社会分工、私有制以及文字的出现,城市的雏形慢慢形成。城市的功能逐步发展为居住、生产和防御。但这时候的城市有着不同的功能，是因不同目的而形成的。

罗马帝国罗马城——强化军事。

罗马是一个迫使其他生产性民族朝贡的军事掠夺国家。所以在城市建设与扩张时，军事强权的烙印十分明显。例如，军队的移动、作战以及朝贡品的运输与储藏使道路、桥梁以及城防设施的建设成为城市建设的重点；由于对殖民地土地分配的需要，形成了作为地界的规整的方格网状分支公路网。此时罗马城面积达20平方公里，人口超过100万人。道路宽度最宽一般为4.8米到6.5米(法律规定不得小于2.9米)。[34]

3. 城市的聚合

手工业的产生，促进了经济发展，出现了专门从事商品买卖以从中牟利的商人。商业的发展促进了城市的繁荣，商贸交易成为除了军事以外，城市又一项重要的功能，这时在城市里集聚了四面八方的人。

唐长安城——繁荣经济贸易。

唐长安城，是中国历史上规模最为宏伟壮观的都城，一度也是当时世界上规模最大的城市。隋唐长安城为东西宽约9 721米，南北长约8 651米的长方形，包括位于城外大明宫在内的总面积达87平方公里，是汉长安城的2.4倍，明清北京城的1.4倍，比同时期的拜占庭王国都城大7倍，较公元800年所建的巴格达城大6.2倍。此后几百年间，它一直是人类建造的最大都城，是当之无愧的“世界第一城”。彼时长安城内百业兴旺，最多时人口接近100万。描写唐长安城繁盛景象的诗词有：

长安大道连狭邪，青牛白马七香车。

——卢照邻《长安古意》

君不见，外州客，长安道，一回来，一回老。

——白居易《长安道》

长相思，在长安。

——李白《长相思》

（三）现代城市的形成

人们改变了聚居形态，不再受食品、燃料、原材料供应地范围的限制，产品以整个世界为市场，居住地点不必再局限于步行距离的范围内，城市人口飞速增加，城市规模迅速扩大。

虽然如上所述，东西方古代城市的发展走过了不同的道路，各种城市已经形成并逐渐发展成熟，但从本质上来说，在工业革命之前，居住在城市中并不是一种普遍现象。1800 年，在世界范围内大约只有 5% 的人口居住在城市中。但这种情况从 18 世纪末开始，伴随着工业革命的产生而有了根本性的改变。城市化现象最早产生于英国。英国的曼彻斯特出现城市化现象；人口在短期内由农村地区向城市地区集中；城市用地范围扩展。曼彻斯特在 1760 年时的人口仅为 1.2 万人，19 世纪中叶以后便达到了 40 万人。后来伴随着工业化的传播扩散到欧美大陆以及世界上其他一些地区。我国伴随工业化的城市化起始于 19 世纪中叶，到了民国时期有很快的发展，1949 年新中国成立特别是改革开放以后，城市化更加迅猛的发展，50 年代初的城市化水平大约为 13%，2000 年则为 35% 左右[34]。

随着城市化进程的加剧，乡村人口向城市人口转化，城市人口急剧增长，这要求城市功能不断发展和完善。

1. 物流与城市

一个城市发展物流，可以降低城市内物料流通的效率，降低城市的运营成本，减少物耗，有效整合利用城市资源，提高城市运转的速度，并同时提高城市居民的生活水平。一个城市发展成为物流城市（物流占据城市经济发展的重要地位），成为地区物流中心，可以吸引更多的商品进入城市，并得到物流服务，从而使城市的贸易量增加。一个物流区域中心，同时也是周转中心，随之而来会带动仓储、交通、消费各方面的增长，同时增加就业、刺激消费，由此带来的人流量增加，房地产业的发展等。[35]

2. 产业与城市

由于工业及其相关职能向城市集中，导致城市规模、数量的扩大，吸引了广大农村地区人口向城市地区集中。城市的数量不断增加，城市的规模不断扩大，并在一定阶段形成大城市连绵区。产业聚集已成为当今世界经济活动的显著特征，其所产生的经济效应，不仅能提高产业竞争力，而且可以有效推进城市化建设[36]。

城市经济的发展是由包括城市物流、产业集聚等要素在内的各个作用不等、方向不一、角度不同、性质不同的分力系统共同组成，这些要素间的相互作用、共同耦合是在城市经济发展的过程中实现的。

城市的出现是人类文明进化的重要标志，并且城市始终体现着人类社会的演化而不断发展前进。城市的形成与发展经历了漫长的过程，在这个过程中，物流、产业的产生与发展也与城市相生相随。现如今，现代城市的功能变得更丰富、更复杂，慢慢演变成集生产、服务、管理、创新、流通和其他等多功能为一体的综合型城市。现代城市的功能呈现出多样性和综合性，弱化了古代城市单纯的军事和统治功能，强化了城市生产商贸经济功能和社会活动功能。在这样的发展趋势下，物流也将发挥着越来越重要的作用。

参考文献

[1] 陈鹏. 中国古代物流系统初探[J]. 商品储运与养护,2007(3):10-11.

[2] 王之泰. 新编现代物流学[M]. 北京：首都经济贸易大学出版社，2005.

[3] 王长琼. 物流系统工程[M]. 北京：高等教育出版社，2007.

[4] FAGAN B. World prehistory: a Brief lntroduction[M]. 杨宁，等译. 北京：世界图书出版公司，2011.

[5] 孙亮，谭德荣. 物流史初探[J]. 物流技术,2006(10):17-19.

[6] 董维章. 信鸽的饲养与训练[M]. 石家庄：河北科学技术出版社，2005.

[7] 李宗平，杜文，刘海燕. 物流现代化与运输工具的发展趋势[J]. 物流技术，2001(03): 34-35.

[8] 萧高洪. 仓印与古代粮仓的管理[J]. 农业考古,1992(01): 262-268.

[9] http://baike.baidu.com/view/890782.htm[Z].

[10] http://baike.baidu.com/subview/927311/7899038.htm[Z].

[11] http://baike.baidu.com/view/325924.htm[Z].

[12] http://zh.wikipedia.org/wiki/%E6%BC%95%E8%BF%90[Z].

[13] http://zh.wikipedia.org/wiki/%E4%BA%AC%E6%9D%AD%E5%A4%A7%E8%BF%90%E6%B2%B3[Z].

[14] http://baike.baidu.com/subview/2169/6452405.htm[Z].

[15] 王致中,魏丽英. 中国西北社会经济史研究[M]. 西安:三秦出版社,1992.

[16] 谭照华. 解读中国铁路发展史[J]. 中学政史地:初中适用,2011(2):18-21.

[17] 刘存绪,熊宗辉,霍丽娅,等. 现代物流网络结构类型的研究[J]. 成都工业学院学报,2013,16(4):89-97.

[18] 王克臣,李敏. "入世"以来我国农产品市场发展状况[J]. 中国国情,2008(10):42-45.

[19] 田雯,吕建军. 基于统计数据的中国农产品物流与农业增长的关系研究[J]. 中国农学通报,2012,28(35):144-147.

[20] 杨艳慧,谢辉. 农业物流运输节点合理布局研究[J]. 物流技术,2014(09):293-295.

[21] http://www.gdcct.net/agritech/feature/ncply/a/201212/t20121205_744059.html[Z].

[22] 夏爽. 江苏省物流与第二产业相互影响关系的实证分析[J]. 商场现代化,2007(8Z):139-141.

[23] 蒋伶俐. 构建中国现代煤炭物流体系的研究[D]. 北京:中国地质大学,2013.

[24] 李润瀰. 我国煤炭物流发展现状、问题与对策[J]. 中共中央党校学报,2011(04):53-56.

[25] 转型跨越中的山西煤销集团——铁路销售总公司[EB/OL]. (2015-3-4). http://www.jntlmtxxw.com:8088/xwzx/zxyw/000272.html.

[26] 吴冕. 秦皇岛港煤炭物流体系建设研究[D]. 武汉:武汉理工大学,2007.

[27] 高云才. 我国连续发现8个亿吨级油田[N]. 人民日报,2014-09-13(01).

[28] 任继凯. 港口物流:完善石油物流重要环节[N]. 中国石油报,2009-07-01(04).

[29] 陈继文. 中石油物流:寻找水晶鞋[N]. 现代物流报,2006.

[30] 段沛佑,李美燕,左正华. 我国工业物流发展模式创新研究[C]// 第九届中国软科学学术年会论文集(上册), 2013.

[31] http://baike.baidu.com/view/504770.htm[Z].

[32] 苏州工业园区[Z].

[33] 旧石器时代[EB/OL]. (2015－3－4). http://zh.wikipedia.org/wiki/%E6%97%A7%E7%9F%B3%E5%99%A8%E6%97%B6%E4%BB%A3#cite_note－r2－2%5BZ%5D%A1%B1

[34] 谭纵波. 城市规划[M]. 北京:清华大学出版社, 2005.

[35] 汪鸣. 城市物流与物流城市[J]. 物流时代,2010(9):69.

[36] 刘军,吉敏. 产业聚集理论研究评述[J]. 经济问题探索,2011(8):34-39.

绿色金融：碳交易的发展与愿景

主讲人：孔英

讲座时间：2012 年 10 月 13 日

讲座地点：深圳大学城图书馆

主讲人简介

孔英，著名管理经济学家，加拿大卡尔顿大学经济系经济学博士，加拿大约克大学终身教授，北京大学教授、博士生导师，北京大学汇丰商学院副院长，中国国务院外国专家局特聘专家，深圳市碳交易方案研究组专家，北大汇丰中国碳排放定额标准与交易机制研究中心主任、中国国务院发展研究中心产业经济部特邀研究员等多项职务。其主要研究领域包括产业经济学、健康经济学、国际经济学、商业战略等等，迄今已在国际权威期刊发表学术论文 20 多篇，出版《管理经济学》《商业博弈》等专著多部。

主要内容

《京都议定书》签订后，发展低碳经济，推行节能减排已逐渐成为全球共识。碳交易以市场的力量为节能减排提供有效激励，促进低碳经济的推广与实现。中国在经济飞速发展的同时面临着煤炭为主的传统能源结构下巨大的节能减排压力。本次讲座中，孔英教授将结合自己在低碳经济方面的研究经验，以发展的眼光与全球视角介绍碳交易的重要意义，基本原理与发展现状，讲述碳交易的发展将给经济发展与日常生活带来的变化，展望世界与中国发展碳交易市场所面临的机遇、方向与挑战。

下午好,非常欢迎大家能参加这次讲座!非常感谢赵洗尘馆长的支持,使我有机会跟同学们、学者们在深圳大学城图书馆一起分享关于碳交易和碳金融方面的一些思考。

碳交易和碳金融研究是一个新的领域,近一年来国家发改委发布了关于碳交易和碳金融的相关文件,从今年初批准五个城市和两个省率先实行碳交易试点,其中两个省是广东省和湖北省,五个城市是四个直辖市和我们深圳市,因此碳交易和碳金融具有现实意义。在国家发改委相关文件的指导下,深圳市政府相继开了技术专家会、记者新闻发布会,并正式发布了从明年即2013年的1月1日起,深圳市的碳交易市场开始正式交易。

今天我和大家分享的话题,可以使大家初步了解碳交易的本质、碳金融的发展方向以及减碳对城市乃至国家发展的重大意义。为了让深圳碳交易和碳金融能更好地发展,我正带领一个研究组帮助深圳市政府研究深圳市碳减排的分配方案。因为形成碳市场的第一步就需要强制减碳。深圳市政府在十二五期间,即从明年开始三年之内要把深圳市的碳排放量减少25%。这个25%如何科学的实现,就是我们近期研究的内容,也是今天我和大家汇报的内容——碳交易的发展与愿景。

一、低碳经济的重要性

(一)全球气温在急速上升

我们观察美国国家宇航局在今年的7月24日发布的关于格陵兰岛的卫星图片,左边的图是7月8号的,右边图是7月12号的,这是相隔四天时间的两张图(图1)。格陵兰岛是世界上最大的一个岛屿,其83%的区域被冰雪覆盖,从这两张图片上可看到格陵兰岛表面的冰层融化变化非常大:左图白的是冰雪,红的地方是温度升高的地方,在7月8号的时候还只有40%左右的冰雪融化,到了7月12号,97%的冰雪基本上已经融化。这带给我们一个信息就是全球的气温变暖的速度是非常惊人的。用理论模型推算,假如格陵兰岛整个的冰雪总量占全世界冰雪总量的9%,如果大气的温度继续上升,格陵兰岛的冰雪全部都融化了,导致的后果就如同美国的科幻电影《后天》里面所呈现的一样。如果格陵兰岛的冰雪全部融化,那么世界的海平面就要上升7.5米,上升7.5米意味着荷兰、伦敦等世界著名的城市被淹没,我们国家上海也可能会面临着同样的问题。当然这只是一个理论模型的推论,按照这个理论模型的推论,格陵兰岛的所有冰雪可能要经过几千年的时间才能全部融化,但全球变暖是一个事实,值得我们思考。

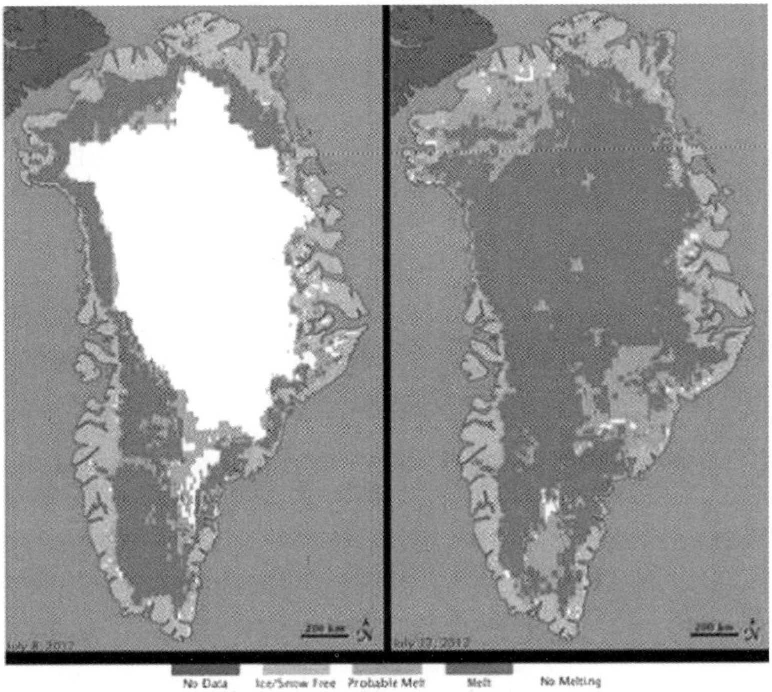

图1 格棱兰岛的卫星图

根据关于全球陆地平均气温的统计,与20世纪平均气温相比,陆地和海洋的平均气温已经升高了1 ℃多。我国很早就注意到了全球变暖的这个趋势,在2004年我国发表了一个报告,报告称根据理论推测,如果碳排放加倍,中国南方的气温将要增加2~2.5 ℃,中国北方的气温要增加2.5~3 ℃。全球气温变暖是一个不争的事实,其带来的后果也非常严重。

（二）温室气体影响全球气温

全球变暖的主要原因，目前仍没有一个特别明确的答案。联合国气候组织曾组织70多名科学家对全球气候变暖做了长时间的研究，最后得出的结论是人类的生产活动是造成全球变暖的主要原因。目前大家有一个趋同的认识，就是温室气体。温室气体大致包括六种，其中量最大的和人类的生产活动联系最密切的就是二氧化碳。因此今天的题目是碳交易，谈的就是二氧化碳温室气体。那么温室气体为什么会造成地球变暖呢?

太阳光的辐照辐射到地球，地球把大部分太阳光反射回外层空间，但有一部分太阳光带来的能量仍留在大气层当中的温室气体中，而这部分能量最后又返回到了地球，然后地球的表面温度就上升。说到温室气体和大气层，在1798年拿破仑带领法国远征军东征埃及，虽然最后战败英国，但是这次远征带来的科学结果远远大于国家军事上的胜利。拿破仑是一个非常出色的指挥家，远征的时候不仅带领大量的法国军队和战舰，同时还带领了一大批的法国科学家去埃及，其中就有一位法国赫赫有名的数学家和物理学家傅里叶。在1798年那个时代，傅里叶是一个非常著名的科学家，在我读物理的时候他的名字非常耀眼，他在随拿破仑东征的时候，在埃及得了一种怪病，这场怪病迫使他一年四季要穿厚的衣服，不然就一年四季感觉到冷，这时他开始思考地球会不会有热量，然后经过他的研究，得到了一个结论即认为地球是被一个气罩罩起来的，这个气罩把一部分太阳的反应附属光留给了大气层，使地球的表面温度提高。所以关于温室气体原始思想可以追溯到1798年，可以追溯到拿破仑时代，在那时人们就开始认识到温室气体可能会使我们地球的表面温度有所上升。

人们对温室气体的认识产生了以后，温室气体带来的后果是地球表面温度可能会上升，地球表面温度上升可能会造成自然界非常大的灾害，就如我们在《后天》看到的场景一样震撼。然而二氧化碳是不是直接导致地球变暖，温度升高?目前还没有直接的科学依据，还没有任何一篇文章用数据分析得出这一结论——二氧化碳直接的导致温度升高。因此减碳、控制二氧化碳的排放一方面是为了控制地球变暖的速度，另一方面是为了节省能源。研究结果表明:人类一次性能源的使用或者说化学能源的使用会造成更多的二氧化碳排放，化学能源或者一次性能源的主要代表是三种产品，一个是石油，一个是天然气，还有一个就是煤炭，这三种能源的使用，就会排放大量的二氧化碳。一方面这可能会间接地或直接地影响大气变暖的速度，另一方面为今后的可持续发展带来比较大的问题。最近有一项研究表明，按照目前世界已探明的这三种化学能源的消耗来计算，再过 40 年，现在探明的石油就会耗尽，60 年后现在探明的天然气就会用光，100 年后我们现在探明的所有煤用都用尽。石油是动物尸体腐烂以后在地底下埋了几亿年最后变成的，因此是不可再生的。当能源耗尽后，人类就会面临一个非常大的问题，能源从哪里来？

低碳、碳交易和碳金融的现实意义和社会意义是节约能源，维持社会可持续发展。为了应对全球变暖，全球包括中国也做了大量的努力，在 1992 年 6 月正式订立了《联合国气候变化框架公约》，我国也是公约国之一。公约成立后，在推动减少碳排放、推动预防或者说减缓全球变暖方面做了非常积极有益的尝试。

（三）全球共同应对气候变暖

在推动减少碳排放方面，有两个著名的事件。

第一个是 1997 年的 12 月签订的《京都议定书》。《京都议定书》是联合国框架公约的第三次会议，从第一次会议开始世界各国就开始逐渐达成共识，意识到减少碳排放是一个全世界都必须意识到和遵循的一个方向，但当时并没有具体的实施方案。经过第二次、第三次会议，提出了强制碳排放的概念，所谓强制碳排放是指各国约定碳排放的最终指标，社会约定碳排放的最终指标，将减少碳排放变成了强制性。《京都议定书》约定：欧盟国家从 2008 年到 2012 年要强制减少碳排放 8%，美国要强制减少碳排放 7%，日本减少碳排放 6%，加拿大减少碳排放 5%，东盟各国要在 5% 到 8% 之间减排，新西兰、俄罗斯和乌克兰暂不承担减排的任务，上述主要是对发达国家的要求。而对于发展中国家，大会提了一个要求，即希望发展中国家自然减排，没有规定减排目标，但要求要有减排的意识，并在《京都议定书》中附上两个附录，叫附录一国家、附录二国家。附录一国家主要都是工业发达国家，附录二国家主要是发展中国家，如印度、中国、墨西哥等。附录一的国家要求强制减排，附录二的国家要求自然减排。因为此次会议中的指标都是由国家元首签字的，因此在会议中附加了一个条件即要求这些国家回到本国以后需将此次会议内容制定成法律。德国、法国等欧洲国都按要求进行了立法,而美国并没有以立法的方式予以确定,因此目前美国是唯一一个不强制实行的国家。《京都议定书》会议非常重要,为了防止减排不到位,此次会议讨论了如何减少碳排放量,从而全世界第一次提出了碳交易即我们今天的主题之一,会议中谈到的CDM机制,叫清洁能源机制,这是推动减少碳排放的一个里程碑。

第二个是2009年在丹麦的首都哥本哈根召开会议。这是联合国气候框架公约组织的第十五次会议,胡锦涛主席出席了该会议。该会议延续2009年的主要思路,虽然最后没有像《京都议定书》这样讨论出具体的方案来,但是吸引了全世界的注意,大约80个国家的元首和192个环境部的部长参加该会议,研究了2012年以后全世界减排的方向,所以也是一个具有历史里程碑意义的会议。

(四)中国对低碳经济的承诺

胡锦涛主席在2009年的哥本哈根会议上代表中国做了一个承诺,即争取在2020年单位国内生产总值与二氧化碳的排放比较2005年下降40%到45%,而这个承诺对于一个发展中国家来说是非常不容易的,几乎是减了一半。也正是胡锦涛主席的承诺推动了今天我国的碳交易试点,毕竟要达到这个承诺,碳交易包括碳金融是今后实行市场化的必经之路。按照这一目标,中国能否在未来几十年内走到世界发展的前列,很大程度上取决于中国应对低碳经济趋势的调整能力。

因此今天我们所谈的碳金融、低碳经济、碳交易,实际上离我们的生活已经不远了,还有八年的时间我们就必须减40%到45%。这也是党中央国务院对这件事情非常的重视的原因。无论是2001年我国发改委就实行的“五省八市”低碳经济试点,还是2012年发改委实行的碳交易试点城市,深圳都被列入其中。大家处于这样一个环境,要逐渐地对低碳经济和碳交易有所认识。目前我还只是讲了它的意义和它可能对人类生活造成的影响,而实际它还会给大家带来无限的商机,预计未来碳金融的发展,会完全超过石油市场,变成第二大金融市场,就目前来讲,2009年世界碳金融的交易已经超过了1 500亿美元,碳金融发展的空间是无法想象的。可能从明年开始市场上就会陆续推出一些新的金融衍生品,这些金融衍生品是以碳排放标准作为衡量的,这就是低碳经济的重要性之一。

二、低碳经济

(一)低碳经济的概念

低碳经济的概念最早是由英国人提出,英国政府在2003年的时候曾发表过《能源白皮书》,在《能源白皮书》中第一次提出了低碳经济的概念,提出英国今后发展的经济模式要以这种“三个低”作为基础,即低能耗、低排放和低污染,所以英国人定义低碳经济的基础就是低能耗、低污染、低排放。自此低碳经济这个概念就迅速在全世界蔓延,不仅发达国家包括发展中国家也很快地捕捉到了低碳经济给我们今后发展方向的启示。低碳经济有这样几个主要特点,一是关注点:低碳经济的关注点是解决气候变化问题,降低二氧化碳的排放量;二是发展的特征:低碳经济是要低排放、高能效、高效率;三是核心内容:低碳经济是要制定低碳的政策,开发和利用低碳技术和产品;四是主要目标:低碳经济的主要目标是缓解和适应气候的变化。

关于低碳经济的概念,尼古拉斯·斯特恩提出一个比较有意思的报告,报告指出低碳经济重要性主要体现在可通过采取低碳的措施使全球可以利用GDP的1%的投入避免将来会产生GDP的5%到20%的损失,这是斯特恩报告里面对低碳经济的诠释,也就是说,今天人类确实应该运用一些资本开发新的技术。所以在这个报告中也呼吁全球向低碳经济的转型,这是一个关于世界上低碳经济的原始定义和概念的由来。

(二)低碳经济在中国

回到我们国家,我们国家在低碳经济上到底有一些什么样的措施或者认识?

我国在2007的6月份发布了《中国应对气候变化国家方案》。

2007年的9月,胡锦涛主席明确主张发展低碳经济。

2008年的1月,世界自然基金会正式启动,中国开展低碳城市发展项目。

2010年的3月,生态环保、可持续发展成为“两会”的一个主题。

到2010年8月,在国务院的授权下,发改委开始推行低碳产业建设试点工作的方案,“五省八市”开始实行低碳经济,这五个省是:广东省、辽宁省、湖北省、陕西省和云南省,八个城市是天津、重庆、深圳、厦门、杭州、南川、贵阳和保定。

在国家政府的推动下,深圳开始努力试行开放式的碳交易市场,并组织了学者专家进行研究。由于广东省和深圳市都是国务院指定的一个碳交易试点省市,所以广东的企业不能都拿到深圳来,毕竟广东肯定也要建立开放式碳交易市场。因此作为研究学者,我为深圳市政府研究的第一件事就是:论证能否把深圳建设成为一个开放式的碳交易市场,因此我提出了城市联盟的概念等。接着因为明年开始要给企业分配强制减排指标,需要一个科学有力的办法将指标分配下去,我们目前仍在积极的研究探索中。

(三)低碳经济的作用

实际上我国各级领导人一直都是在努力、积极的贯彻和执行低碳经济、碳交易、碳金融。发展低碳经济,第一有助于改善大气环境,大气变暖很大程度上是取决于人类的工业活动,人类的工业活动对大气的影响或者最起码对能源的消耗非常大。研究工业发展史就会发现英国作为老牌的资本主义国家,在兴盛阶段,它主要靠煤炭,没有煤,蒸汽机无法使用,而就是蒸汽机带来了第一次的产业革命。再者,看英国刚举办完的奥运会,在开幕式上有一大堆烧煤的烟囱。所以英国的整个发展是和煤炭密不可分。再看美国的发展史,二战以后美国依靠石油迅速发展,所以美国的经济发展到今天,能源的最大支柱是石油。所以实行低碳经济有一点就是要求对这些能源的需求有所控制,从而最终改善大气环境。

第二有助于解决能源危机,人类的活动和能源密不可分。正如前文所述,今后40年、60年、100年人类所依赖的三大能源都用光了,就会爆发能源危机,所以今天我们倡导的一种低碳生活方式和生产方式,实际上也是为了缓解能源的消耗。不知道大家是否注意到,我国最近和加拿大的一个关于石油开采的并购案,据我所知并购的是阿尔伯特省的一个油沙矿。这说明现在地底下的油已经不多了,现在能采上来的是掺了油的沙子,之后再将油洗出来。因此能源的消耗、能源的枯竭是我们面临的一个大问题,一个权威人士曾告诉我,我们引以为自豪的大庆没油了。现在能把沙子弄出来就不错了,所以低碳经济有助于解决能源危机。

当然最后还有一个更深远的意义是扩大就业,促进可持续发展。

(四)实现低碳经济的途径

实现低碳经济第一条是要技术创新和革命,其次才是经济问题,最后低碳经济是一个政治问题。

我们提倡低碳经济的第一条是技术创新和革命。我们要开发一些新的技术,开发一些可替代能源,这种新的可替代性能源的发展也会给社会带来新的就业机会,促进可持续发展。而实现低碳经济的途径,第一个是产业结构调整。根据"十二五"规划,传统的制造业向制造业与服务业相结合的产业服务业的发展。作为商学院的教授和商学院的院长,许多企业家曾问我,"十二五"规划中关于企业转型,具体该如何实施。我个人理解低碳经济给我们提供了一个方向。从明年开始,深圳市要实行强制碳减排,涉及800家企业,可能会有部分企业在整个强制碳减排的过程中被淘汰,而有些企业坚强地成长,个人认为这就叫产业结构调整转型。所以低碳经济实际上是国家的一个发展战略,也是政府"十二五"计划的一个抓手。因此产业结构的调整,要从高能耗向低能耗方向发展,因为政府要求企业强制减碳,企业的成本就增加,因此企业要想办法从高能耗向低能耗方向发展,否则就会被淘汰。

第二个是能源的开发和技术创新,我认为这也是实现低碳经济的一个很重要的途径,像风能发电、光伏电池、太阳能热水器等。当前我国有几个世界之"最",第一个我们是全世界风能发电最多的国家,这是我们引以为豪的。第二个光伏电池、太阳能,我们国家是全世界光伏产品生产最多的国家,世界上40%的光伏产品是我们生产的,光伏的产品我们是世界上最多的。第三我们是世界上太阳能热水器生产和消费最多的国家,我们的太阳能热水器卖到国外,我们发展中国家用太阳能比发达国家还多。我国虽然没有完全实现工业化进程,但我国确实在开发新能源和技术创新这方面走在前列。而深圳在节能产业方面也是走在前列的。实现低碳经济的途径需要一个切入点,而这个切入点就是我们今天讲座最重要的一点——碳交易。

三、碳交易的可行性和基本形势

(一)碳交易基本原理

目前全球(包括我国政府)都制定在不同的阶段的强制减排的目标。《京都议定书》制定了全世界减排的一个大的框架。我国随着历史发展的不同阶段,对减排也做了相应规定,特别是今天,我国也进入了强制减排的阶段,虽然我们是从试点省或城市开始。由于自愿的情况下不容易产生交易,因此碳交易实施的前提条件就是强制减排。

从明年开始,四个直辖市北京、天津、上海、重庆加深圳市试点强制减排。深圳市现在已经通过人大开始立法,广东省和湖北省也强制减排。然而强制减排带来一个问题,那就是该采取什么办法让企业强制减排。虽然我们可以采用在计划经济当中经常使用的行政手段强制企业减排,但这种方法随着我国社会主义市场经济的发展作用愈发不明显,而且这也不是一个有效的方法,特别是在当今社会矛盾比较突出的情况下,用这种强制的、命令式的办法只会激化社会矛盾。因此,依靠市场无形之手去强制减排才是最有效的方法。世界发达国家的经验已经给我们做了榜样,而这个市场就是碳交易:为了达到强制减排的目的,我们要通过市场机制和市场方法,这一市场机制就是碳交易。碳交易的基本原理实际上就是买方通过支付卖方而获得温室气体排放的排放额,买方可以将购得的排放额用以实现既定的减排目标,而既定的减排目标就是强制减排的目标,这就是碳交易。举一个比较简单的例子,比方现在有两家企业,企业 A 和企业 B,企业 A 技术含量比较高,已经使用了比较先进的环保技术,让它进一步减碳成本比较大,毕竟它的生产效率已经比较高。而企业 B 一开始没有应用先进的技术,相对来说减排成本较低,它只要加一点技术,碳排放量就能减下来。这两个企业为了达到共同减排的目的就可以做交易,因为我们期望的不完全是一个企业的行为,而是整个行业减碳量或整个社会减碳量。因此可以让两个企业平均都减 10%,也可以让一个企业减 5%,另一个企业减 15%,总的结果是将全社会的碳排放量减下来。这种指标的互相交换并非是无偿的,这就形成了我们所说的碳市场。我们想做的整个目标就是在给定减少碳排放量的情况下社会总成本最小化,这也是我为深圳市设计减排目标的一个根本思路。

(二)碳交易的可行性

作为一个有很强数量背景的经济学家,我要设计一个环境,要设计一个方式,要设计一个模型出来,使社会成本最小。这就出现了以支付价格获得减排配额,这个思路并不是我们自己创造的,现在联合国实行的所谓 CDM 就是根据这种思路。CDM(Clean Development Mechanism)最早是美国人想出来的。遵循科斯定律,如果产权是明确的,交易成本不是很高,那么无论开始将财产权赋予任何人,通过市场均衡达到的最终资源配备结果都是有效的,这是碳交易遵循的基本经济学原理。目前碳交易的法律依据主要是国际上的《联合国气候变化框架公约》和《京都议定书》。现在中国几个试点城市也开始为碳交易立法。

(三)《京都议定书》中提出的碳交易形式

碳交易的形式目前来说大概有三种,但这三种模式都不在国内而在国外。目前中国在实行试点,明年的1月1号起我们可能会看到一套成熟的交易体系的出现,但目前我们还没有看到特别有效的交易。在《京都议定书》当中,定下来了减排目标以后也开始制定了三种交易方式。一种交易方式叫清洁发展机制,英文缩写方式叫 CDM(Clean Development Mechanism);第二种是排放贸易(Emissions Trading);第三种是联合履约机制。

这三种交易侧重有所不同, CDM 清洁发展机制的主要对象是发达国家和不发达国家的矛盾,后面那两个排放贸易和联合履行机制对象都是发达国家内部矛盾。由于发达国家自己的减排任务都比较重,短时间内无法完成,所以后两种机制一个是 ET 一个是 JI,这两种机制的总额非常小,如排放贸易 ET,实际上是发达国家和发达国家互相交换,如德国和法国,是法国买德国的,或者德国买法国的,这是出于发达国家之间买碳指标,比如我是一个德国的企业,我的企业有一个分支在法国,在法国那个企业减下来的碳能拿来跟法国交换,或者说能跟自己交换,企业在德国减不下来碳排放,但是在法国的分支企业减下来了,就可以把它拿来交换,所以后边这两个交易方式主要是针对发达国家,量非常小。

量最大的就是清洁发展机制,即现在的发达国家,如西欧,其技术已经非常发达,节能技术也用得很好,但目前依然要求它减8%,这对有些国家的有些企业压力非常大,减排成本非常大。因此,联合国做了一个规定,发达国家企业无法完成的,可以通过帮助发展中国家实现减排而抵消要求。一般西欧国家减一吨碳的成本超过100美元,中国减一吨碳的成本是20美元,联合国关心的是整个地球,西欧减碳成本高,可以到中国去买碳指标,那么西欧就可以缓解高昂的减碳成本,更为重要的是西欧的资金可以输入中国,帮助中国的企业开发新的能源技术。这就达到了一个双赢的地步,这也是目前 CDM 最成功的一点。由于中国还没有完全形成碳市场,所以在这个 PPT 里面就没有完全展开,中国现在也开始出现碳排放交易所,但还没有真正地开展碳交易。和大家分享一个在深圳的例子,某年清华大学组织了与低碳发展有关的会议,会议组织者为了扩大影响,认为既然我们倡导低碳,组织开会也会产生碳,国际专家和国内专家坐飞机过来,会产生碳,消耗了油,而开车过来的会产生碳,为了中和产生的碳,组织者发起了一个运动,他们在深圳市的碳排放交易所的牵线下自愿买碳指标,由于不是强制性的,带着公益和宣传的目的就找了一家企业,这家企业最后也减少了碳排放。这代表了我国碳市场的情况,要了解中国碳市场,则需到明年 1 月 1 号,待碳交易正式开始实施。

四、全球碳交易市场的发展情况

之前北京大学深圳研究生院耿旭教授曾从技术和环保的角度对什么是低碳进行了阐述,今天我主要从经济和金融的角度讲解碳交易市场的发展情况。从交易总量来看,2005 年的交易额还是比较低的,当年全球的碳交易量是 7.1 亿吨,交易金额大概是 108 亿美元,到了 2008 年,全球的碳交易量就增长到 48.11 亿吨,是 2005 年的近 7 倍,交易金额增长到 1 263 亿美元,是 2005 年的 12 倍,涨速非常快。碳交易市场比 PE 市场发展得快,三年涨了 12 倍。到了 2009 年更是具有挑战性,全球的碳市场达到了 1 440 亿美元,将近 1 500 亿美元,2010 年受经济危机的影响,全球碳交易仍能达到 1 200 亿美元,整个碳交易量大概在 70 亿吨。这是全球碳市场大致的发展情况。

从交易类型来看,全球碳交易市场交易类型主要有两种,一种是直接交易减排的配额,第二种是基于减排的项目。第一种基于减排配额的交易主要是通过以交易所为主的平台转让这种减排的配额,正如前文所说,企业 A 减不下来,企业 B 减下来了;或者说欧洲的一个国家某一个工厂的碳排放量减不下来,可以通过交易所去买配额。以此类的减排配额为标准的交易也派生出许多类似于期权或者期货的衍生品,它们慢慢发展成碳金融。另一种则是基于减排项目,基于减排项目就相对来说复杂一点,主要是要跟踪一个项目,这个项目最后的发展产生了减排。第二种方式更多被基金所推崇,也已经在中国顺利开展。举个身边的例子,比如我有一个学生,他是四川的企业家,他和几个投资人一起合伙做水力发电,水力发电是一个固定投资比较大但回报率非常稳定的项目,一旦并入国家电网发展以后,每年的回报率都在10%以上,很稳定。一天来了几个人参观他的发电厂并提供了几个文件要和他合作,他害怕是骗子于是拒绝了,后来对方说实际上他们是碳交易,他水力发电没有用煤,节省了碳,对方可以将他节省的碳指标卖到欧洲去。为了卖,必须要签署文件委托他们卖,最后我那个学生签了并卖了。后来他才明白原来这就是碳交易,其实,现在碳交易和碳金融已经在我们身边发生,碳交易市场实际上已经形成了,只是目前我们还没有深刻的认识。

从碳交易市场来看,基于减排的项目的碳交易主要有两种形式,一种是我们有供给方,有中介机构,有最终使用者,最终使用者就是碳排放限制的国家,也就是强制减排的国家。因为它受限制,所以它必须买,还有一个是资源的购买者——中介方,比如说交易商或金融机构,这包括银行资产管理者。其实中国兴业银行已经进入了碳市场,现在第一支基金也发放出来,所以碳交易已经在我们身边了。供给方包括开发商、项目开发者、资金的供应者、咨询机构等。监管的环境主要有法律框架和管理框架。这就是碳交易市场发展的主要情况。投资银行是最早以中介形式出现的,过去的投资银行是通过介入碳排放收取1%的手续费。现在不断有一些金融机构开始开发别的产品,比如在2006年,巴克莱资本率先推出了标准化的场外交易减排的期货合同,在2010年北京环交所也宣布了个人可以在这个环交所买减排指标,价格是每吨35元人民币。那么除了这种单纯的交易和设立金融商品零售以外,投行还采取了直接参与的方法,比如说摩根斯坦利2006年的10月宣布投资30亿美元到碳市场,数量相当大。2007年3月摩根斯坦利参股美国迈阿密的碳减排工程开发商,间接涉足清洁发展机制的减排项目,2007年8月,摩根斯坦利就干脆直接成立碳银行,为企业减排提供咨询以及金融服务,因此投行干脆直接介入。另外还有商业银行,商业银行的主要任务是向项目开发的企业提供贷款,为项目开发企业提供必要的咨询服务及金融服务,也为原始的投放权开发提供担保,当然商业银行也在二级市场开发各种新的创新产品。除了上述中介,还有一个就是私募基金,以私募股权的方式,在早期介入各种减排项目。如2000年世界银行发行了首支投资减排项目的碳原型基金,该基金募集了1.8亿美元,2003年以来类似性质的基金以每年十支的数量增长,2006年12月,私人投资公司发行的首支碳基金在十二个星期内就募资了3.35亿美元。截至2007年11月,专门投资于碳资产的资金数量已经达到了58亿美元,规模超过了70亿欧元。因此这个市场是非常巨大的,如果中国形成了市场,大部分在私募股权方面看不到希望的人都会将目光转向减排项目,因为这是一个很重要的发展方向。截至2012年5月9日,全球共有4 652个CDM(清洁能源机制)项目注册,预计交易额度可达到6.5亿吨,额度是非常巨大的。其中CDM当中比例最大的是中国,大概有1 700个CDM项目是中国的。

五、我国碳交易发展现状

目前中国碳交易更多的是依托CDM,即我们跟欧盟国家的交易。从发达国家角度来看,因为它们自身能源结构和技术的发达,它们温室气体的排放成本都在100美元以上一吨,如果中国的减排成本在20美元一吨,这样巨大的成本就促使发达国家的企业积极地到中国找项目,就如前文我说到的那个学生的CDM碳指标卖到德国。作为一个中介机构,先找一个需要购买碳指标的德国企业,接着再找一个能减碳排放量的中国企业,最容易的就是找一个水力发电厂,和煤没有一点关系,最后将两边对接就可以了。当然在这过程中中介机构要得到国家发改委专门机构的核准,然后在联合国再核准一次。

提问环节

【提问】:我国企业碳的减排被买走后,我国承诺的40%到45%的碳减排这一部分是不是就不能被算进去了?

【孔英】:企业卖的是指标,联合国总的目标是整体要往下减,只不过中国容易减所以减得多,就把多减的部分卖出去。如果我们把指标卖出去了,那一块不该算到我们减排。前面所讲的是我们国家碳的减排,其实金融机构也参与了碳金融的活动,兴业银行就是一个比较好的例子。2006年的5月份,兴业银行和国际金融公司合作,推出了一个贷款项目叫绿色兴贷产品,随后兴业银行就推出以CDM机制下碳核定减排收入作为贷款还款来源之一的融资模式,为企业提供了新的选择。从目前我国的碳交易机构形势来看,我国现在一共成立了几个交易所,比如上海环境交易所。在早期,深圳在综合产权交易所下面有一个排放权交易所,我长期与它们合作探讨。例如在深圳开大运会的时候,排放权交易所当时提出一个"我为大运中和碳"的口号,所谓的中和碳是指我们碳排放交易所开发了一个网站,这个网站都是大家自愿减碳的,深圳市民可以在大运会期间在网站登记,保证自愿少开一天车,因为大运会会产生碳,全世界的运动员都来,他们坐飞机、坐车,他们要比赛,要开灯,这些活动都会产生碳,通过自愿减排,就能中和一部分碳,这就是所谓的碳中和的概念。另外我国还有北京排放权环境交易所。现在深圳提出一个新的思路,就是要成立亚洲排放权交易所,当然这只是一种思路。谈到交易,这就要谈谈怎么做交易。

深圳的排放权交易所成立于 2008 年,到今天 2012 年已经过去四年了,不管在报纸上还是在金融市场上都看不到有关碳金融和碳交易的消息,一个很重要的原因就是我们中国没有实行强制减碳,所以无法形成有效的碳市场。如果从今年开始我们国家开始实行试点,就可能会在深圳、北京、天津、上海、广州和湖北这几个主要的交易所开始真正的交易,到时可能会听到更多的有关交易的消息。那么,该怎么交易以及为什么企业会去交易呢?根据我们跟西欧的交易形式,现在我们把交易所开在中国,我们把市场开放到中国,这和我们跟国际的交易有了本质的区别。而如何让 A 企业去买 B 企业的碳排放和 A 企业为何会买碳排放,这是发改委从去年开始一直讨论研究的问题,最后发改委决定实行碳强制减排。但强制减排不能马上在全国展开,因为中国还是一个发展中国家,经济建设还是我们一个主要任务,特别是从去年开始,我们的经济形势并不是很好,所以若在全国推行强制减排,必然会带来比较大的负面影响。因此发改委决定,在 5 个市和 2 个省中实行试点。先由这几个地方实行碳强制减排,总结经验,继而推行到全国。要实行强制减排首先就要解决如何分配碳配额。

针对如何分配碳配额问题,我专门做了一个研究,我曾经做了一个碳排放的指数——孔氏碳指,并在今年的 6 月份向全国发布。其主要思路就是要设置一个路径来分配碳减排的配额。如对于电子产业,国务院在"十二五"计划当中提出了七个战略性新兴产业之一,也是我们今后要大力发展的产业方向,像这样的产业,它的碳排放量也比较大,是否要对它实行减碳呢?对此我们做了一个统计,排碳量最大的三大产业是:冶金、炼钢炼铁;化工;建筑材料。要达到减排的目的,就需要在这三大巨头上下功夫。目前来说,市政府考虑最多的是能源产业,电力产业不能大幅度减碳,因为电是别的产业的上游产品,会影响到公民的生活和其他产业的发展。因此碳市场和碳交易的根本性技术问题是碳指标的分配。考虑到整个经济发展的现实和我们优先发展产业的情况,我的研究团队通过非线型规划的求解方法,采用一个比较复杂的数学形式,结合实际数据做研究,目前而这个研究是被深圳市政府认可的。

如果你能看到深圳32个行业减排的具体数字的新闻,可以很负责任告诉你这是孔老师统计出来的,这也是我现在在做的一件事情。当然,目前还有一个问题就是碳排放额如何分配?对于一个行业可以用一种办法来计算,但对于企业就不容易了。例如化工行业,最后经过测算要减30%就可以,化工行业里假如有100家企业,不能让这100个企业中的每一家减20%,企业作为一个独立个体也不会按照你所说的减。因此还需想一个办法让企业自愿接受,这就需要根据每个企业的特点合理地安排减碳目标,有的企业碳分配额多,有的企业少,只有这样才会形成市场交易,否则市场就不存在。所以涉及企业减排的指标是一个比较技术化的问题,目前我们的团队也在进行研究,对于企业减排的指标我们采用了博弈论的方法,因为我在产业经济学当中对博弈论研究比较多也比较深。所以孔氏碳指的一个中心思想就是要把这种科学的理念、社会综合发展的因素考虑进去,设计出一个比较科学的方法。

欧洲强制减排的主要方法是祖父制,即根据历史的数据,在过去碳排放量的基础上减8%。这是目前欧洲采用的方法,也可以说是全世界的,毕竟别的地方没有强制碳减排。中国需要实行强制碳减排且不能对碳减排量一刀切,因为我们还处于工业化过程的中后期。或许大家对现在的工业化理解不是特别深,特别是有些企业家出国后发现,发达国家的高楼大厦、街上跑的奔驰宝马可能也没我国多,于是导致有些企业家有一个错误的判断,以为那些国家也不如我们,我们已经是世界上的老大了。其实这种想法是错误的,如果按照工业化进程来讲,我国今天所处的时代相当于日本的1968、1969年,相当于韩国的1990年,所以我们的工业化过程至少还有十多年的路可走。有些企业家问我,特别是做房地产的,是不是房地产从此以后就不行了。中国工业化过程中还有十几年,至少房地产业还有十几年的发展前途。正因为还有十多年的工业发展,不能因为减碳就把工业发展给抑制住,所以必须要在碳金融、碳交易里面走出一条我们自己的路,确保既能够使经济可持续发展,又能达到相对的碳减排目标。所以目前普遍推荐和应用的是碳强度的概念,而不是绝对碳的概念。这也是我之前所讲的确定每单位 GDP 的碳排放量,只要你产生碳的速度低于你 GDP 发展的速度就可以,这就是我们追求的一种效率。在这种效率下,我们要有一个科学的分配方法,既保证今后有发展潜力的企业能够有一个发展的空间,又能保证一些传统的企业能耗比较高的企业能够通过这种碳交易市场有所抑制,所以这是我们现在的一个主要思路。

孔氏碳指的优势是很明显的,首先孔氏碳指引进社会成本的概念,考虑比较完善,同时也兼顾了发展和减排,以碳强度作为主要的衡量指标,而不是绝对的碳量,有利于经济结构调整和产业升级。其次孔氏碳指具有现实可操作性,目前我们做了计算机的软件,基本数据输入后,就能马上设计分配方式。再者,其还动态可测,比较灵活,对此我们也做了专门的研究。

碳交易是通往低碳经济的必由之路,碳交易是发展低碳经济唯一的途径,碳交易即意味着通过市场机制去减碳,而不是采用政策的手段。目前中国的房地产的调控政策纯粹靠的是行政手段。房地产的价格是市场供给和需求平衡出来的,解决房地产价格高唯一的一个手段是用市场的手段调整供给和需求,而不是采取限购、限贷的方法打压需求,这是完全违反市场规律。今天的低碳经济、碳减排我也在不同场合跟政府呼吁,一定要靠市场的手段,而不要靠行政的手段,所以市场手段就是碳交易,为碳资产的定价和流通提供条件,同时碳交易将减排额变成标准金融工具,被直接或间接投资于碳资产项目,也就是金融资本。对于市场机制、金融资本,今天不再详述。

低碳经济将来会给我们的生活带来什么变化呢?这里有五个途径:第一是戒除以高耗能源为代价的“便利消费”嗜好。比如说敞开式的冷柜耗电要比玻璃门的耗电高出 20% 。第二是提高关联性节能环保意识,戒除使用“一次性”用品,比如说“限塑”,现在大家都不怎么使用塑料袋了。塑料的产生必须需要石油,通过

"限塑"会节省很多的石油,当然会节省一些碳排放。第三是戒除消耗能源,戒除以大量排放温室气体为代价的所谓面子消费。许多企业家买排放量比较大的高档汽车,如奔驰、宝马,还有SUV。在中国有很多场合,高档汽车代表着一种面子,其实没必要。我在加拿大生活将近20年,加拿大也是一个发达国家,很少看到大排放量的车,最常看到的是日本车,因为日本车节能。即使在美国的大城市也是如此。第四是要全面加强以低碳饮食为主导的科学膳食平衡,消耗少一点的碳水化合物,这就可能要用增加蛋白质、脂肪作为一个方向。最后一个是注重日常生活中的小细节,有意识地减少能源浪费。空调温度调高两度,出门的时候记得关灯,用电脑的时候把亮度减少一点等等,这些生活细节都是非常重要的,这些生活习惯也可以帮助我们树立节碳的理念。

今天的讲座,第一是我想给大家分享一个概念,这个概念就是今后低碳经济是我们发展的一个不可避免的形势,全世界包括我们国家都在向这个方向发展;第二是实现低碳经济的一个唯一途径就是碳交易,明年我们碳交易试点将开始,大概两年到三年以后,总结出经验就会在全国实行强制减碳,那时维护或者说保持我们减碳指标的唯一途径就是碳交易;第三是碳交易最后所产生的巨大的经济空间就是碳金融,其实现在一些比较大的金融机构已经涉及一些金融衍生品,我相信深圳是一座敢为人先的城市,将会变成一个世界级的碳金融城市。所以到那时,在座的同志们有可能毕业以后直接进入的不是一种股票市场或者基金或者是私募,有可能是直接进入一个碳资产的管理和碳资产的交易市场,这就是我今天想给大家讲的,谢谢大家!

【提问】:孔老师,感谢您今天这么精彩的演讲!我是一个汽车爱好者,现在碳排放交易主要计划是对工业和产业的限制,有没有可能或者说有没有一种趋势对私人的碳排放也会有一种限制或者说世界上有没有这种趋势或者现象?

【孔英】:这个问题问得非常好,我分两个方面回答你。

第一,碳交易主要的对象是产业和企业,这是毫无疑问的。但对个人行为的限制也是有的,举个简单的例子,假如深圳定下来今后2012年、2013年、2014年三年的减排目标是25%,但实际上算下来,企业的减排目标是29%,那为什么又最后加了4%,是因为消费者行为,比方说以深圳为主减排,并不是要求深圳的工业减排,而是要求深圳市整个城市要减碳排放量,因此这当中包括了消费者的行为,只是消费者的行为目前还没有一个特别明显的交易机制能够帮助消费者来通过自己的交易来减碳。对于消费者减碳,目前来说只有两个途径,一个途径就是消费者自愿减碳。第二种行为就是对消费行为的强制执行,即所谓的碳税。欧盟现在其实已经在实行。现在进出欧盟的飞机都要交碳税,包括我们国家大概有12家航空公司,因此飞欧盟任何一个国家的成本大幅度增长,这就是一个对消费者行为实行的强制性减排。

第二个方面是目前中国的汽车使用量太大,造成的负面后果是道路拥挤。限号、限汽车目前作用不太大,在未来可能会实行以碳税来限制汽车的使用量,买一辆汽车,不管你开不开,一年你要交一定的碳税。这种可能性会不会有?这个我不知道。目前西方没有这方面的经验,毕竟西方地大人少,车没有达到像中国这么显赫的地步。现在倡导低碳,因此上班我尽量坐公共汽车,今天早晨我坐43路公共汽车来上班的时候,碰见我们学校法学学院的教授,他从国外回来,也坐公共汽车,然后我俩一块下车,他说孔老师,你也坐公共车,我说因为倡导低碳。我问他为什么坐公共车,他说不敢开。我又问为什么不敢开,他说这里开车太凶了,在美国开,两车离得挺远,在这里车并车,不敢开,这也反映了我们中国的现状。

【提问】:孔老师,您好,我想问一下您对碳关税的看法?

【孔英】:你能具体一点吗?

【提问】:就是我们中国应该怎么去应对碳关税?

【孔英】:你能再具体一点吗,因为我对这方面了解比较少,举个例子。

【提问】:其实我了解得更少,所以我才会问您。据我了解应该就是说对中国出口到欧盟国家的金属、钢铁之类的。

【孔英】:你说的是欧盟征关税和征碳税吧?对不起,第一我先说明我对这些确实了解得不多,这个我先向你说明,但是你问的问题我必须得回答。我想是这么一个问题,碳关税的概念,我个人认为是政治的含义大于经济的含义,为什么这么说?因为金属产品、任何产品是在中国生产的,如果说产生碳,这个碳是产生在中国，并不是产生在欧盟，如果说他倒回来跟我们征碳关税，那么政治的含义可能更多，按理说这个减碳应该减到我们，怎么减到他那里去了。所以我想这可能是政治含义更多。第二点，也有一种可能性，就是 CDM 的概念，因为欧洲人和美国人，都普遍认为减碳是一种全球性的事情，不是一个国家的事情，这也是为什么飞机进欧盟要交碳税，原因就是这一点。就是说欧盟征收碳税是要求大家减碳，这不只是为了欧洲来减，而是为全世界减，因为中国金属产品从来没有征收过碳税，就由欧盟来征收，其实质是强制中国减碳。

【提问】：孔老师，您好！我是环境专业的研究生，在碳交易方面，我们环境专业的学生能不能发挥我们的一些作用，比如说今年我们有个校友过来和我们学生交流，他说把简历发给他，看能不能在北京环境所工作，他看了我们的简历后，认为我们学的是环境污染与水治理，不太符合他们的需求。

【孔英】：这个同学确实问了一个好问题，其实我本科是学物理的，是 1978 年北大物理系的，我们当时考北大物理系也是全国的尖子进去的，所以我是非常崇拜和认同物理的。我也相信在节能减排的过程当中，学环境特别是环境方面的专家会起到特别大的作用，因为低碳经济的第一条是要技术条件，这个技术创新需要环境方面的专家。我建议像大家有志于从事于碳金融工作并学环境的同学多学习一些碳金融的知识。

【提问】：谢谢孔老师！刚刚您提到配额分配的时候，有提到碳强度的概念，然后碳强度应该是碳排放量除以工业生产值，但如果说某一行业特别不景气，然后它的工业增加值大幅度下降，导致企业碳强度超标而违约，无法去完成碳排放额度，那这样是不是有违公平，谢谢！

【孔英】：这个问题非常好，我觉着这位女士是认真思考过碳配额分配问题的。你提的这个问题确实存在，我们是通过历史数据来排查风险的。在历史排查的时候，我和我的学生确实发现在金融危机的时候有类似的问题。但这个具体的分配方案我不可能都给大家讲，主要是因为我跟深圳市政府签署了保密协议。所以在之前的演讲中，我只是提到了一个大的行业的分配思路给大家，而后面的企业分配方案我并没有细说。其实企业的工业增加值并不是分配方案强制分配的，而是企业自己上报的，如果企业自己报高了或者说报低了，后果自负，这不是政府的不公平，只能说是企业应该最了解自身的情况，所以在我整个设计的方案中并不存在刚才你刚刚提出的问题。你放心，为了政府的这个项目，耗费孔老师大半生的心血，今天也在做，所以为什么到了企业那个层次，我并不按照这个指标，我只是说我分到行业，举个例子，深圳市“十二五”规划减少 25% 的排放量，那么根据我们的行业分配方案，化工行业可能需要减 40%，电子行业需要减 15%，然后从行业具体到企业的时候，就不能采用同样的方法了。虽然大家都是化工企业，但是不能千篇一律地采用相同的减排比例，它的减排额与企业上报的工业增加值和碳排放量相关。当然，后面有一个惩罚机制防止企业虚报。这就是所谓的市场，所以为什么不存在你刚才说的问题，分配方案只是要求化工行业里要减 40%，然后企业自己上报工业增加值和碳排放量，如果企业上报的工业增加值减少的时候，在碳强度下降的要求下，虽然碳配额会减少，但是减少的程度会根据其减产幅度而适当放宽，企业减碳压力会有所下降。谢谢！

最近的春秋——民国老课本和大先生

主讲人：邓康延

讲座时间：2012年11月10日

讲座地点：深圳大学城图书馆

主讲人简介

邓康延，生于西安，1976年下乡插队，1977年考入西安矿院。1992年南下深圳，历任《红树林》副总编、《深圳青年》策划总监、《凤凰周刊》主编。2008年出任深圳越众影视公司董事长和纪录片制作人。兼任深圳影视家协会副主席、南京大学金陵传媒学院客座教授。出版著作：《远方不远》《常常感动》《老照片新观察》《老课本新阅读》等；制作纪录片：《寻找少校》《发现少校》《深圳民间记忆》《六十年三地歌》《迁徙》《从照片开始》《先生》等，数个作品获国家或国际奖项。近日联合策展《先生回来》，从深圳关山月美术馆出发，后轰动北京798艺术区，还将巡展南京、重庆、上海等地。

主要内容

以民国人物、影像、书报刊，揭示被有意无意尘封六十年的“最近的春秋”：意趣盎然又善良端庄的民国小学教科书，儒雅温厚又风骨凛然的一代学者大师。邓康延先生以办刊、著述、拍纪录片的切身经历，为听众们揭开民国老课本的神秘面纱，用老课本中的篇章来阐述民国老课本的理念，展示老课本灵动的美；此外，从办展览的曲折之路切入话题，邓康延先生为听众们简要讲述了十位民国大先生

(蔡元培、胡适、马相伯、张伯苓、梅贻琦、竺可桢、晏阳初、陶行知、梁漱溟、陈寅恪)的曲折故事,昭示一种感觉:“他们的背影,一个民族的正面。”

在年轻的城市,面对这么多年轻的高学历的学子和老师,来讲民国的老课本和大先生,我觉得它有一种气场的契合。我为什么把这场演讲的题目叫“最近的春秋”,因为两千多年前,诸子百家争鸣的春秋战国,形成了中华文化的很多奠基之作、文化传统。而民国,在那个兵荒马乱、战火纷飞的年代,也曾有过黄金十年的文化和教育,如同春秋时代一般迷人。

后来因为抗战,又因为内战,再经历革命、运动,这段日子被淹没甚至扭曲。当我们寻求文化立市、立国的时候,发现原来不远处,那一段人文精神的闪光。

民国的文化精神可以用丰子恺的这幅画来比喻:乡村音乐课。比较现在的某些村镇学校还得学生提着桌椅去上课,代课老师欠薪几个月。丰子恺先生的这幅画代表了民国的特色,孩子们高歌张嘴不见眼,老先生悠然自得拉二胡,而窗外的树已经萌芽。泛黄的纸页上,站着童年的民国,栩栩如生,气息亲和。这些被上世纪早年的学生摸过的老课本,体温不散,因为一个个汉字凝聚的魂魄。

一、老课本新阅读

(一)民国老课本的前世今生

2005年起我去腾冲拍《寻找少校》和《发现少校》远征军纪录片,寻找古人遗址,看那些九死一生的老兵叙述战争的惨烈,和之后六十多年不亚于战争的那种惨烈,留在大陆的黄埔军官多被判刑二十年,面对活的历史,你会非常压抑。

那天黄昏,大家休息,去腾冲的老玉市场,我偶然得到一箱旧书,因为我喜欢民国的杂志,喜欢去看看民国二三十年代的那些名人散作。随手先翻出几本薄的教科书,写着学生名姜兆信。那个黄昏,腾冲的小旅舍,一抹斜阳伴我看完两册,我长叹了一口气,没想到当年是这样的小学课本。我突然觉得不管是远征军还是民国,他们在我拍纪录片很苦的时候,突然给我一个温暖馈赠,给我一个使命。

刚好有几家报刊向我约稿专栏,我随口对《深圳商报》文化广场编辑说:“‘老课本新阅读’要不要?”他们问是什么,我说我也说不清,但可能是个大东西。我将那插图的课文当作图画，配以解读或引申的文字，报纸登了一个月以后，《读者》《读库》两个气质完全不同的杂志作转载，随之全国十几家报刊转载，最后大陆《读者》版和港台《天地》正体字版分别结集成书，多次再印。老课本就像一艘沉船，突然被大家打捞出来。

这是我的机缘，但若无我，迟早也有其他人会做，因为好的东西无法永久沉没。2011 年底《新周刊》和江苏电视台向我颁发一个新锐榜评委会大奖“邓康延和他的老课本”。走过红地毯，有三分钟的演讲词，我说感谢评委，感谢南京故都，感谢先生们编的课本和课本当年的小主人。我用三段课文致辞：“竹几上，有针，有线，有尺，有剪刀。我母亲坐几前，取针穿线，为我缝衣。”这是商务印书馆的一篇课文，干净的白描，把“慈母手中线”意境跃然纸上；另一课取自叶圣陶编、丰子恺画的开明读本：“三只牛吃草，一只羊也吃草，一只羊不吃草，他看着花。”最后一句出乎意料，这是一只艺术的羊、哲学的羊。想想当年蔡元培先生等还曾想用美育替代宗教；第三课来自中华课本：“开学了，我们选级长，谁得的票最多，谁就当选。”这是公民教育。民国初课本还是《新修身》，以传统文化、格言、故事做修养榜样，之后就被西风吹来的“公民课本”替代了，宣讲平等、自由、民主、博爱等现代公民理念。我用三分钟说了这三段课文，一个亲情的白描，一个美育的情趣，一个公民的权利。台下热烈共鸣。

（二）凝聚的魂魄，灵动的美

即便军阀混战，民不聊生，黄河泛滥，东北告急，那时的大学者依然能够沉稳编小课本，可以为“来来来，来上学”还是“去去去，去上学”一字争执，能够蹲下来看着孩子的眼睛说话。在一个百废待兴的年代，最重要的是教育，教育最重要的是小学教育，小学教育最重要的是课本。

那时私人成立出版社是放开的，言论是难于一统的，市场是优胜劣汰的。这些课文简约质朴优美，内容丰富，尽管文白相夹，东西相汇。我推算读过那本课本的姜兆信，若不出意外，读完初小、高小或中学，他也许在远征军的行列里。受过教育洗礼的孩子，当能挺身而出，用瘦弱的身躯抵挡日寇。他们会像西南联大、黄埔军校的学子，守住民族的生死底线。

从 1927 年到 1937 年，有过一个黄金十年。日本人都担心再不动手以后就打不过中国了。当时文化经济甚至政治都在高速发展。我在南京大学讲座时说，最近一甲子里南京百千楼宇拔地而起，可我认为最耐看、耐用的还是民国所建的金陵大学里现在的第二档案馆那些建筑，敦厚、巍峨，容纳东西、传承新老。包括那时的书籍装帧，服装神态，照片模样，有的是大方端庄。现在那些有神韵、贴人性的东西几乎没了。

我们来看民国照片里黑板上的字："我是中华国民，我爱中华民国。中华民国现在不得了，将来一定了不得。"这种中国味，恐难翻译。那些照片里的民国场景，有乞丐、有奔波、有战火，但也有大量的平和、淡然。安心上课的、做工的、务农的民众认真，社会有生机。民国也有很多坏和丑，但在政治上、经济上、文化上谁都垄断不了。民间蓬勃，社会就相对健康。

当年为什么那么多教科书编得好？因为有商务、中华、世界、开明以及政府主导的国立编译馆相互竞争，即便官办的也不能垄断，垄断不住。自由竞争，能出好思想、好商业。

这一课（图1），母亲对俩女儿的化妆之辩说："清洁为天然之美，且有益于卫生。妆饰为人工之美，复近奢侈，吾以清洁为佳。"教会了清洁用具名称，也传递出观念。我想起黄永玉说：化妆百害无一利，歪曲了年轻的美丽，玷污了年老的庄严。其实，一个女生不过度地去做一些打扮，挺好，美了自己，也美了男生。只是如今，城乡姐妹还能不能接一盆干净的水，映出素颜和青天？

再看《愚公移山》，我的新阅读逆向思考：山移到哪还不是个山吗？除非把海都给填了，把地球凸的都填到凹里了，最后不成一个圆球了。摩擦力小了，它慢慢地可能转得更快，把人甩出去。

这课选了一个拔萝卜，结合时令，鼓励同学去乡下看什么是萝卜、芹菜。原萝卜是繁体，大陆改成了卜，我就用了一个文字游戏，更大更贵更漂亮的萝卜已经不是土地原配了，你无法判定这个萝卜的优劣，于是它更像一个难以预测的卜。

"张儿性格暴躁，好与人斗。老师就带他看斗蛐蛐，看两败俱伤。"先生的办法是让蟋蟀当先生，张儿的醒悟是视蟋蟀为自己。我就想起历代皇帝，渴求万寿无疆的帝王们，外驱内斗、无法无天，却没想到在更大的天穹下它也只是运动后的另一只蟋蟀。

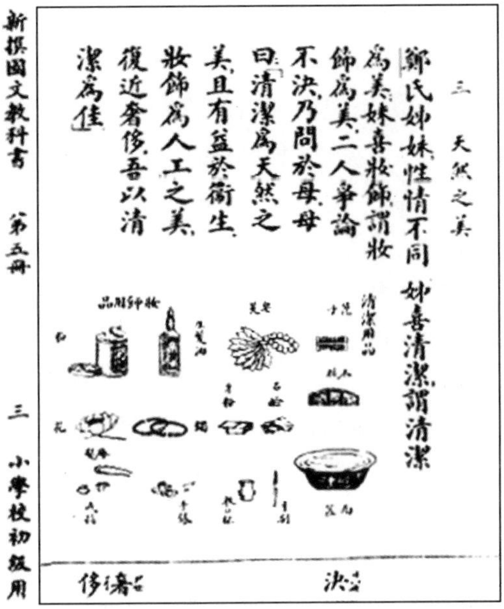

图 1

再看一课。“徐儿挖红薯，挖出了蚂蚁窝，他嘟囔说蚂蚁这么辛劳，何忍毁之，把土复原。”“文革”时我上小学一年级，正讲金木水火土的老师换成了最高指示，全国很快批斗自杀成一团。那时我们小男孩挖出个蚂蚁窝，一泡尿就冲了。陈丹青看了我的书，发来短信：“民国教育好善良。”我觉得这句话抓住了民国教育的本质。我觉得悲悯之心比丈夫气概更丈夫，风云际会是高天的事，蚂蚁只忙碌于过冬的储藏。他们扛着比身躯大百倍的辛劳，举着比士兵更万众一心的团结，度其微渺的一生。“徐儿俯望群蚁，上苍俯望徐儿，浩瀚的注视。”写到最后这两句，我都觉得精彩。

民国教育还荟萃许多优秀作文，我从八九百篇里面选出二十六篇，有一篇论述当时中国的教育之弊端，我的评语是：教育得孩子能批教育，不负教育。

那时也有面对先生编写的讲义辅助课本，比如《天地日月》，告诫各地执教的先生，要带一年级的孩子夜晚去看天，寻常习见之物，断不可引证天文地理之说，致儿童难以领悟。什么叫循序渐进，什么叫不拔苗助长，这就是了。

1940年上海沦陷区的课本,第一课是《春风》,汪伪教育部所编。国难当头,还在春风,令人悲愤。可翻到里面,发现一篇少年岳飞抗金的故事。才知事情远不是非白即黑。在日伪政权高压统治和新闻管制下,课文也会夹枪带棒。

当我收集了那么多课本后,突然想到可否用比较来见证变化?发现手头各年代的第四册多,就把每十年各个年代的八岁孩子读的第四册第一课做比较,不言自明。所以我到处找第四册,不论在美、法、缅的唐人街还是中国港台的旧书店。《老课本新阅读》写了两年,一年多在搜集第四册。对比"百年第一册",即能发现哪个时代正气、哪个时代王八蛋。

说个插曲。书刚出版,河北卫视文化密码栏目组邀我去做节目,我犹豫着去了,因是孔庆东主持。上场不久就有些争执了,他是主人,我学民国,双方止乎于礼。冲突的是一个观点,我说一个时代的教科书一定与其政局和政府脑袋相关联,如果政府弱势,民间文化还能占主导,就会好得多,反之很糟。秀气的主持女孩支持我,他没正面反我,倒把那女孩训了一顿。

看看1951年的第四册第一课,"星期六下午大家都在玩耍,突然卫生股长吹起哨子,要检查卫生了。检查完了,卫生股长说:今天有五个人手和脖子很脏,四个人指甲长,两个人鼻涕留在嘴边还懒得擦,这是很不好的,应当赶快改。再不改,下次就说出名字了。"我觉得他是班上的毛主席,他在做文艺讲话,这是可以让一百个作家去抄写的讲话。文风很跟风,干部与群众的样板。再看民国事关卫生的课文,母亲会说指甲不剪,里面会藏污纳垢,会引发疾病,头发也要经常洗。她娓娓道来,善良慈爱,孩子甘于接受。

我查几十年的教育资料,课本从1905年转到1912年,没有太大的变化,还都是传统的文化,一脉相承,到二三十年代加进国际社会新理念,历抗战、内战格局未大变。而1949年是一个大坎子,像《蚂蚁巢》,肯定不能有的。毛周建国初商定了教材内容以解放区为主、国统区为辅,后来一点儿都不辅了。读教育史,有一段说明,我把它演绎成一个对话。周恩来说:主席,我们新中国的课文该怎么编啊?毛大手一挥:主要按解放区的,国统区的做参考。所以1950年,原本看不出政治的语文,一半像政治了。对比民国课本拿杆子搅蛛网、放生蜻蜓,新课文多了拿枪杆子的阶级斗争,王二小、刘文学勇于对敌牺牲的孩子成了榜样。

最不同的还是公民课本。比如这一课:“社会好像一辆车,坐车的人有权力,拉车的人有能力。有权力的人选定有能力的人来替自己驾车。”而这本小册是民国 22 年出版的《模范公民手册》,我请出版《老课本新阅读》的读者出版社和香港天地图书,附赠这本小册。即便当年政府主导的国立编译馆不出公民课本,也挡不住有中华、商务、开明、世界等课本的良性竞争。民间能让社会自我修正。

拍完纪录片《先生》,我们延伸了一个《先生回来》展,除了滚动播放十位先生片子,还附带展示实物民国小学课本和民国书报刊。那些报刊、课本封面,手绘制作,大家的手笔文字,有一种拙朴,气度,美。它们是有体温的,流淌着爱和真。

山西王阎锡山为课本撰写前言:“公道为社会精神,国家元气,故主张公道为国民之天职,桀骜不驯为野蛮人之特性。真血性男子,脑筋中有国家两字。欲自立,先从不依赖人起;欲自由,先从不妨碍人自由起。能忠于职务者才是真正爱国。”阎兴学办教育,山西的小学上学率据称已到了 80% 。他家乡的小学、中学都是他自掏腰包。我搜集到的老课本很多山西版。可惜山西后来出名的只是农业学大寨。

这一课丰收图:“红日将下,打麦已完。小雀一群,分集场上,觅食余粒。数童子立门前,拍手噪逐之。雀闻人声,散入林中。”一幕好看的场景,童子、小雀、丰收的黄昏都相继出场,不像我们小时候拿弹弓就打,那时童子是只阻遏,不杀生,就像稻草人一样。所以我说各有活法,麻雀虽小,五脏也盛有忧喜悲忿惧。在矛盾的交汇处,留白天地宽。有一年龙威震怒,把麻雀当成四害,城乡天罗地网,最后麻雀飞着飞着扑通就掉下来,有点像三反五反。麻雀死了以后,不久地里遭了灾,因为虫子多。所以我说:理直气壮,义正辞严,好;理直气和,义正辞缓,有时更好。红日将下的黄昏,转个身又是红日腾空的黎明。

我在腾冲找到老课本正读这一课,一位看我们拍片的中纪委的高官(因为他的叔叔曾是远征军),他与我一起诵读完说:把这个给我复印了,可作我们的教材。“瓶中有果,儿伸手入瓶。取之满握,拳不能出。手痛,心急,大哭。母曰:‘汝勿贪多,则拳可出矣’。”我说:母亲告诫儿子,人民告诫官员,同样的话:汝勿贪多。

我们再来看《荷》,大家闭眼想想如果你要去写这个荷,怎样形容。“池中种荷,夏日开花,或红或白。荷梗直立,荷叶形圆,茎横泥中,其名曰藕。藕有节,中有孔，断之有丝。”三十八字一口气说尽荷之一生，好功力，编撰者好功力，我母语汉字仓颉好功力。华夏之荷，非我华族难晓其味，断之有丝，断之有思。你看我也学得不错，后面这两个丝（思）也不一样，外国人就觉得听着音都是一样的。汉字里的四字词，比较简洁，形成了我们语言的特色。你看本篇大都四字一顿，但到后面又出现了三个字，再四字收尾。文似看山不喜平，抑扬顿挫，这种语感、节奏感，是编纂大家不经意间流露的。

来看《陪客》，“钮儿在家，有客访其父，父适他往。儿邀客入，请客上坐，己在下位陪之。客有问，则谨答之。客去，儿送至门外。及父归，以客所言，告之于父。”大家有什么感想，我觉得里面含有方法论，告诉一个孩子做事的方法、步骤，一步接一步，可爱吧。但后来我看到一个电视剧名，《不要和陌生人说话》，得，完了。我的解读是，礼仪是社会的衣裳，让我们脱离茹毛饮血。人是环境的产物，环境也被人所营造。陪客之道，不外乎真诚自然。“民国”这个过客被这个孩子陪过，民国教育陪着孩子长大。礼仪的和风里，不分主客。

这课《水果》，老册子九十多年了，色泽鲜艳。《读者》《读库》都曾印过，却印不出原色。原来老书是用矿物质的颜料。我讲课时，有位大学生说，我们小学课本也有彩印，就印两个东西，一个是毛泽东，一个是天安门。但民国的那一页彩页用在瓜果蔬菜、鸟兽鱼虫、青山绿水，能让孩子们感受到世界的美，翻到这一页多彩人间，自然满目鲜亮甘艳，满园的世界观。

我们再来看《母羊求救》，“童子出游，有母羊向之悲鸣，既前走，又屡顾。童子怪之，随其后。至一池旁。见小羊堕水中，哀号方急。童子乃握其角，提置岸上。母羊偕小羊欢跃而去。”这里面有方法步骤，还带着小传奇。我觉得母羊与孩子就是天地间的诗心。我对我的那些小编导说，这就是一个小脚本，最后一个镜头没说孩子，但是你从孩子背后把镜头拉长，就能看到羊母子欢跃而去，母羊应有个回头，孩子就在那站着、看着。实际上那种喜悦，那种天地自然万物的喜悦，就是唐诗。“孤帆远影碧空尽，惟见长江天际流。”我每次读到这，就看见孟浩然的帆船远了，李白还在岸上站着。这就是用汉字熏陶的土地，吃着东方粮食的汉字音韵。就是马悦然（Goran Malmqvist，1924—，著名汉学家）也翻译不出来。

教育的最高境界是使人对生命敏感。一本当代西方杂志上有一则相似的感悟："物换星移不及一个小孩在谷仓一角沉思麻雀之死那样动人。"

这一课生词是桌椅板凳，文配图，你们家如果还有这些明清家具，得好好保留，都成了珍品。老课本也像这些老的东西，我每次翻阅都是一片黄纸碎屑，让我心痛。书有三个天敌：战争年代，焚街烧房；革命运动，大破四旧；还有拆房搬迁清扫旧物。

现在古物旧货市场化了，北京的潘家园，深圳的新秀村，西安的朱雀路，沪宁的夫子庙等等，金钱的杠杆，能把老课本和民国期刊撬给你。我最早买老课本的时候，一本一二十块钱。按理说当年教科书发行量是最大的，商务印书馆达到了七千万册吧，哺育了多少辈学子。当我出了书以后，我接到一些老先生的信，就说哪一课我读过，你从哪买的。我说可以再给你寄一本书，但只能是新书。有一天我把老课本捐成一个馆，真迹在玻璃柜，复印本大家随便翻阅。

前一段在关山月美术馆举办《先生回来》展时，凤凰卫视王鲁湘先生采访我看老课本，我俩都下过乡饿过肚子，说到每天在平原上学大寨，莫名其妙弄梯田，知识分子是臭老九，但说到那些老农敬惜字纸，一看到纸上有字，会把它捋平了。他们看重儿孙读书。可惜多次反文化的运动把人和思想和书都毁了。

"徐湛之出行，与弟同车。车轮忽折，路人来救。湛之令先抱弟，然后自下。"它有一种礼仪、亲情和方法在里面。我评语：道路决定车轮，车轮决定远方，只是今夜城市车流里的广播正唱：心在远方，堵在路上。

我们再看《不拾遗》，"王华行池畔，见地有遗金，华置金于水边，守其旁，待遗金者至，指还之。"他不是把金给老师，换个荣誉，或给父母，得一笔外财。他守着不走，并把金转放河边，怕人冒领。夜不闭户，路不拾遗，是俗世温度计上的一个温暖时刻。不以黄金为最贵的年代，就是黄金年代。

这课《信实》，深刻描绘着我们传统文化。俩哥们约好了第二年相见，那天一人备了席，嘟囔着"道路远，风雨多，恐难如期"。话音未落，朋友掀开门帘。这就是信实，一诺千金。中国现在为什么羸弱，因为已经把这全部打掉了。做生意最重要的就是信实。一经商朋友说，生意人十中七八会骗。我说你算哪个？他说有时七八，有时二三。我说，文化圈里可能也好不了太多。所以说道路远，风雨多，这片土地上的信仰儿女能不能回应历史之约、规律之约，如期而至？

《让功》,“冯异偕诸将出征,每战,必身先士卒。及还,论功行赏,诸将争功不已。异退立大树下,默无一言。时人称为大树将军。”我最喜欢后面这八个字,后来一查,“大树将军”还真是个成语。

《宽容》,这哥们拿出两玉杯跟朋友显摆,仆人一失手碎了。满座皆惊,仆人发抖。他说你是失误,并非故意,何罪之有?我道,这两个中国字寓意直观:宽乃大,容自多。偶然碎了两个小器,史上露出一个大器。

《公益》,渑池道上,拉瓦罐的车坏了把山路堵死,过来一骑马高富帅公子,问一车值多少?七八千。把钱一给,车推下山,道路通了。公益,说到底是钱的博弈,天人的博弈,没有败者,或者说都是胜者。这一课让我想起六十多年前滇缅战役最惨烈时,高黎贡山怒江路窄谷深,日机不断轰炸,有车突然抛锚,顿时全段堵塞。只能把坏车推落峡谷,不论谁的车。每一寸土地都燃烧的时候,国家的喘息悬系万家命脉。我们民族的身躯就是在这样一次次血管堵塞时,总有人伸出自己的胳膊放血。在古战场的崇山峻岭大河小道上,夕阳格外血红,就是这个缘故。

《老梅树》我也很喜欢,我们大家来分析欣赏:“小窗外,有梅树,方开花,我欲折之,干大枝高,手攀不及。母谓我曰:此树乃十余年前汝父所种,比汝大数岁,故甚高也。”母子对话,父亲不在。家园有树,人心有根。想想当今几十年拆来建去,家园不复,山河大变。我过去说话有些结巴,但说陕西话就不结巴。友问为何?我答:又有谁能在故乡迷路呢?他们觉得精彩。但后来我说老家话也结巴了。那是我亲历的情境,母校西安南关小学,原来一溜子平房带大操场,现在一座几十层的农行大厦,一屁股把小学坐没,掉了一半,另一半盖了教师宿舍。我们童年整天在操场里奔跑,让我现在身体还凑合,能干地质登山,能拍纪录片赴远,可是现在的孩子都被圈养了。

孙云晓先生参观《先生回来》展时说,二十多年前他写过一篇《夏令营里的较量》,比较中日孩子,全国反思。现在比那时候更糟,甚至不如七十年前陶行知先生的“生活教育”。孩子的成长需三要素:饮食,活动,睡眠。现在中国孩子的活动在世界排最末,村镇孩子无操场锻炼,整天爬山路也算活动吧。城里的孩子呢?早无春游、秋游,因为有安全问题,即使能出城,郊外也没春没秋了,不是楼房别墅,就是垃圾。体育课也危险,谁磕了碰了,家长的汽车会来堵校门了,干脆砍体育课。正好教育局要分数，体育课就补奥数，把骨头补了肉。

《凤凰周刊》原记者部主任邓飞倡导乡村学校的免费午餐。我们做完展览把光碟义卖两万块捐给他的团队，又随他去湖南的乡下学校拍摄，拍回的那些东西让人催悲。我就想问问，问问这个国家谁在管教育？

我有一个观点，前三十年反右抽了国家筋骨，后三十年向钱看肥了肉。所以国门一开，滚出一个个黄球。

《糊纸窗》，我觉得最能代表民国气质，"农家小儿，揩拭窗格。糊以白纸，涂以桐油。纸能透明，且不易碎。彼告我曰：我家无钱买玻璃，故以此代之。"我能读出淡淡的忧伤，但这孩子有种，家穷用桐油纸替代玻璃也挺好。穷困洁净，依然高贵。有句诗说：贫困，但能听见风声也是好的。这课文要教富孩子不张扬，穷孩子不气短。独善其身的人多，兼济天下的人也会多。上苍眷顾自爱并爱人的人。除了星星，苍穹一贫如洗。

再讲个课外故事。民国南京城边有位小学校长，不同意统一校服，理由是学校多穷孩子，不愿增加他们家庭负担。我又看到90年代东京银座的学校，规定所有孩子上学都穿校服，因为那些富贵子弟总攀比五花八门的名牌。俩校长仁心互见，殊途同归。而大约三年前，佛山教育局局长为吃校服回扣，把一百多位校长拉下了水。一二十万的白鸡蛋就被一个黑大氅覆盖了。

前政治，后金钱，两边挤撞这个民族，民族也似到最后关头了。

《饼之模型》，是说孩子爱好跟妈妈用模子做饼，但文后冒出一句，"我不爱食饼，而爱做饼，喜用模型故也"。我觉得编出了个性，也给孩子多元的空间想象。这几十年的教育一直在扼杀个性。

《四时读书乐》，"欲知读书乐，试听读书歌。万事书中有，一一各分科。师长善教导，同学相切磋。春秋气候好，寒暑假期多。四时各相宜，光阴莫错过。儿时不读书，老来唤奈何"。读书是读前人，前人读更前人的书加实践感悟成了老书。后人读前人的书加实践感悟成了新书，所以书绵延。知识和体验的种子历代发芽开花结果。读书无禁区，思想无国界，智慧跨时代，普世价值的覆盖没有例外。

这是一本教育书籍的几个孩子的封底剪影。每一代童年，都在无言的天地里咿呀成长，一辈辈人呼啸而去，天地依然无言。净之，静之，敬之。

二、民国大先生

(一)先生回来

再讲讲《先生》。二十多年前,我和一位陕西电视友人就想拍20世纪文化名人最后的大结局,拍他们的命运。我从《深圳青年》到《凤凰周刊》都想过,后来做纪录片了,就想兑现。有一天突然就冒出个“民国先生”,再一想就“先生”这俩字,已大气,仿佛能看到一个个先生的背影,儒雅敦厚,身体力行。我在微博上问大家,“可以先拍哪些民国的先生?”因为人力、资金、时间都有限。大家报出了五六十位,个个璀璨如星。有人又问说新中国的先生有谁呢?竟无共识,选不出来。

先拍哪十位,也是众说不一。最后我拍板定下十位先生:蔡元培,胡适,马相伯,张伯苓,梅贻琦,竺可桢,晏阳初,陶行知,梁漱溟,陈寅恪。他们是六位大学校长、三位平民教育先行者和一位独立学者。我们要为当今一塌糊涂的教育,立镜一面,呼喊十声。

在深圳莲花山关山月美术馆《先生回来》的展序中我写过一句话:莲花山下,先生回来,看见莲花。闭幕式我请了两所中小学合唱团,童声唱出李叔同先生的《离别》,“长亭外,古道边,芳草碧连天”。一些人落泪。民国的歌来送走了民国的先生,我们的孩子唱了过去,也知如何迎接未来。

《先生回来》展的第二站在北京798的开幕式上,众多名人致辞,其中陈丹青大声说:“你们办了一个有野心的展览,但是我可以告诉你们,先生回不来了,回不来了……你看照片上这些个性多元的穿的西服、长袍或便装,让现在北大清华社科院的教授专家穿上,也穿不出这个味道。我上场发言,最后八个字是:‘感谢北京,感谢北平’。”一个月观展人数三万多人,当地报刊详尽报道。先生、老课本和民国书刊,一扇窗打开了,里边既熟悉又陌生,熟悉的是汉字,即便繁体竖排,陌生的是语境没有了。

北京闭幕式,我也想找孩子们合唱一曲,联系了几家学校的和电台的合唱团。都要钱,我说是公益展,能否像深圳学校义工合唱,我们会给每个孩子备礼物。没了回音。终于有所小学愿来唱,可大家认为太麻烦,要通过校长、老师、家长,还有北京堵得一塌糊涂的道路,还有安全问题,只好放弃。

这时有人建议,我们自己来唱。一时醍醐灌顶,复印很多张歌页,再找出旋律光碟。闭幕式大约百多人,有经历民国的八十多岁的老先生,也有不知道民国何物的孩子,每人发一张。音乐起,歌唱起。身临现场,莫不感动。天子脚下的北京,在红十月整整一个月,四方受益;在我们自己唱的"长亭外古道边"歌里谢幕,天上的先生们当能听见。

在深圳布展前,和我们合拍《黄埔》的台湾纪录片导演陈君天先生与作家张晓风女士来看我,我拿出商务老课本国难版封面,它可能是全世界最丑陋的,也是最悲壮的、最光荣的小学课本封面。1932 年 1 月 29 日日寇飞机轰炸了商务印书馆和东方图书馆,张元济先生积攒了几十年的历代善本毁于一旦,上海上空的纸屑弥漫了一周。日本人曾说:要征服支那,先毁其文化。轰炸后,商务图书馆员工说:我们可以不要工资,但要尽快恢复印刷教科书。于是一系列残垣断壁、楼垮桥塌的国难图幅被印做了封面。这是警醒后代的民族血泪。两位台湾的老大哥、老大姐当即说,要把它放大,不管是在深圳、北京,以后有机会要能去台北展出。

早先张晓风大姐有一天看到了《老课本新阅读》,很激动,半夜给我打电话说,觉得是奇迹,没想到是大陆人编的,买了十多本送给朋友,她还帮我联系出版港台繁体版。我说你也没有想到大陆曾有那么多的苦难。

我去台湾拍《先生》时,也去淘老课本,收获不大。其实看了《太平轮 1949》就知道,那时细软都带不过来,谁还从大陆带书。后来找到了一些,国语课本,打开一看是日语,因为那是日据时代。

当年旧书最多的还是大陆,但历经了政治运动和大迁徙,也成了凤毛麟角。以至于全套的教科书在中国已鲜见。我们民族的童年印记,就这样一点点消失了。因此当我把第八册的《模范公民》手册,拷贝附赠于书,它重新又获得生命,起码有 25 000 册简繁版传递开来。能看到那个时候我们所崇尚的公民所要做的一些事情,而这些课本的后面就是这些大先生在支撑。

(二)他们的背影,一个民族的正面

蔡元培先生在执掌北大的时候,一去就改变了它的风貌,吸纳各方精英,留辫子的、留洋的、没学历的,不论政治信仰、性别、宗教,只要有真才实学,尽纳麾下,奠基了中国大学教育的基础,大学就必须是专家、教授来做主,不能受任何政党、财阀的制约。那时，蔡元培先生甚至想用美育替代宗教。

胡适，儒雅之河，静水流深。“山风吹乱了窗纸上的松痕，吹不散我心头的人影。”这白话诗，比徐志摩、戴望舒还写得早。我们后来去台北胡适纪念馆，潘馆长导引说，当时请他从美国去台，蒋介石来看他，说大学者住地怎能如此局促呢？院子都没有，要盖。随同官员说没钱，蒋用自己一笔稿费给胡适买了个后院。

章诒和大姐曾给我讲过一个故事：他那民主党派的父亲，后来院子越来越小，车子越来越大，小车最后成了公共汽车。这个是南渡和北归不同知识分子的命运。胡适的小儿子在胡适墓园只有一个空冢。因为留在大陆的儿子先是让他批判老子，在香港大公报文汇报登，故意来羞辱胡适，打破天伦。胡适当时有一句话：原来沉默的权利都不许。最后儿子尸骨无存。即使这样，胡适先生有一句著名的话：容忍比自由还更重要。

他在台依然反对蒋的专制，支持雷震办《自由中国》。他演讲时儒雅的脸变得悲愤，在“中研院”最后的发言也因激动永久倒下。他最终受到台湾人民以及蒋介石隆重葬礼。我在台北淘到了一本《自由中国》，一看上面胡适那篇支持自由的文章，就觉得冥冥中有他的气场在。这等知识分子“宁鸣而死，不默而生”。

马相伯先生活了百岁，和中国近代史平行走过。他有一句名言：寿高多辱。他信教但在教会与复旦学生冲突时站到学生一面，再建复旦。他百岁寿辰，国共两党都送贺礼，他都给了难民和伤兵。临终前他的一句话后来被陶行知先生写了出来，“我就是一条狗，叫了一百年也没有把中国叫醒”。他的字“还我河山”，苍老遒劲。

张伯苓先生，开创了民办学校之盛。当时南开左翼青年批他是花官僚资本家的脏钱来办校。他说我好比挑粪工，用这些粪水来浇灌你们鲜花呀。东三省沦陷后，有次他出席华北运动会，仪仗队一出来，南开学生突然打出“勿忘国耻”横幅，众一惊，继而欢呼，日本人哗地站起来。学生一翻牌，又是“还我河山”，那会儿国民政府想稳住随时想再侵华北的日本人，不想有外交事件，日本人和陪看的高官就走了。当晚张伯苓把学生领袖叫来说了三句话：你们讨厌；讨厌得好；下次还要讨厌。

老先生最早倡导要建体育强国，要夺金牌。他比民国政府还有远见，战前就把部分南开搬到了重庆。抗战内战打完了,蒋介石邀他去台湾,因为他当过考试院院长。但是他仗着学生是共产党高官,学生还带话说老校长不要走,但没想到老先生以后再也没进过南开。有一天老先生穿上雨衣一大早要出席校庆,这时有人敲门来说你不要去了,学生会批斗你,影响校庆。老人家默默坐下。

他去世的讣闻被限定字数,葬入校园的遗愿遭拒。时间返回来,再见先生刚毅坚卓,允公允能。

梅贻琦先生,容貌清风明月。他最后的医疗费、丧葬费,是他的同事和学生凑钱捐助。结果打开他的箱子一看,庚子赔款的这些钱和账目,笔笔清楚。这个清华的老校长,是老清华的骄傲。去年我们为拍先生想采访百年校庆的现任北京清华校长,几番电话函件介绍信,一听说是民营纪录片机构,不予接纳。央视的采访,他们还要看看,因是部长级,话说得非常严谨。后来我们差点没进到校园。中央领导要来,半戒严。我们提前几天联系台湾新竹清华大学,那边当即应承,台北朋友车直入校园,校长纵怀道来。校长说有一年清华两岸学子聚会,突然发现校徽不一样,因为北京清华加了一个“1911”,以证北京是正宗,新竹是外来户。可偏偏这一加,两边的老清华不认,只好校徽复原。

北京的名校心态,许多年自我膨胀,摊大饼。在座的北大、清华、哈工大研究生,你们的店都大,所以煎饼也摊得大。摊到哪,哪就被你们收编了,他们也与有荣焉。这种恶果,渐渐显现。

反观梅贻琦先生,在50年代中,蒋介石让他办清华,办一个能超北京的,他说不行,建校是一步一步的,不能不符合规律,蒋也只能点头。梅贻琦先办原子能科研所,再慢慢创建一个个系,现在不过几千人学校,国际排名却超几万人的北京清华。

竺可桢,北归后贵为科学院副院长,也救不了当过远征军的儿子竺津被打成右派,死无所终。我们在做竺先生这一集,是用他的日记贯穿,发现民国时行云流水,不乏社会批判,新中国成立后行文枯燥谨言。他最后一篇中国五千年气候变迁的论文,先冠以毛语录。我觉得,他也许能测出五千年中国气候变化,却很难控制眼前的政治命运。

晏阳初,联合国有以他命名的平民教育基金,为中国添骄傲。我们去访他当年启民智的地方,80多岁老人能唱出民谣古风,其儿孙却木呆。当年的乡村教育,先生后边总会跟着志愿的大学生,他们和农民同吃同住,进行教育,也寻路经济。他的洋太太在农村想喝咖啡不能,把苞谷面炒煳了,水一冲,略有咖啡味道。千万别告诉星巴克,要不然他可能会偷工减料。

陶行知先生七十多年前就推广生活教育,写出“杀人的会考”这样的论文,而现在的教育比那时更变本加厉。“行动是老子,知识是儿子,创造是孙子”,你看他就是用大白话来宣导。看来我们只有多行动,才能当人的爹。

拍梁漱溟时,电视台称敏感难播,我说先放着。梁漱溟年轻时跟京城朋友吃吃喝喝,有一天他就说我们以大哥二哥称呼挺俗,每人取一个有缺点的命名提醒,他得了一个傲,没想到一生就荣辱在傲字上。

当年他给最高领袖提意见,说他一直关注乡村教育,农民现在九重地下。没料到对方勃然大怒:你这不是诬蔑吗?你能比西施、杨贵妃还美。会场上批他时他说:主席,你如果有雅量,你听我解释。毛说要看大家同不同意。台下的一些人大、政协的头儿已在喊,梁漱溟滚下去。呼这个口号的人,有想到十年后文革,也有人让他们滚下去?这就是林肯说的,当世界上有一个奴隶,每个人都可能成为那个奴隶。彭德怀、刘少奇、林彪哪个没有前车之鉴?纪录片是什么?这个民族留给未来的呈堂供词。

陈寅恪先生,当年傅斯年等就叫他去台湾,美英名牌大学也邀他。但他回答我应该在中国研究中国。他考证南北朝、东西晋,和政治无关,可政治不放过他。他选择中山大学,不愿奉召赴京。可历次政治运动已容不下他的一张桌子。大跃进时,郭沫若跳出来说,工业几千万炼钢铁,农业亩产十几万斤,我们社科系统也要大跃进,超越陈寅恪资产阶级学术权威。结果大家都知道了,多少古董铜铁都冶炼成无用的疙瘩,虚报亩产,后来饿死了很多人,那些北大、清华、社科院大跃进人物欲在几个月里写出多少论文多少书,一场梦。

毛说百花齐放,郭沫若几星期就弄了个咏花诗《百花集》来奉迎。没想到一拐弯,又一个大风雪,百花没了。书也收不回去了。

人怎么能够变得那么蠢那么坏?多少物质的、思想的好东西被呼着口号毁于一旦,多少个“正”被搅到一块变成一个巨大的“负”。我们可以痛哭。

“文革”中大红卫兵要批斗陈寅恪，一个系主任站出来说我是受他毒害的学生，替他站台吧。因为先生那会儿伤病在床，出去可能再回不来了。他的学生遍体鳞伤回到家，他的亲友说，别人躲都躲不及，你还凑上去。这位学生说能为先生站台挨斗，我只感到荣幸。同样，我今天能给在座讲述民国和前辈先生，也只感到荣幸。谢谢！

提问环节

【提问】：邓老师，您好，您刚刚讲的中国的先进文化，当时的文化已经很先进了。但是在我们现代人的生活中，我们被经济，被所有的东西冲击得很严重。想请问一下您，在我们的日常生活和学习过程中，如何运用智慧和能力，从哪些方面去保持他们当时留下来的东西？谢谢。

【邓康延】：传统文化我们当然要汲取、发扬、光大。曾有记者问我用老课本做现在教材行不行？我说不行，它可以是参照，是我们血脉的源头，是上流的一段清澈。但是如果把它完全复制过来采用，不行。毕竟时过境迁了。就像胡适说的，一个时代有一个时代的声音，一个地方有一个地方的话，得审时度势。我们这个时代，科学进步可以促动文化甚至政治的更大开放，比如微博。已有更多的文明的碰撞、开放和社会的多元。进步的主导力量实际上就是你们。

【提问】：邓老师，你找的一些老书，我想肯定也是通过你朋友或者熟人的介绍。我想在座的可能大概有一两百人，如果说你们有或者你们家族里有这老书，我觉得也可以给邓老师。

【邓康延】：第一，我非常感谢。第二，我又厚爱难当。我希望你们可以自己保留自家的老书，感受它的温度，恩泽。现在有很多市场渠道来搜集我们的心爱，我们去研究它，分析它，利用它，就会成为我们生命的一部分，才能最好地延续下去。

【提问】：邓老师，您好，听你的讲课，我觉得民国的课本确实很通俗易懂，而且我第一次在艺术城看到,就很亲切,文字也是琅琅上口。我也是一名语文教师,如果我把这本书买回来以后,打算在我的课堂上讲述的话,请教一下您认为该怎么样去教?是否让学生把意思弄懂还是纯粹的进行道德教化?现在我们的课本很多都是道德教化,有的时候为了应试考试,叫学生们去背那些英雄的名字、事迹,其实他们从内心根本就没认同。

【邓康延】:蔡元培的北大,先生怎样讲都行,长辫子用古文,留学生用洋文、不古不洋用现代文。有的讲半堂课,有的光提个问题,听学生讲,尽可纵横捭阖,当然你得肚里有料,你得教学有纲。我觉得讲课、做人和交流之道不外乎就是真诚、实在。当一个语文老师不热爱他本民族的语言,那就改行去学计算机或是经济学吧。一件事要做到极致,不妨偏执狂。用你的才学和激情融化学生。

昨天有幸与刘再复先生一聚,他就告诉我,不管做什么,文学、艺术、建筑或其他,你要做到极端。唯有极端,才是独一份的。当每个人把自身发挥到淋漓尽致,社会层面也会往上提高。而不能像园林工,一看枝叶冒头就剪剪剪,甚至领导视察时,用植物删拼出一组肉麻的欢迎话。让孩子率性地长,让他知其然并学会知其所以然就好。

【提问】:邓先生,您好,我想问个问题。我看您刚才展示的大多数都是民国时期,人文教育方面一些课本,那民国时期有没有像数学、自然科学方面的教材?这些课本是什么样的?他们当时这些教育是怎么进行的?

【邓康延】:有。我过去主要搜集国文课本,觉得数学多年也不会有太多的变化。民国中小学教育琳琅满目,还有一个叫理学,以及公民、社会学、党义教程。我以为党义教程非常政治化,里面也有一些社会学的。自然科学的课外读物也不少。实际上现在教育研究的问题、方法,那个时候都有。

【提问】:我是已经退休的教师,但是对中国的教育也很关心,因为它关乎到我们国家的未来。我妈妈还健在,85 了,她还能记住她上学时的课本,您讲的这些课她能背出来,所以我觉得教育的痕迹很深。我们接触到很多新一代的 80 年的、90 年的,这些学生地理、历史基本上都不知道,我说不怪你,你不要不好意思,这是中国教育的悲哀。我想请问的问题是，我们的教育，特别是教材上很多缺陷，比方学生都不会写大的一二三四五这些之类的生活常识性的教育都缺乏得很。你们和教育部或者上层有没有什么接触？您推断我们的教育进程将会怎么样的？特别是教材的改革，我们很关心。

【邓康延】：我们正面临一个博弈。实际上特别顽固不化的教育官员他也有开明的一面，也有他自己的孩子深受教育之苦的一面。因此，有关教育革命已成了大势所趋。我们拍了一半的纪录片《教育启示录》，全国取材，很多触目惊心。从留洋的孩子到留守儿童，从高考到大学生遇到的天花板，从各省市超级学校到乡村忍辱负重民办老师，怪象多多。当然也会展现第一线教师和学生及其家长探索求变的阳光一面。

当社会上更多的人知道教育的弊端的时候，即使还没有找到解决的症结，或者找到了症结，还有顽固不化、拒不改正，但起码因为我们更多的人聚拢起一种气场。我们还有微博，还有口口相传。只要每个人付出一点力量，我就觉得这头大象总是被蚂蚁咬着，往前走。更何况总有一天蚂蚁和大象会有调转的时候。

【提问】：邓先生，您好，我是清华法学院的学生。我想请你谈一下关于公民教育的问题。清华法学院钱教授原来也说过，要培养一个人的独立之思想，自由之人格。因为我们这个社会只有培育出来拥有健全人格的公民，这个社会才能真正走向宪政，实现民主政治。所以我想请您从教育这个角度，或者从其他角度谈一下自己的想法，针对如何培养出公民的这个教育问题，谢谢你。

【邓康延】：也谢谢你。这本《模范公民手册》印自民国二十二年，我请大陆和港台出版社在出《老课本新阅读》时附赠。我写过一篇文章，《1933 年的民国》，用各种资料表现那一年的社会风俗、文化状态、军事情况、国家地理，也写到这个小册子。它的第一条是"我看见新事物，要常常留心研究。"另一条是"我不盲从，不随声附和。"我曾想能不能在政府会场上贴出"我不盲从，不随声附和？"因为我参加过的政府会议，发现谁的官大，谁的观点就是对的，底下人都附和说好。再看这一条，"我不信鬼神"，这边用一首歌，用神的口吻来唱，"木头是我的骨头，泥土是我的皮肉，你们对我烧香跪拜，我真莫名其妙。"如今新年第一天烧第一炷香的不是大财阀就是政府高官，绕了多少圈子，把神骂成屎了，最后又成了史。不止信鬼神，他们也信风水。说句老实话，他们心里是有鬼的。

“我使用公共器具，一定依照先后的次序。我不私用公共和别人的物件”。实际上我们这辈人从“文革”杀出再下乡，已不能文静读书、温良恭俭让做事。因为我乱世乱读了些书，有幸成为恢复高考的第一批大学生，但知识和公民教育这些课是缺的。所以越发珍惜下一代的公民教育。

【提问】：您好，邓老师，我是一个八岁小孩的父亲，所以您今天讲民国的小学课本，我感同身受。您刚才展示的课本内容清新、纯朴和慈善。我的问题很简单，假设现在您的小孩，特别是像我们作为学生家长的，在我们不能改变体制的情况之下，我们应该怎么样去教育我们的小孩？在我们不能够改变政治的情况下，我们应该给小孩一个什么样的公民意识？谢谢。

【邓康延】：还是要尊重孩子，让他个性发展，不要按你的理想把他弄成一棵怎样的好树苗，或者漂亮的盆景。先奠基给他一些基本的道理，包括尊重人，热爱生命和自然，对父母朋友的礼仪。我们这一辈，才上一年级小学，正读金木水火土，突然老师说要抄毛主席语录，最高指示，老师也不清楚，先在广播里记，手忙脚乱。十年里什么都不学了，最后又整个下乡。我在77级里算是小的，班上有很多老三届，每一个他都没有怎么去学。但是你看现在这七个常委里面据说有好几个也下乡过，也没怎么学的。你就是到了一定程度就让他自由发挥，说不定也能进常委。

【提问】：您好，邓老师，我问一个问题，刚才您说几个大家都能做成大学校长，他们都按照自己的理念去办教育。原因是因为当时的政府那种体制没有办法去管理他们，还是说当时的政府不愿意去管他们，给他们放开了做？

【邓康延】：你问得好，它实际上是两面。第一，任何一个政府都是想管的，政府这只老虎不把它放进笼子，它会张牙舞爪。人类社会的发展，就是要有效制约政府，把它变成一个有限公司，有限权力机构。不能垄断。比如，地是他的，房子也是他的，收税也是他的。七十年后一收回，地又成他的，楼成了公共楼阁。

民国政府办的编译馆一直想垄断编书，但是政府的开明人士和民间文化力量不允许他们这样。另一面就是文化阶层很强，有风骨、有血肉、有本领，教育部部长也觉得让社会去办，又省事，又省力，又能办得更好。但日本鬼子打断了我们良性发展的进程，国民政府借着非常时期资源有限，开始统编课本，像商务、中华、世界、开明这些出版社在国难中机器、资金都没了，所以多元丰彩的局面萎缩了。

政府从主观上，永远是想指手画脚。孙中山先生一步一步到最后是想走到宪政的。我们要坐车，要让官员好好的开车，不行就换人。但没有达到这个时候，日本人来了。教科书是缩影，其他各行各业相似。至于内战以后的事，大家都知道。

【提问】：邓先生，您好，我是来自北大的一个同学。我想问您一个问题，前段时间香港发生一件事情，所谓他们教科书的洗脑过程。想问您如何分辨善意的国民教育和所谓洗脑的过程？

【邓康延】：你问得好，这件事我刚好在香港媒体第一时间看到，觉得不说洗脑，编这个的人的脑子是进水了。已经编得像我们早前的政治课这种教育。马相伯先生说，爱国和爱清朝政府一定是要分开的。祖国是土地，是天空，是我们的衣食住行，是我们的家园文字。

连共产党当年非常欣赏的大公报，就是说要不党不私不卖。为什么你执政了以后，就把原来的那些理念打破了？为什么一国两制的地方，要把一些政治理念变成一致呢？所以遭受到了严重的抗议。

那位家长说，我们未必能改变环境，就得要改变自己。但是我们也不能完全靠着改变自己来适应环境。如果每个人都成缩头乌龟，这潭湖水就是死水，就孵化着一个个缩头的乌龟。谢谢大家。

【邓康延】：跟大家在一起交流很愉快，这是“先生”和“老课本”带来的机缘。最后看看《先生回来》这个海报，是丰子恺的画，又不全是，设计师拼了丰子恺的三幅画，可以多一些民国的男女老少的背影仰望远方。因是三图所拼，草木伏倒方向不一。有记者发现了问我，我回答：这就是民国啊，那是八面来风。

绿色经济助推中国经济转型

主讲人:黄海峰

讲座时间:2011 年 11 月 17 日

讲座地点:深圳大学城图书馆

主讲人简介

黄海峰,北京大学汇丰商学院教授、院长助理,北大 PHBS 绿色经济研究中心主任。德国柏林洪堡大学哲学博士,兼任国际生态发展联盟执行理事长、教育部留学基金委评审专家、中华人民共和国国土资源部特邀国土资源监察专员、中华人民共和国环境保护部中国-东盟环境保护合作中心核心专家,中国民主建国会中央能源与资源环境委员会委员。其主要研究领域包括经济转型、绿色经济、可持续金融。迄今已在国内国际权威期刊发表学术论文 30 余篇,出版《中国经济转型之路》(中国科学出版社)《德国循环经济研究》(中国科学出版社)《中国区域层面的经济转型》(德国科技出版社)*Renewable Energy in China: Towards a Green Economy*(Enrich Professional Publishing)等多部中、德、英文学术专著。

主要内容

20 世纪人类因追求工业化而带来生活便利的光荣历程已经载入史册,但是许多国家尚存的贫富差距和环境恶化,也使人类对原有经济发展方式产生质疑。如何采取有效手段解决经济发展与资源短缺的矛盾,需要人类学会系统性、综合性和前瞻性地关注全球生态退化等一系列与人类自身发展息息相关的问题。而就中国的经济发展而言,转变经济发展方式、实现低碳发展是当今中国亟待解决的问题,也是当代中国企业的社会责任。黄海峰教授凭借参与联合国环境署“绿色经济报告”撰写的经验,运用人类文明演替的理论,论述人类发展从原始文明、农业文明、工业文明走向生态文明的演进规律,通过对不同发展模式的深入研究,思考中国经济可持续发展的生态文明之路。

非常感谢每一位在座的学友。你们虽然来自不同的专业、不同的职业,却都不约而同地关注我们的环境,关注我们如何能够通过经济转型、通过知识的力量来造福环境,所以我非常尊敬你们。有这么多人来参加这次讲座,我感到非常的荣幸。作为一名普通的教育工作者,我长期以来非常关注经济的发展与环境的保护,所以我在这些年的学术生涯中,也算是潜心研究,积累了一些经验,今天才能够有幸在这里与诸位分享和交流,希望大家多提宝贵意见,感谢大家。

一、绿色经济的必要性

发展绿色经济,应先分析经济转型的必要性和紧迫性。早在几年前,联合国已把绿色经济视为世界发展的一个重要推手,以此来带动整个世界的可持续发展,并称之为绿色新政。如今我们看到困扰全世界的一系列问题:沙漠化、缺水、大气污染、江河污染、森林消失。废弃物遍地皆是,白色污染触目惊心。相信大家已经深有同感。我与学生在从事社会调查时拍摄了很多照片,充分反映出环境的污染以及百姓对这些问题的关切。如何处理废弃物和环境污染,是城乡亟待解决的问题。而如果这个问题得不到很好地解决,人们的幸福指数也将大幅度降低。乌鲁木齐和北京的严重大气污染说明环境与经济的和谐发展需要通过经济社会的有序转型及有效的政策加以推进。

国内的不少城市也做了许多的尝试。例如有的城市曾试图考虑通过修建新的街道来改善发展现状,但其修建的方式缺乏科学合理的论证,所包含的生态环境价值有待商榷。一些新建的街道没有考虑环境的适应性,当雨季来临时,下水道排水系统便出现严重问题。2012 年 7 月,北京遭遇了一场罕见的大雨,而其下水道排水系统未能有效地处理淤积的雨水,造成了数十位居民及人员伤亡。由此可见,城市的绿色规划与合理设计直接关系到人们的幸福指数和生命安全。此外,许多城市修建了气势磅礴的高楼大厦和密集完善的电信塔,但由此却造成了日益严重的光污染、电磁波污染。这些污染严重影响了人们的生活、起居和健康。通过上述例子,我认为在中国城镇化建设过程中,如果不注重环境的保护,不仅人们的幸福指数会受到影响,人们的生命安全也会受到威胁,最终诸如废弃物回收以及处置的环境问题将导致尖锐的社会矛盾。2012 年 7 月在四川省的德阳市什邡市出现的民众与环境部门之间的冲突,就源自群众不满政府部门对环境造成的污染。2012 年 10 月,为了抵制炼化 PX 项目,宁波市民自发走上广场,拉起横幅,坚定地表达自己的不满。2009 年,江苏省南通市日企南通王子造纸厂的"达标尾水排海工程"遭遇启东人民的强烈抵制。可见,随着经济发展的深入,中国公民的环境自觉意识也在不断增强。当今的环境问题不仅是健康问题,更是社会问题。我们可以想象,如今的城市如同水泥森林一般,而汽车就像是在水泥森林中爬行的钢铁甲虫。这样的森林没有绿色,拥挤的高楼大厦让人窒息,堵塞的交通长龙让人烦躁,我们人类成为被困在水泥森林中的圈养动物。这种经济生活现象是否可以持续值得我们深思。

如今农村和城市之间存在着巨大的差距。我所带的博士生、研究生中大部分是来自农村的孩子。他们非常刻苦、认真和执著。但尽管拥有高学历,城市的生活也给他们带来一种负担。第一,户口问题;第二,工作问题;第三,生活起居问题。如何从根本上解决这类城市和农村发展不相协调所带来的问题,我想只有通过社会经济的转型。让我们将视角转向交通。目前,现代交通逐渐代替了过去的传统出行方式。但这样的城市交通变化却让堵车成为行车族最头痛的问题。表面上看堵车只是浪费了人们的时间,但是从深层次上分析它浪费了人力资源、时间资源和自然资源。如何通过经济转型来改善现状,也需要我们动脑筋思考。

总之,我们现在处在一个非常关键的时期,必须要开始考虑人类生存增长的极限,考虑有没有必要继续采用现在的经济增长方式,追求高速度的发展,而不顾及能源和资源的短缺,不顾及人的生命和生活。我刚刚从美国回来,而大家知道,最近美国纽约刚发生了飓风灾害,夺去了近百条生命。正是由于工业化的高速发展,引起了气候的变化,危害了人类的生命。也许大家思考这样一个问题:地球的生命还能延续多久？让我们从生态足迹的角度来看这个问题。如果全球都按照美国目前的生活方式来计算的话，需要5.3个地球才能维持。而如果按照中国目前的生活方式来计算的话，需要0.8个地球来维持。所以，对于人口基数如此庞大的中国来说，复制美国的生活方式和发展道路肯定是行不通的。我们的经济发展面临着资源方面的严峻考验。

二、中国经济发展的五道难题

总体来说，在中国当今的经济发展道路上，有五道资源的难题。

难题一，资源总量及人均占有量不足。中国的石油储量仅占世界的1.8%，对外依存度高达50%。通过研究中国的数据会发现中国处于经济危机的边缘，处于经济安全的临界点。中国以高耗能、高排放、高污染的增长模式是不可持续的。如果说中国现在不从国外进口的话，那么每辆车能开多久就很难保障，许多工厂也将不得不关闭。对我们的经济来讲，这是一个极大的不安全因素。

难题二，资源消耗的增长速度惊人。一方面中国缺少资源，另一方面中国消耗资源量过高。中国每年消耗水泥消费高达8亿吨，占世界消耗总量约一半。可以说中国消耗了世界大部分资源，但产出却不多。这是浪费，没有效率的表现。此外，中国电力消耗也居世界第二位，浪费巨大。与此同时，中国的铁、铜、铝等重要矿产储量，无论是相对的还是绝对的来讲，在全球的占比都非常小。我们的脑海里还保留着中国地大物博的印象，殊不知这个“博”字早已被替换成了稀薄的“薄”。在这个方面有很多预测，例如在中国有接近45种重要矿产资源的可利用储量已经告急。其中，到2020年可以保证需求的矿产仅为9种左右，其他36种矿产难以保证需求。针对这样的危机，需要我们去寻找解决之道。

难题三，资源的对外依存度持续升高。2010年我国的石油对外依存度达到57%，铁矿石达到57%，铜达到70%，铝达到80%。每个人多消费一份资源便意味着我国资源的对外依存度会继续升高。正确树立良好的绿色消费观念，节约使用资源，是每个人都应该做的。

难题四，资源循环利用率低下。我国资源重复利用率远低于发达国家。中国的人均水资源占有量仅为世界平均水平的四分之一，但人们却没有很高的节约用水意识。以我在北京生活的几年为例。据我观察,北京洗车厂用的水极少循环使用。而在参与北京市绿色经济制订计划及多项北京市循环经济、低碳经济的微化工作中,我也发现居民普遍缺乏资源利用的危机感。缺乏资源重复利用的意识会带来巨大的浪费,最终导致我们的资源进一步地减少甚至枯竭。

难题五,生态环境状况不容乐观。中共十八大中,中央政府高度重视环境问题,指出当今高污染、高消耗、低效益的生活方式、生产方式不可持续,取而代之的将是可持续的生态文明发展模式。

总体来讲,目前中国的资源消耗过快,利用效率过低,再生率不高。中国需要依靠科学发展观,严格地按照科学的规律来制定未来的发展规划。而在这方面中国的转型之路应该借鉴联合国"绿色新政"的经验。就个人而言,如果不同专业的人能将绿色新政与自己的专业相结合,将会找到新的发展空间与机遇。工业设计专业的人士可以利用绿色材料完成绿色节约化的设计方案。这样不仅符合绿色新政的理念,还可以实现设计上的创新突破。而建筑学专业的人士,可以着眼低碳排放,利用风能、太阳能,引进低碳屋、生态屋等概念,设计出全新的绿色建筑。

中国已经发展成为世界第二大的能源消费国和第一大的碳排放国。目前,中国工业发展已经达到了一定的饱和程度,步入了工业化的中期。如果此时不认真考虑经济转型,中国将成为世界环境灾难的罪魁祸首。几年前,我曾代表中国到联合国参加绿色经济报告的撰写工作,与在座的一百多位学者进行了交流。在交流期间,许多外国学者批评中国的发展模式,认为中国碳排放和能源消耗给世界带来了巨大的环境灾难。我在难堪羞愤之余,也无法不承认,中国的确是全球第一大的碳排放国和第二大的能源消费国,世界的气候变化我们负有责任。但同时也要看到,在过去三十年的工业发展过程中,世界的工业大国们纷纷将高排放、高污染的企业、工厂转移到了中国,中国也是受害者。所以问题的解决必须要依靠全世界共同的合作,而非仅仅将矛头指向中国。

2008 年的 10 月 22 日,联合国环境规划总署发起了一项旨在"推动世界各国向绿色经济模式转变"的倡议。联合国秘书长潘基文在 2009 年 1 月 29 日瑞士达沃斯的世界经济论坛全体会议讲话中说:"我鼓励大家协助创建基于低碳经济的未来”。2009 年 11 月 27 日哥本哈根全球气候峰会上，欧洲承诺将在 2050 年前减少 95% 的温室气体排放（在 2020 年前减少 30%）。2009 年初，联合国环境总署呼吁世界各国从 2.8 万亿美元的全球经济刺激计划中拿出 7 500 亿美元投资绿色经济。目前，世界各国已就经济转型之路达成共识，认同绿色经济是化解当今经济不可持续难题的良策。而中国也不甘落后，2009 年 9 月 22 日，前国家领导人胡锦涛总书记在联合国会议开幕式上发表讲话，强调中国要发展绿色经济，制订温室气体的排放和能效计划，宣布 2020 年中国单位国内生产总值二氧化碳的排放将比 2005 年减少 40% ~45%，非化石能源占一次能源消费比重将达到 15% 左右。这意味着中国做出了一个重要的决策，即在经济发展的过程中必须要实现经济转型，才能达到我们节能减排的目标。为了实施绿色新政，世界各国群策群力，采取了多项措施。总体来讲，就是要改善人们的生活质量，提高能源资源的利用率，使得经济能够与环境协调发展。

三、中国的经济发展模式

中国经济转型的重要性不可小觑，而经济转型的发展模式值得深究。如今全球人口膨胀、粮食危机、人才短缺、环境污染，已经敲响了人类生存与发展的警钟。工业与生态，生态与社会的联系已成为人类社会关注的焦点。同样中国的污染也不单纯是一个国家的问题，它也是全球应该关注的问题。工业国家在早期的经济发展中的确也走了一条先污染、后治理、再转型的道路。而中国是否能改变老路，走出一条自己的转型之路，值得社会深思。

目前，许多发达国家的发展模式已经进入了绿色经济、循环经济阶段，德国更是其中成功的典范。我在《德国循环经济研究》一书中，曾对德国如何从先污染后治理的发展模式过渡到循环经济模式进行了详细的分析。我认为，德国的模式很有借鉴意义。我们前几年通过的循环经济促进法，也在多方面借鉴了德国的经验。

以经济学的视角来看，经济的发展模式可以划分成三个阶段。第一个阶段是物质经济的增长阶段，也称物质经济的增长模式。它是通过资源的消耗成就经济的发展。而如今提出的绿色经济，是第二个阶段，也称之为绿色经济的发展模式。

第三个阶段是生态经济的发展模式。从远古到农业社会，再到工业革命，人类社会基本处于物质经济的发展阶段。物质发展阶段强调物质化，所谓物质化，是指利用自然界的物质和能源满足如今人类活动的需要，实现生产和消费。它以经济增长为目标，忽略了对生态环境的保护，是不可持续的经济发展方式。

而如今的绿色经济阶段，则应该是减物质化的阶段。它要求人类社会在生产和消费活动的一切方面减少对物质的依赖。它强调物质的循环，强调物尽其用，强调单位物质消耗产生更多的经济增量和福利增量。减物质化存在于我们日常的消费中间、生活中间，也存在于工业生产中。如果用减物质化的思想，工业生产可以创造许多奇迹。它对经济的转型可以起到直观的推动作用。

减物质化后的下一个阶段是非物质化，即以无形物质取代有形的物质产品及其消费方式。非物质化并不是没有物质产生，或者不使用物质，而是尽量减少有形物质的消耗，使用的是一种肉眼看不到的物质。例如光、太阳能。尽管它们是物质形态，但是它们并非有形物质。

经济发展模式可以分为三个阶段，而我们的城市可以分为三个层次。第一层次是生态，第二层次经济社会，第三层次是道德。如果每一位市民都拥有绿色经济的思考模式，城市就会成为绿色城市。而绿色城市的构建有几个支柱，第一个是要树立资源节约和环境友好的理念。第二个是采纳循环经济模式和低碳经济模式。对于循环经济而言，就是一种科学的方式，将废弃物通过垃圾分类的方式进行百分之百的回收使用。垃圾是放错了地方的资源，但目前中国没有一个城市可以做到垃圾完全回收。北京有 80% 以上的垃圾是填埋处理，并没有进行有效的分类回收。这便造成了资源的极大浪费。如果垃圾不能完全回收，而是被填埋和焚烧的话，城市就不具备绿色城市的标准。因此城市需要用新的绿色经济思想来对经济的现状进行改变。此外，环境的绿化，人和自然的和谐等都是绿色城市应具有的特点。我国的城市需要构建一套科学的体系，运用绿色经济的理念和方法去改善目前的现状。

随着资源和环境危机的加深，中国的确需要通过经济的转型来实现新一轮文明的演替。而现在正好处于这个伟大的时间点。新一任的国家领导人上台是否意味着新的机遇到来？在我看来，这不是仅一位领导能解决的问题，它更需要全社会的共同努力,需要全体公民的参与。每一次文明的演进都是经济行为创造的结果,同时又成为下一次文明演进的基础。下一阶段是减物质化、非物质化,它深深根植于绿色经济的内涵之中。

文明的演替,与社会时代的思想启蒙是分不开的,在人类的文明史上,有两次文明的更替,即从农业文明到工业文明和从工业文明到生态文明。党的十八大提出了五位一体,把生态文明作为一体,极为重视生态文明建设,决心改变我们过去那种物质化的经济增长模式。美国前总统布什认为,绿色经济是21世纪最大的经济机遇,应该提倡绿色的生产观、绿色的消费观和绿色的发展观。当然,人类社会对经济发展现状的认知,并不是最近才开始的。

1962年出版了一本非常感动我的书,它就是美国化学家蕾切尔·卡森所撰写的《寂静的春天》。春天本应是万物复苏、百鸟争鸣的季节。但是书中描述的春天寂静无声,让人毛骨悚然。它全方位地描述了化学农药的危害,语言生动,直击人心。靠这一本书的力量,全世界掀起了环保运动,成为开启世界环境运动的奠基之作。

1972年,罗马俱乐部研究小组的学者集体发表《增长的极限》。当时这本书的论点因“冒天下之大不韪”而引起了激烈的争议,它首次提出了“零增长”的概念。

2005年,在韩国首尔召开的第五届亚太环境与发展部长级会议上首次提出了“绿色增长模式”的概念。这些概念都具有里程碑式的意义。

四、绿色经济的转型模式

如果用颜色来定义我们的经济模式,可以分为棕色经济、绿色经济和金色经济。棕色经济,又称黑色经济,指经济增长仅仅依靠石化资源,例如煤炭、石油、天然气等。这会造成大量的二氧化碳和烟尘排放,对环境污染较大,对资源依赖度过高。绿色经济指利用尽可能少的资源消耗和环境代价,取得尽可能大的经济产出,通过提高资源的利用效率来达到经济社会环境的和谐统一。金色经济又称为阳光经济,指在经济生产过程中选择风能、太阳能、水能、生物质能、地热能、海洋能等非化石能源作为能源供应的基础,实现经济的可持续发展。棕色经济强调的是物质化,而绿色经济则强调的是“减物质化”。以我所见,人类发展的下一步就是绿色经济。绿色经济转型作为经济转型最重要的组成部分,不仅涉及到经济领域,而且也涉及到法律领域。为了更好地理解绿色经济的转型模式,我们可以思考生态城市构建的三个主轴,即生态环境健康、经济持续发展、社会和谐进步。具体来说,生态环境健康意味着环境质量好、资源合理利用、生态技术得到运用。经济持续发展意味着居民生活富裕、产业循环高效。社会和谐进步意味着服务体系完善、管理机制健全。

可持续发展的概念已经提了几十年,而城市的可持续发展,要求城市具有优美的城市环境、高素质的城市社会生态文明、高级化的城市经济结构和产业体系,以及高素质、现代化的城市基础设施。一个绿色的城市,应当是一个高素质的城市。这不仅仅体现在现代化的设施上,也包括对软环境的要求。联合国对生态城市有一定的标准,有一些理论例如脱钩理论、物质流管理理论、生态足迹理论等,在这里不再做深入的阐述。总体来讲,社会需要提倡一种可持续消费和生产的方式,通过这种方式和减少资源的消耗来求得经济和生态的平衡。经济的增长和资源的消耗差别越大,表明一个社会的进步程度越高。也就是说,让经济增长与资源消耗脱钩,这需要通过结构优化、均衡发展、合理分配、社会创新等多种手段来实现。

生态文明标志着一种生态现代化。生态城市的概念最早是前苏联生态学家亚尼科斯基于1987年正式提出来的,现在已经发展出生态城市效率、生态城市服务、生态城市文化等内容。之前我向大家推荐了《寂静的春天》,该书最新一版的序言是美国前副总统戈尔写的,他将这本书称为对他人生影响最大的一本书。现在戈尔没有竞选上总统,便专注于环境研究,做环境公益组织的代言人。另外再为大家推荐两本书,一本叫作《宇宙飞船的经济观》,一本叫作《一门科学:生态经济学》。我认为这些书可以让不同研究领域的人正确思考和看待当今社会经济的发展。另外,我还想向大家推荐《增长的极限》一书,它第一次系统地考察了经济增长与人口规模、自然资源和生态环境的关系。

德国在循环经济的实践方面堪称世界之最,它不仅是世界上循环经济发展水平最高的国家,而且也是实践循环经济最早的国家,其经验值得我们学习。我在德国生活过十几年,深有体会。在德国,如果不将垃圾分类,就触犯了其废弃物处理法。在20世纪80年代末90年代初时,有大批中国学生到德国留学,其中有位我认识的学友喜欢到湖里抓野鸽子吃,而在德国这属于违法行为。对于垃圾分类的法律规定,他更是不放在心上。终于有一天,被人在垃圾袋中发现了野鸽残骸和印有他地址的信封。作为惩罚,德国取消了他的居住资格。通过这个例子我们看到,德国有极其严格的垃圾分类管理法。所以到德国的第一件事,就是要学会如何将垃圾分类。希望在座各位在出国之前,都要充分了解所去国家的环保法。两年前我去加州大学做访问学者,认识了一位中国的教授。他向我抱怨说自己经常接到罚单。原来他总是将垃圾放在自家的门廊上。我们中国人可能会觉得这是自家的地盘,所谓各人自扫门前雪,自己可以做主。但是美国人不这么看。他们认为这样做影响了社区整体环境的优美,因此必须要罚款,可见发达国家的环境保护意识是很强的。

国内的循环经济又发展如何呢?我曾去河南考察过他们的农业循环经济发展模式。河南农业的循环经济发展模式贯穿于它整个新农村的建设当中。无论是河流还是农田,很少存在污染物品,因此农产品获得了巨大发展和质量保证。除了河南农业的成功案例,我国循环经济也在工业方面取得了喜人的成绩。

也许有人会问,究竟应该如何通过减物质化去赚钱、去创造经济的奇迹呢?在座有许多年轻人,大家也许拥有创业的梦想。倘若能将创业梦和循环经济的理念结合在一起,便能够走出一条与众不同的成功之路。

在此我想引用一位年轻的德国企业家的成功创业故事作为案例。他创办的搭乘车公司不消耗能源,仅提供信息,通过将开车人与乘车人的信息输入电脑中进行筛选配对,促成双方之间的搭乘车交易,获得信息服务酬劳。例如有人想从柏林去巴黎,便可以利用公司的系统获得可乘坐车的信息。而这些车并不一定是出租车,也可能是顺路去巴黎的豪华轿车。而开车的人可能是专业的出租车司机,也可能是身份显赫的商人或者教授。只要开车人和乘车人确定好时间、地点和价格,便可以达成交易。所以说这位年轻的德国企业家就是运用减物质化、非物质化的思想来实现创业梦想。而他的企业提供的是一种信息化服务,是一种简单的非物质化运营方式。

此外,我们可以思考身边的例子。如果打印机厂的销售员来到深圳大学城营销产品,他的想法可能首先是向每一位教授推销自己的打印机。但是如果利用减物质化和非物质化的思想,运用绿色经济学的方法,销售员可以在大学城中建立打印中心,为教授们、学生们以及图书馆提供专业化的打印服务,这不仅节约了复印机的成本,还可以通过源源不断的打印服务收益来为厂商创造更多利润。从卖产品到卖服务,通过绿色经济的创新理念,企业就完成了一个转型。

运用绿色经济的例子还有很多。国外有一种"被动房",屋顶安装太阳能光板,可以利用太阳能供热供电,自给自足。此外,日本有一种雨水收集系统,将饮用水和使用水分离,达到节约用水的目的。如果每个家庭都使用这样的雨水收集系统,北京市的年均用水量可以减少近三分之一。在荷兰的阿姆斯特丹,家家户户的窗台和屋顶都种满了花草,一来美观,二来可以净化空气。绿色城市就体现这无数的细节上。如果城市的街道路面可以采用透水的地砖结构,那么再大的暴雨,也不会出现"都市看海"的现象。如果每一位司机养成停车便关引擎的好习惯,我们在节约能源、减少排放的路上就又往前迈进了一大步。如果每个生活社区能将社区中30%的有机废物做成植物堆肥,社区的环境绿化可以得到极大的改善。总之,提高资源利用率是防止城市生态足迹扩大(即本地区抢夺其他地区资源的现象)的有效对策。

树立绿色经济的理念,是中国每一个企业、每一位公民的责任。我们需要积极创新,变废为宝,改善我们与环境的关系。企业应当通过循环利用副产品或废弃物,延长其产业链,提高资源利用水平,为相关产业创造更多的就业机会。还应当尽可能利用绿色原料,开发绿色生产工艺,实施清洁生产,从源头起减少废弃物的产生。我国通过借鉴发达国家在循环经济方面的经验与教训,通过对适用技术的引进和自主创新,必将在人类社会的发展史上再次发挥文明大国的作用,为世界经济社会的可持续发展做出重要的贡献。

五、未来中国绿色经济的发展

在讲座开始的时候我为在座学友分发了小纸条,让大家在纸条上写下对三个问题的想法,不少回答让我非常感动,现在我们随机地分享一下。这三个问题分别是:世界上做什么事最美?做什么事最有成就感?做什么事最快乐?第一位学友回答:做自己喜欢并也能给别人带来快乐和价值的事最美;为全人类做出贡献最有成就感;帮助别人最快乐。第二位学友回答:让这个世界更友好、更绿色最美;能为未来的绿色经济社会做出贡献,哪怕只是从最简单的垃圾分类做起,就最有成就感;做义工最快乐。第三位学友回答:救死扶伤最快乐。第四位学友回答:保护环境,天人合一最美。第五位学友回答:牵着爱人的手去看世界上最美的风景最美。当然,这得要有好的风景,需要我们保护好环境。第六位学友回答:读书、欣赏优秀的作品最美;最有创意性和影响力的事最有成就感;周游世界最快乐。第七位学友回答:平平淡淡过日子,没有生病,都健康,没有灾难和战争就是最美。

根据众多读者和学友的反馈,我总结了如下八个字,即做梦、圆梦和价值实现。做梦是最美的事;圆梦是最有成就感的事;实现自我价值是最快乐的事。一个人需要梦想,一个国家同样需要梦想。就中国整个国家而言,做梦是指我们美丽中国的梦想,圆梦是指我们通过中国创造去圆梦,实现价值是指通过经济转型获得自我价值的升华。从"发展是硬道理"到"转型是硬道理",建设美丽中国,需要政府、公众和社会各界的通力合作。十八大报告指出,建设生态文明,是关系人民福祉、关乎民族未来的长远大计,关系到中华民族的永续发展。节约资源和保护环境是我们的基本国策,在这方面我们提出了三个口号,即绿色发展、循环发展和低碳发展。十年树木,绿树成荫。如果我们坚持绿色生态发展观,相信中国不仅在经济上可以做世界第二大的经济体,在环保方面也能为世界的文明做出贡献。

2012 年我与许多专家学者前往四川省通江县进行绿色经济方面的相关研究。四川省通江县是一颗镶嵌在川陕、楚蜀交界处的绿色明珠,境内动植物资源丰富,森林覆盖率达 57%,以诗情画意的田园风光、淳朴厚重的民风民俗及水墨山水风情,获评全国生态县。我们把握通江的历史和生态优势,建议大力发展生态农业、工业和旅游业并优先发展旅游业。政府鼓励社会各方投资开发景点,打造生态文化"大公园",对旅游基建给予政策倾斜,鼓励环保型企业发展,推广循环经济产业及循环运用,关停高耗低效企业,实施能源替代工程,大力发展农村沼气建设。三年以来,通江在生态建设方面取得了令人瞩目的成果,使得通江县走出了贫困,在发展过程中避免了先污染后治理的老路,成为积极转型建立可持续发展模式的一个典型。为中国的乡村、城镇的发展路线做出了探索和尝试。

回顾国外近年来在经济转型方面的发展历程,从2008年的金融危机至今,各国都在寻找新的经济增长点,比如在产业方面开发利用太阳能、风能以及生物质能等。但各国在开发的同时,也会考虑其对当地生态的影响。同样,中国不能一味追求先进的技术,应结合自己的国情进行经济转型。北京的垃圾问题值得关注,成吨的废弃物已经包围这座城市,甚至有人将北京比喻为鲜花下的坟墓。究其原因,是因为长期的垃圾填埋造成了北京周边都堆满废弃物,而这些废弃物却没有得到进一步的分类处理。而通江县成功经验值得借鉴。虽然通江县地区并不发达,但是它的生态环境相对较好。通过相关专家正确的规划和引导,当地政府和人民对环境进行合理的施工、改造,使得当地的地理优势得以充分发挥,形成独有的经济增长点。人们讲通江之美,不仅美在风景,更是美在它的绿色发展模式。千里之行始于足下,建设生态文明要求每个人将其与自己的日常生活紧密联系。例如,人们可以在进行投资和融资的过程中,更多地考虑生态环境的发展与影响,这也是个人绿色投融资的体现。

总而言之,西方发达国家在经过两个多世纪的产业革命和社会发展后,成功实现了由农业社会向工业社会、由乡村社会向城市社会的过渡。目前,中国需要五十年左右的时间才能达到中等发达国家的经济水平。中国既没有广阔的殖民地提供生态资源,也没有两个多世纪的缓冲时间去治理环境。早期工业化国家的环境污染和殖民地国家生态破坏的代价是我们子孙后代所难以承受的,因而中国需要改变自己的社会经济增长和自然生态保护方式,推陈出新,洋为中用,促进传统循环经济的跨越式发展,引领发展中国家的可持续发展潮流。中国经济学者胡鞍钢提出了中国社会转型和经济转型的发展手段和途径,他认为发展的最终目的仍然是以人为本,即以中国十几亿人口的经济福利、社会福利和生态福利最大化为本。

至于转型的内涵是什么呢?以我所见,发展带动了转型,转型也带动了发展。转型是发展的结果,也是发展的手段和途径。当下中国有三个重要的转变,即从重经济增长轻环境保护转变为经济增长以环境保护为重，从环境保护滞后于经济发展转变为环境保护和经济发展同步，从主要用行政办法保护环境转变为综合运用法律、经济、技术和必要的行政办法来解决环境问题。目前，中国正处在天时、地利、人和的时期。目前，我们处在知识革命和全球化的时代，世界整体和平，这是中国经济转型的绝佳天时。亚洲地区保持高速经济增长，中国成为全球最大的贸易体，这是中国经济转型的地利条件。如果中国在人口方面加以重视，倡导人与自然的和谐、人与人的和谐，追求人与自然的和谐，构建对外的和平发展道路，那么中国的经济转型便具备了一切条件。

在过去的一百多年里，人类创造了前所未有的物质财富，同时也付出了沉痛的环境代价。为了消除当前的资源环境危机，确保人类社会的可持续发展，中国与世界必须选择绿色经济的道路来实现经济的转型。应该说中国的绿色经济将成为市场经济革命之后中国社会的第四次革命。十八大提出经济建设、政治建设、文化建设、社会建设以及生态文明建设五位一体，强调绿色发展、循环发展和低碳发展，将成为实现社会主义现代化和中华民族伟大复兴的重要举措。

近八年，我通过从事公益事业，深深体会到作为一位学者所应承担的社会责任。值得骄傲的是，我与全球的科学家、企业家合作，共同成立了一个全球性的公益组织，即国际生态发展联盟（EDUI，Ecological Development Union International）。该联盟是一个社会网络，旨在号召更多的人来关注生态文明。同时我也在自己的工作单位相继成立了中国经济转型研究中心和绿色经济研究中心，取得了一些科研成果，在香港还举行了世界绿色论坛。我希望在座的读者和学友能够参与到这个联盟当中，共同探索人类的生态文明之路。

“谱绿色发展之曲，圆绿色创想之梦，展绿色财富之图”，这是我对未来的寄语。知识非常重要，但想象力比知识更为重要。图书馆不仅是陈列知识的殿堂，更是放飞想象的源地。通过今天的交流，希望能够点燃大家的想象，激发大家的创造，让更多人来投身绿色中国的建设，圆我们美丽中国的梦想。谢谢！

科技创新与人文

主讲人：曾国屏

讲座时间：2012 年 11 月 24 日

讲座地点：深圳大学城图书馆

主讲人简介

曾国屏，清华大学教授、博士生导师，清华大学深圳研究生院社会科学与管理学部主任。曾先后于加拿大维多利亚大学、美国宾州州立大学、英国爱丁堡大学等国外知名高校做访问研究；先后担任中国自然辩证法研究会副理事长、中国科学学与科技政策研究会副理事长、深圳市科技专家委员会委员等。主要著作有《自组织的自然观》《中国创新系统研究——技术、制度与知识》《科技传播普及与公民科学素质建设的理论实践》等。当前主要学术研究方向：创新系统与创新型城市建设、科技传播普及研究。

主要内容

文化是城市的灵魂，高端文化决定城市的品质；人才是城市的瑰宝，高层次人才影响城市发展的后劲。曾国屏教授凭借深厚的科学和人文功底，对“Science and Wissenschaft”“科学和技术、科学技术、科技”等概念进行辨析，并从回顾科学发展史入手，深入评述莱布尼茨、李约瑟及普里戈金与中国文化的关系，重点阐释了“从科玄论战到科学大战”“学院、后学院到生活的科学观的实现”等当下涉及科学与人文关系的热点问题。

各位同学、各位来宾,下午好！有幸在这里跟大家交流一下关于科技创新和人文的思考。我近年来主要从事科技创新以及科技传播方面的工作。在深圳,我参加了新科技馆的理念和设计的研究,特别是连续研究了创新型城市、新型科研机构、创新生态、创新中心等问题。在这之前,我曾多年从事系统科学、自组织理论、赛博空间哲学问题的研究。

在这样的背景下,对于科技创新与人文的话题,我谈不上深厚的功底,但是接触了一些有关的问题,乐意有这么一个机会跟大家交流一下。

一、胡锦涛同志涉及科学和人文的“三个希望”

首先,要回顾一下胡锦涛同志在清华一百周年时候的讲话,他的回顾和总结中,把科学和人文作为了一个非常重要的方面。我觉得和我们今天的演讲主题——科学和人文,或者科技创新和人文——是非常贴切的。

胡锦涛同志在清华大学建校一百周年大会上的讲话中,回顾了清华长期以来形成的办学理念:中西融合、古今贯通、文理渗透。他的回顾中,把我们带回到清华创立过程,带回到西南联大时期,也回顾新中国以来的时期,其中出现了很多大家。这些大家中,有人们熟悉的人文社科方面的大师梁启超、冯友兰、陈岱孙、费孝通、钱钟书、吴晗、曹禺、季羡林等,据说,钱钟书考清华大学的时候,数学成绩只有 15 分,季羡林考清华大学数学更是只得了 4 分,而且第一志愿还是数学,他们不仅读上了清华,而且后来都成了大师级人物。自然科学方面,今天一说起来清华大学马上想到的就是理工科,就是发展战略型新兴产业,如此等等,事实上这方面的确也是大师辈出,叶企孙、茅以升、竺可桢、华罗庚、钱三强、钱学森、邓稼先、钱伟长等。虽然钱学森不能完全算是清华培养的,但也多少有一些关系,还有西南联大时期的杨振宁、李政道。我这里再一次提醒大家注意,前面是人文社会科学人物,后面的这些是自然科学、科学技术工程方面的人物。

胡锦涛同志在纪念清华大学一百周年的大会上回顾了这些,他在会上提出的三点希望,实际上是对全国青年学生提出的三点希望:第一点是希望把学习文化知识和思想品德的修养结合起来;第二点希望同学们把创新思维和社会实践结合起来;第三点是希望同学们把全面发展和个性发展紧密结合起来。

在胡锦涛同志讲话以后，当时的顾秉林校长，代表学校表了态。他讲了三点：第一点，我们要始终坚持校训：自强不息、厚德载物（大家知道这句话来自《易经》）；第二点，我们要始终坚持爱国奉献、追求卓越；第三点，我们要大力倡导人文日新。请注意，顾校长怎么不突出要大力倡导科技创新而突出了提倡人文日新呢？

我们就拿这个作为一个引子，从胡锦涛同志在清华面对全国青年学生提出的希望，到清华大学校长的表态，都突出了“人文”。在大家的印象中，清华就是理工厉害，这回怎么把人文讲得如此之重呢？所以，我今天将之拿来作为第一个问题。

但是我今天的讲座主要是跟大家探讨科学和人文这两者的关系。那么，让我们转到科学这个词上面来。

二、科学的基本概念

（一）“科学”的来源

科学这个词，大家耳熟能详，英文中的 science。它起源于拉丁语 scientia，指知识、学问之意，也含有分割、辨别、区分这样的一些意思。德文中的 wissenschaft 一词跟拉丁文 scientia 差不多，含义比较广，包括自然科学，也包括社会科学，还包括人文学科。在英文中，最初跟知识基本上同义的词，到了 17 世纪、18 世纪、19 世纪近代以后，则更多的是讲自然科学，如果非要把这个事强调一下，那就是 natural science。但是，在德文中保留了原来的基本含义，比英文中 science 宽泛一些。有的专家认为，它可能更有点像中文讲的一种系统的知识，重在学问。

大家注意，在英文中有 science，也有 humanities，science 译作科学，humanities 有不少人把它译成人文科学。作为我个人来讲，我也翻译过大概十本书，如早期的《超循环》，之后的《真科学》，还有《复杂性思维方式》（《复杂性思维》），其间感觉到译成“人文科学”不大合适，所以一直采取了“人文学科”的译法。这与许多专家的考证是差不多的，他们认为 humanities 应该指“人文学科”，而不应该译成“人文科学”。但是有少数人译成“人文科学”，需要注意一下，这些主要是德文的译著。德文著作中常见艺术科学有文化科学这样一些提法，因为这里的科学更多的是讲系统的学问、系统的知识。

这两个词到了中文里，有些时候被混在一起，出现了人文科学和人文学科两种译法。我们知道马克思主义是一种科学，那么马克思主义这种“科学”，能理解成英文的 science 吗？能理解成德文的 wissenschaft 吗？如果我们注意到马克思、恩格斯的母语是德语，也许理解成 wissenschaft 更恰当一些。我的意思是，它首先是一个系统学问，同时，我们又进一步把科学中比较探索、追求真理、正确的成分这样的意思包含于其中。还有我们今天听得耳熟能详的科学发展观，这个“科学”肯定不是等同于 science，至少不是简单地等同于 science，它将一种系统协调的、追求正确的、有学术根据的等成分都包含进去了。难道这里没有德文 wissenschaft 翻译成“科学”的影子吗？

做这个概念的辨析，不是想进行一场学究式的演讲。我自己也不具备进行这种学究式考察的本领，这里只是将别人的研究借用过来，以深化对于“科学”“科学发展观”的理解。

1.“科学”的译法

在这里跟大家共同回顾一下 science 译成中文的过程。对于拉丁文的 scientia，据说是在徐光启、利玛窦翻译《几何原本》时采取了“格致”的译法；徐光启进而把 scientia 归纳到中国的理学体系中间去，就是用中国人的话来解释，把 physica 变成的象数、周易八卦这些词都挨到一起了。以后，中国学者慢慢地就用了“格物致知”这个词来表述与此相关的东西。“格”就是指研究，“致”就是指取得，“物”当然是指对象，“知”就是认识和知识。20 世纪初，格物或者格致在 scientia 翻译中是并用的，直至今天，还有学者坚持认为，要把这个词翻译得准确，还不如用格物、格致或者格物致知学，比翻译成“科学”更准确点。

在中文里，“科学”这个词到底怎么来的呢？根据学者们的考证，当康有为为了变法时，考证日本的变法。他作为一个学者，为此编了《日本书目志》，把七千种书分成十三个门，门下面又分目，这样理学下面就有了八种，其中有两本书，一个叫《科学入门》，一个叫《科学之原理》。据有的学者考证，这是“科学”一词首次在中文中出现。说说“门”。北大哲学系出了本杂志叫《哲学门》，“哲学门”指的是哲学这么一个大领域；“理学门”便是我们现在说的“理科”这么一个大门类。

有关研究指出，日本人先翻译了这个词，对 science 的理解就是把它作为“分科之学”，也就是分门别类进行学习和研究的学问。梁启超维新变法的时候，把“科学”这个词纳入了进来，甚至在给光绪皇帝的奏折中也提到了科学。慢慢地，“科学”这个词就在中国流行起来了，先跟格物致知差不多并用，到现在好像很少有人使用“格物致知”的翻译了，基本上通用的是“科学”。但是，正如前面指出的，还是有学者通过考证和研究，认为应该翻译成“格物致知”。

反过来，我们顺便看一下，格物致知翻译成英文如何。我查了一下，一种是 The extension of knowlegde through the investigation of，就是通过调查研究去扩展知识；还有一种翻译 To study the phenomena of nature in order to acquire knowledge，to study thc nature of things，即研究自然的现象以获得知识，以及研究事物的本质。这些是英文中对“格物致知”的理解。这个演变过程中，起初在我国，物理学往往是科学，都翻成格物学、格致学等。今天仍然有学者认为，把物理学翻成格物学或者格致学更符合原意。

以上概念辨析主要是别人研究出来的东西。

2. 关于“科技”

下面是我的一点感受。我们这个讲座的准确名称是“科技创新和文化”。科技，大家都知道在英文中是 science and technology。对此，如果老老实实地翻译，就应该译成科学和技术。如果你觉得没有必要一一对应，在翻译成中文时简化一下，也就翻译成“科学技术”，进一步简化，就成为我们现在使用更多的“科技”，英文中简写成 S&T，and(&)还在，汉语中却看不到“和”了，就是科技。我们通常说，企业的科技进步如何，科技创新如何，但是，有多少企业在做科学啊?！说做技术，做点产品开发还差不多。这里，你注意到什么，感觉到什么？先是科学和技术，强调两者好像是两个东西放在一起，有关系，还有点区别的意思；但是讲科学技术的时候，这种区别就不太强调了；到了讲科技的时候，“科”字似是而非地还在，但实际上在很大程度上被掩盖，更多的变成了技术应用意义上的“科技”。

有人，包括著名科学家，撰写文章说要注意区别科学和技术，更有人为此追溯到文化传统，说中国的文化还是比较讲究实用主义的，觉得“科学”稍微“玄”了一点。大家知道，在我国，可能是发展阶段的原因，有人说是文化的原因，至今基础研究只占整个研发领域的5%,而世界发达国家或者其他和我们类似的国家,基本没有低于10%,一般都在15%以上。这么多年,从中央文件到种种正式表述,都讲要重视基础研究、重视源头创新,但是基础研究的比例就是上不去,这里难道没有点文化的因素?到底为什么呢?我这里不是要去展开说创新问题了,但是上面讨论了"简写",这一简写,慢慢就把味道变了,本意上讲还是那两个词,但却把"科"埋没了一点,把"技"当作了重点。这是一个很有趣的事情。

三、科学和人文之间的"战争"

大家知道,中国近代以来科学和技术还不是那么发达,但是科学和人文的战争,或者是文化之争,却在中国率先出现了,这就是20世纪20年代发生在清华大学校园的"科学论战"。

我们今天在座的各位关注的是两种文化,即科学和人文的关系。20世纪50年代末,英国学者斯诺大约在1956年写了一篇文章,在1958年或是1959年到剑桥大学做了一次演讲,使得所谓的"两种文化"这个提法流行起来。从此关于科学与人文关系之间的紧张,引起了整个社会的关注。

又过了三十年,到了80年代末、90年代初发生了一场"科学大战"(Science War),有的人翻译成为"科学战争",其实质也是科学和人文的关系问题。下面我就这三大论战稍微做一点展开。

(一)科学论战

1923年2月14日,清华大学的吴文藻教授邀请北京大学的张君劢教授——著名的人文学者来做一个演讲。张君劢教授演讲的大意是同学们要出国,要去学科学技术,但不能忘了人文这个本,也说了对科学的一些看法。演讲结束以后,当时清华大学地质学系的丁文江教授觉得他在贬低科学,就写了一篇《科学与人生观》的文章进行评价,于是拉开了这场大争论的序幕。这场争论中不仅梁启超、胡适(曾任北大校长)参加了,国民党中央常委吴稚晖(国民党元老,曾任上海市市长,后去了台湾)也参加了,马克思主义者陈独秀、瞿秋白也参加了。总之,当时人文的大学者、科学家或主张科学的胡适(非科学家)、吴稚晖(属于政治家)等著名人物,还有马克思主义者著名人物,都卷进论战中。这一场论战大概持续了两年。

我们这里摘两句最典型的话。张君劢做演讲时说人生观的特点所在:“曰主观的,曰直觉的,曰综合的,曰自由意志的,曰单一的。”而丁文江文章中很关键的一句话写道:“我们观察我们这个时代的要求,不得不承认人类今日最大的责任与需要是要把科学方法应用到人生问题上去。”简单地说,就是研究人生观的问题离不开科学方法,与之对立的看法,是认为科学这种方法解决不了人生观的问题。今天,讲到科学主义(Scientism),有时候还加一个“唯”,称作唯科学主义。在中国可能有那么一个历史阶段,就是把什么主义再加一个“唯”字,加了这个“唯”,语气就被大大加强了。科学主义成了唯科学主义;唯物主义 materialism,去掉“唯”就成为物质主义;柏拉图的 idealism 可译成理念论,但是今天多用唯心主义的表述,去掉“唯”也就是理念论。可见,加了一个“唯”字以后,意味被强化了。这场论战当时牵扯了中国社会几乎所有的大学者,既有科学家、大学者,也有国民党的大员,还有共产党的重要人物——即政治人物也加入了其中。直至今天,还有不少人写硕士论文、博士论文,再度考证和思考这场“考科学论战”“再思科玄论战”的意义等等。这都说明,科学论战影响深远。

之所以要讲这件事情,是因为在中国当时科学还没有发展起来,不过处于起步阶段。但是,争吵得最激烈,各方面的大人物全部参加了,这是很著名的事件了。

(二)两种文化

国际上的争论,或者说科学和人文的论战是从英国开始的。学物理学出身的作家查尔斯·斯诺发现,学理工科的人和学文科的人简直是在两个世界生活,从事文科的人说我们知识分子怎么怎么样的时候,“知识分子”好像是不包括科学家的。其实,直至今天,有些文章在讲知识分子有什么什么的责任的时候,往往也是不包括科学家的,于是知识分子就成了文科人士的专用词汇,直至获得“公共知识分子”的美称。但是,科学家都不算知识分子合适吗? 那算什么呢?

斯诺观察到人文学者和科学家之间的隔阂:人文学者说,你连莎士比亚都不懂,真是糟糕;科学家说,你连热力学定理都不懂,怎么能知晓这个世界会怎么样,如此等等。斯诺还认为,一般科学家都比较激进一点,人文学者则比较保守一点。其实,人们看了斯诺的言论以后,觉得他更多的是站在科学家的立场来讲,所以斯诺演讲以后，马上一批人文学者就出来与他辩论。无论如何，斯诺演讲以后，“两种文化”的概念就流行起来了。当然，斯诺所希望的是两者要互相理解，最好是携起手来，但是实际上是在这之后，科学和人文的差距甚至是越拉越大，直至有人被认为是科学主义者或者是反科学主义者。

（三）科学大战

争论演化到20世纪80年代、90年代，就是第三次论战。上面的第二次论战发生在五六十年代，而到六七十年代，高科技迅速地发展起来了，科学技术滥用的不良后果也在60年代进入了人们的视野。比如说污染问题，卡尔逊的《寂静的春天》讲到了滴滴涕这种农药曾经的科学辉煌，但是，当药物撒到田里把害虫毒死了，鸟儿又把害虫吃了，鸟儿也毒死了，到了春天的时候就没有歌声了，没有鸟语花香了，成了《寂静的春天》。大家知道，今天要建设生态文明，这就追溯到20世纪60年代，开始有“科学技术双刃剑”的说法，提到科学技术的负面效应，是开始对科学技术滥用后果的反思。当然，还包括对于原子弹的反思，长崎和广岛被扔了原子弹，几十万人的生命就没了，一些当时参加原子弹研制的科学家，感到非常沉重，科学技术滥用是必须反思的重要问题。

还有一个方面就是出现了所谓的后现代主义。后现代主义最初从文科领域开始，后来向科学领域渗透，在对科学技术进行研究中，包括科学哲学、科学社会学以及科学的文化学等领域出现了SSK（科学知识社会学）、女性主义、后殖民主义、科学的文本解构等内容。它们都在讲科学不应该有特殊的坐标，大家应该平等之类话题。但是有些内容，如SSK，就讲了连数学中间也有社会因素，为什么是这样而不是那样？还从马克思主义里面找了一些思想，更是自己去做了一些考证。女性主义就走得更加起劲了，其中有些极端的语言。例如，有的女性主义者认为牛顿的那本著名著作《自然哲学的数学原理》，在一定意义上就是一本强暴手册，因为它把世界全部男性化了。这个语言很极端，这对科学就有一些，可以说是攻击吧。论证牛顿的《自然科学的数学原理》是强暴手册，这个我还真不知道怎么论证，但是这的确是一位著名女性主义学者的语言。这样一来，有些科学家听不下去了，纽约大学的一个量子物理学家索卡尔，就认为那是胡说八道。他的做法是：我去学学他们，写一篇文章，在他们的重要期刊上发表。然后，他就写了一篇文章名为《超越界限,走向量子引力的超形式的解释学》,这篇文章名字就很时髦。量子引力是科学的最前沿,超形式也不知道是算文科的还是算理科的,解释学是典型的人文学科。这么一篇文章投到人文学者的著名杂志,随后这个"重要文章"就发表了。但是,文章刚一发表出来,索卡尔马上写文声明,本来这篇文章就是有意胡说八道的,你们的人文学者根本就没有能力判断什么是在论证,什么是在胡说八道。这一下出丑出大了,于是,随后的斗争就非常激烈地展开了,基本上惊动了西方的主要国家。

在中国其实也有反响,虽然反响没那么大。大约在2004年,在《科学时报》上出现了一篇通栏大标题文章:《吴国盛:我为什么要反科学?》。"反科学"这个说法有点歧义,可以作为一个词,也可以理解成"反对科学"。整句话可以理解成,你为什么说我是反科学,也可以理解成,我为了什么要反对科学。于是,争锋相对的文章出来了,比如,何祚庥在《科学时报》发表《我为什么要批评反科学主义》;曾任中宣部副部长的龚育之有一篇重要文章《科学与人文:从分隔走向交融》,比较深刻地论述了科学与人文的关系,被多个杂志转载,也被放到了网上。

四、科学观念的变化

我想回过头来谈一点关于科学本身的学术研究,也就是科学观本身怎么看科学,有没有变化。

这里我们首先谈一谈贝尔纳。贝尔纳二十几岁就成为英国皇家学会的会员,相当于我国的"院士"。在20世纪二三十年代,由于苏联人在一次科学史的会议上写了一篇马克思主义的文章,贝尔纳等人看了觉得特别有道理,结果就导致二三十年代在英国出现了一个所谓的"红色科学家时代",一批已经有成就的科学家纷纷转向从马克思主义的角度看科学,不仅从逻辑、书本的角度看科学,也从社会发展的角度来看科学。贝尔纳成为"科学学"的奠基者,写下了很著名的《历史上的科学》《科学的社会功能》等著作,它们被公认为是经典著作。

贝尔纳对科学有一个比较长的描述,他说科学是非常复杂的现象。科学是一种建制,即组织机构。大家知道,科学是知识系统,还是一种做事情的方法。前面讲到科普,这里讲到了知识的一种传播。我们还说,科学技术是第一生产力,依靠科技创新,推动转型发展,变成了维持和发展生产的要素;甚至我们讲科学发展观,讲科学的世界观,又变成了一种信念,一种战略,变成了一种文化。贝尔纳当时就看到了这诸多方面,科学作为建制,作为方法,作为知识传统,作为发展生产的主要要素、生产力,作为文化、信仰。贝尔纳说科学很难定义,其实今天也是这样,所以人们讲科学的时候站在不同角度就有不同含义。

(一)学院派科学

刚才谈到英国20世纪30年代出现了红色科学家时代是受马克思主义影响,同期在哈佛大学读书的学生默顿也受此影响,开始从社会的角度去研究科学,其博士论文为《十七世纪英格兰的科学技术与社会》,奠定了科学社会学或者开创科学技术与社会的研究,成为一本奠基性的著作。顺便指出一下,他的科学社会经典论文《科学中的马太效应》(The Matthew Effect on Science)其实是于1968年发表在*Science*杂志上。一篇社会科学性质的文章,发表在著名的科学专业杂志上,并成为著名的经典文章,这出现在*Science*这种伟大科学杂志上的事情。

在座的都知道牛顿力学第二定律,力的大小、质量和加速度的关系为:$f=ma$,放在中国,放在外国,都是$f=ma$,具有普遍性。这是科学的一个特点,就是普遍主义。科学和技术不一样,技术资料对方往往是藏得好好的,放在三层锁的保险柜,还有多层安全门。但是科学,正如在美国一位教授的话:pulish or perish,即要么发表,要么发臭。科学的结果,只放在大脑中是不行的,只放在自家的保险柜中也是不行的,必须要发表出来,接受审查;藏着掖着不算数,公布后大家看到并认可才算数。

此外,人们在发表文章时,可能会带上自己的立场、观点。比如说,前几年有一位院士的研究成果,在2003年10月15的《中国青年报》以《国家"畅通工程"专家组组长破解城市交通难题——自行车过多是道路拥堵根本原因》进行了报道,此文后来被以"中国城市环境污染不是由汽车造成的,而是由自行车造成的"之类的标题得到了广泛的转载,有很大影响,也引发了大量的追问:这个研究的背后,有没有私利?在追问中,人们发现该环境研究课题是由一家汽车公司赞助的。但是,科学研究不在乎于你得到$f=ma$时是贫穷还是富有、地位低还是高,不因为你有钱或地位高得到的成果就有更高的价值。初步的研究成果,要经过一系列的同行评议，要经过一系列的检验，从而逐步把那些带着利益在背后作祟的东西挤掉。有人把 disinterested 译成了“无私利性”，清华大学的曹南燕教授认为应该译成“去私利性”，把个人的因素等诸多“私利”去掉。上面那位院士的成果，不知今天还有没有人从正面提起，从负面倒还有人提出，当然，也可能是院士进行研究的时候不小心假设出的，是真心做研究过程中考虑问题不周导致了有点“好玩”的结论，是弄错了，不是金钱买下来的。我们的确可能提出多种的可能，但是，这样的成果估计很难站得住脚，也就会被淘汰掉。

科学跟技术不一样。技术可以仿制，可以重新做出来，技术产品甚至有时候可以山寨。山寨虽然不好听，但是，往往在起步阶段，如历史上德国追赶英国、日本追赶西方国家时期，模仿乃至山寨都是起了很大的作用，山寨在一定阶段不会是一钱不值。但是“科学”在发表之后你抄一遍，学术不轨就找上来了。科学讲究原创性，不能抄袭，不能剽窃，就算是已经成为公共知识的东西，也不能简单地复制过来，要消化之后用自己的语言表述出来。

还有科学是有条件的怀疑精神，其实科学的成果从出生那一天，从发表论文以后，就会受审查，以致被商榷，即对其进行批判。在科学哲学中，有一个叫证伪主义，指一个理论问世之后就天天面临着证伪，有一天终于被伪证后，那这个理论就过时了，被新的理论所替代。没有永垂不朽的科学成果。牛顿的观点坚持了三百年，爱因斯坦的相对论提出来之后，它就过时了。当然，这里采取了比较简化的说法，严格地讲，爱因斯坦相对论是看到牛顿力学在宏观高速领域里边的局限性，量子力学看到的是牛顿力学在微观领域的局限性，而不能简单地说成是相对论、量子论推翻了牛顿力学。时至今日，牛顿力学不仅在日常生活中，而且在人造地球卫星、导弹领域，都依然还是足够精确的。

（二）后学院科学

上面讲到的普遍主义、公有性、去私利性、原创性和有条理的怀疑，是默顿关于科学精神气质的概括。默顿概括的这个科学的形象，科学家很满意，社会上也很满意，概括得还是比较恰如其分。但是后来人们又发现，这种概括有些理想化，科学家和科学成果都并不是那么的纯粹，那么的不食人间烟火。从学术研究上，西方开始相关的研究一般认为是 20 世纪 80 年代以后的事情，其实，早在马克思恩格斯看见了科学是生产力的时候,也就意味着科学并非那么的“价值中立”,而是“价值负荷”。

邓小平在20世纪八九十年代的时候注意到,科学技术可能不仅是生产力,恐怕是第一生产力。后来,他肯定地认识到,科学技术是第一生产力,科学技术的“价值负荷”同时也就得到了肯定。从国际上看,80年代以后,人们发现,科学不再像前面那样不食人间烟火,而是联系着国家的利益。于是,美国的克林顿政府报告,《科学和国家利益》《技术和国家利益》分别成了报告的题目。科学和国家的政治、经济的作用日趋复杂,科学知识的产生不仅仅在追求真理,而且同科技创新和企业的利益联系起来。

英国的一位物理学家,后来转到了科学技术与社会研究的齐曼教授就对此做了概括:现在科学出现了一种新情况,产学研合作成为科学的主流,要面向产业进行科研。如果说过去默顿概括了学院派的科学(学院科学)的话,现在齐曼概括的就是后学院派的科学(后学院科学或称产业科学)。

齐曼也是二十几岁当了皇家学会的会员,他来中国访问时讲,今天的科学变化了。科学研究在首席科学家领导下进行,成果归属离不开“带头人”,出现了一大批为解决问题而进行科研的专家。现在的科研瞄准地方发展,比如说是为了解决深圳战略新兴产业发展中遇到的某个问题,与传统上更多的是追问宇宙之类的全局性问题不同,现在更多的科研是服务于解决某个局部的问题。爱因斯坦1905年独立发表五篇论文,白天工作,晚上写作,五篇文章每篇都是诺贝尔奖级的成果。但是现在,首席科学家、战略科学家领导着许多人的团队,联合着多少所院校的产学研合作,中间也有大量管理,于是出现了科研大款,掌握着很多的科研经费,被视为战略性、从事着权威管理的科学家,还要受到有关组织和部门的管理。齐曼概括了五条:成果有归属、科研为局部、权威来管理、定向解决问题和成为解决问题的专家。英文词头缩写成PLACE,Place的简写发音,就有点地方性的特点。在座的各位,我不知道有多少理工科学生,尤其是在理工科类院校,基本上都是从事后学院科学。后学院科学仍然是科学,但不再是传统学院科学意义上的科学,也不是再朝应用走的“开发”,这里仍然要做学问,而不是做产品。今天的科学,发生变化了。

（三）生活科学

我曾遇到一件事，当我们在调查科普的时候，有个同学来问我："曾老师，科学地填报高考志愿中的'科学'是什么科学？"一下子几乎把我问蒙了，高考志愿要科学地填报，但是这种科学是什么科学呢？我就随口回答了："说它是科学好像不够，说它没有道理、不科学好像也有问题，说它是伪科学那就有点过分了。那么，就说是生活中的科学——生活科学吧。"

我们还曾对全国公民科学素质调查结果进行了分析。一般说来，由于我国的发展程度较低，我国公民的科学素质要比美国、欧洲发达国家的公民科学素质低一点。但是，我们注意到，在十几道题关于科学知识的问题中，有两道题中国人答题正确率却是全世界很高的，有一个是最高，另有一个大体上最高。与发达国家相比较，总体上比他们低，甚至低许多，但并不是每一道题都比他们差，因为能否正确回答问题与整个社会的文化氛围是有关系的。这两道题，一道是关于地球是绕着太阳转（当然，问题叙述方式不是这样的，原话是什么我这里一时想不起来），再有一道是关于人是猴子进化过来的进化论。

关于进化论的问题中国人得分高具有必然性，这道题联系着中国的无神论传统文化。中国是一个无神论的国家，再加上宣传唯物主义、马克思主义三大发现，答对的可能性就大了。在西方则不同，长期还有进化论和创造论之争，就是无神论与神创论之争，信神的人不是少数。而大多数中国人都不相信人是神创的，从整个文化历史上，神创论就没有成为过主流，神权从来没有压倒皇权，没有完全统治人。但是西方有一个神权高于皇权的时代。

关于地球绕着太阳转一题得分高，我说这和唱"东方红、太阳升"有关系。有一次与中国科协程东红书记交流这一看法，她想了想说："我就是在课堂里面学习知道了地球绕着太阳转，可不是唱东方红唱来的。"我也想了想，回答道："东红书记，是在课堂里老师告诉你地球绕着太阳转的，但是你是唱着东方红、太阳升而记牢它的。"关于这个问题，中国人得分在全世界最高。

我讲上面的例子是想说明，正确地回答一个科学问题和对科学的认知，不仅与正规的科学教育有关，还跟生活环境、跟文化传统有关。我们在进一步的分析概括中发现，公民科学素质调查中，凡是和生活基本需求相关的科学知识，中国人得分还可以,凡是强调什么有可用性,能够自己感觉得到、摸得到的,中国的老百姓得分也是高的。在我国,问小学生你以后想干什么?回答今后想当科学家的人可占绝对优势;到中学以后就慢慢变化了一些,到研究生以后,金融系统、公务员、创业之类的回答就脱口而出了,想当科学家的人已经相当少了。学生早期大都想当科学家,这和整个教育、和文化有关系,与社会、文化相联系。我们说这还不能看作是伪科学,这里还是讲科学的,这不是学院科学,也不是后学院科学,而是生活科学。这个概括,是否有点道理,是否概括得还马马虎虎,有待考察,但是现在还是有不少人在引用这个说法。

为什么?其实,人们在这个世界上生活,不仅要求真理、求真知,还要搞生产,产生 GDP,最后还要过好日子,还要提高生活质量。如果说科学不仅是协助我们去追求真知,也协助我们在搞 GDP,那么今天科学更要帮助我们改善生活质量。于是相应的,起码可以谈论三种科学观:从纯学术的、求知的,到后学术的、生产的,再到生活的、福祉的。于是我们看到,科学不仅是一个物质过程,而且是一个文化过程。

(四)文化

现在我们回到关于文化问题上。首先,让我们就人文、人性和人类这几个词简单讨论一下。《易经》中是采用了人文的说法。在我们中国对人文有多种说法,其中有一种用法是把人文用于“人事”。而在西方相关的语境中,以及我们今天所讲的人文这个词主要还是跟文艺复兴有关系,文艺复兴的口号是恢复人性,打倒神性。但是实际上,在学科划界中,今天人文这个词有广义和狭义的用法。最狭义地讲人文就是指拉丁文、古希腊、古典文学,这是本来人文的含义,因为和文艺复兴有关系。但我们今天的广义用法中,包括我们文学艺术、文史哲等,都认为是人文学科;有时候更广义一点,政经法也被部分地归结到人文学科。的确,今天的政经法也已经并不完全归于人文学科,经济学就更多的归在社会科学里面。

关于 Human、Humanities 这个词。联合国开发署有 *Human Development Report* 这么一个年度连续报告,而且公布人类一个 human development index,有关的翻译中采取的是“人类”的译法,也有人译作“人文”。如果我们在最宽泛意义上讲,人文实际上就是“人之所以为人”。人总是要过日子,人不是动物,就很可能在这种很宽的意义上使用人性的说法。因此,需要注意一下,有关说法是在什么意义上使用的。我这里只是简单提一下这个事情。再简单提到的还有一个相当标准的说法:科学求真、艺术求美、人文求善。但我们这里不再讨论了。

五、对中国文化感兴趣的三位西方学者

大家知道,中国文化最初跟西方之间交流还是不够多,春秋战国时代在东方出现了中华文明的一个形成和上升期,而那时也正好是西方古希腊文明的形成和上升期,同一个时代出现了两个到今天都影响很深远的东西文化的代表。但是后来,特别是近代以来,中国的文化重新被西方文化所认识,却有一个漫长的过程。在科学家的领域,和科学有关的领域,我这里主要讲三个近代以来的西方人,他们对中国的文化感兴趣。

(一)莱布尼茨

莱布尼茨(1646—1716)是17、18世纪的人,和牛顿相对独立而共同创立了微积分,他是近代多面手学者,是有科学家这种身份的人。他当时对中国文化比较感兴趣,当然今天还有不少人还在说莱布尼茨发明二进制跟中国的《易经》有关系,但是有关的考证结果是,他是在发明出二进制以后才看了中国的《易经》,并大吃一惊:怎么和中国文化的东西有这样一种共鸣?他对中国的传统文化的评价是比较高的。

(二)李约瑟

17、18世纪以后,一般觉得中国文化中伦理方面比较重、比较丰富,而是在自然科学上是不行的,英国人李约瑟的工作使这种情况发生了改变。

李约瑟(1900—1995),跟贝尔纳一样,二十几岁当了英国皇家学会的会员,当了“院士”。他本来是从事生物胚胎学的,但是在英国的红色科学家时代转向了文科,最先是转向研究马克思主义,后来实际上是追求一个到剑桥留学的中国女留学生——鲁桂珍,成为中国科学技术史的大师。但是,李约瑟是有妻子的,他和妻子之间达成了一种默契,互不干涉,但不离婚。李约瑟与鲁桂珍生活了一辈子,最后,一直等到妻子过世后,才与已经85岁的鲁桂珍结了婚,那时李约瑟已经是89岁。文化大革命刚结束时,他们来中国访问,鲁桂珍的身份是他的秘书。鲁桂

珍毕业于南京金陵大学女子学校，她的父亲是南京著名的中医，她自己也从小学习中医古文，是精通中医古文的，换句话说是能够看懂有关中国科技古籍的。这是很有关系的，不简单是恋爱。李约瑟开始学中文的时候也已经是好几十岁了，他将中国科技史，从三皇五帝到《易经》《周易》、四书五经以及大量的科技古籍一直梳理过来，一般人根本就做不了。不仅是“院士”，而且也幸亏他长寿，才能做如此浩繁的伟大工作。李约瑟研究所，坐落在剑桥大学，但是它不是属于剑桥大学的体制之中的。他那几十卷的《中国科技史》，原书名是 *Science and Civilisation in China*，中文直译应该是《中国的科学与文明》，但我们今天实际上是译成《中国科技史》。注意了，这里是有区别的，一个是把科学与文明相联系，因而更多地看到了科学作为文化的组成部分或科学的文化功能，另一个是把科学与技术相联系，因而更多地看到了科学技术的改造世界、与经济发展相联系的功能。这个著作，在我们国内授予它自然科学一等奖。今天世界上的人们，大都是通过这本书才发现中国人古代的文明不仅是人文伦理部分，在科学技术、科技发明上也曾经是非常灿烂辉煌，是成就非常多的一个国度，只是近代以来才落后了。李约瑟的著作，改变了中国人、中国传统文化在世界上的整体形象。当代研究中国科学技术的外国人，基本上都要借助他的书，通过他的书来了解中国古代的科学技术。浩繁的几十卷，基本上将主要的东西都收全了。当然，今天人们也发现其中这儿或那儿有错误，还是不全面，几十卷书自然会出现不足之处。但是，李约瑟的工作的的确确影响至深，对改变中国人在世界上的形象影响至深，而且，李约瑟对中国的科学技术及其发展有很多独到的见解。

看了中国古代科技著作以后，他就问了一个问题，古代中国对科学技术发展做了很多贡献，为什么近代的科学革命没有发生在中国呢？中国还在农业社会慢慢走，最后是在欧洲发生了科学革命，近代中国科技落后了，被“船坚炮利”打败，面临着亡种之危，要保种图强。“李约瑟问题”成为国人关心、学术界关注的一个热点问题。今天，不仅那些专门的科技史家、科技哲学家和科技社会学者们关心这个问题，经济学家林毅夫、张维迎也讨论过“李约瑟问题”。前不久，我参加了科技部基础司张先恩司长组织编写的一本书，他结合当下提出要注意“新李约瑟问题”。

(三)普里戈金

普里戈金(1917—2003)是一个诺贝尔奖获得者,同时在文科领域得到法兰西文学艺术骑士的荣誉称号。一边拿着自然科学奖,一边还拿着文学艺术奖。这里要注意两点:第一,普里戈金是一个对文化问题非常感兴趣的科学家;第二,普里戈金是一个改革开放以来与中国有重要交往的科学家。他在1977年得了诺贝尔化学奖,中国1978年改革开放后,首个中国科学家代表团的团长钱三强,到欧洲首先访问了普里戈金,谈得很投机,1979年普里戈金来中国访问,不仅与科学家交往,王震副总理也接见了他。普里戈金的耗散结构自组织理论研究指出,一个开放的系统,就有生命力,就能够发展。正好我们国家在改革开放,"开放"自然成为一个共通的、引起共鸣的词汇。改革开放,开放系统与发展,科学与社会发展就共鸣起来了。所以,普里戈金那个时候的思想著作中译本一出来,十多万本一销而空。

普里戈金来访问中国前也努力做功课,苦读李约瑟的著作。他读了李约瑟的著作之后,感叹万分,对中国文化有非常高的评价。他说:"我相信我们正是站在一个新的综合、新的自然观念的起点上,也许我们最终有可能把强调定量描述的西方传统与着眼于自发组织世界描述的中国传统结合起来。"也就是说,他展望了一个新时代,东方文化和西方文化重新融合的一种新时代。还值得提到的是,他在进行这种展望的时候,对马克思主义和恩格斯的自然辩证法评价很高。在他写的一本书中,有一章的标题说:我们今天需要一个更加辩证的自然观。实际上这个话的背景,也就是包括对恩格斯自然辩证法的一个高度评价,但他认为我们今天要更辩证一点。

六、科学及科技创新的价值实现过程

科学不是天上掉下来的,是在社会里生长并发展的,因此科学是在社会之中的科学。过去我们说"为了科学而科学",这是不可能的,科学最后还是为了人的发展、为了社会的发展。我们过去讲科学自由,是很正确的,但是时至今日,科学的威力越来越大,相应地有例如防止核扩散、防止核知识的滥用等,先进的科学技术知识也需要控制。过去说科学无禁区,今天研究基因工程、克隆、干细胞,作为科学和科学研究,就遇上了要不要设禁区这样的问题,或者说,如何进行控制的问题。这些变化意味着要有对于科学的治理。大家知道,克隆人受到了广泛的反对,许多国家明文禁止,但是,却有些人在坚持。在美国,布什总统时期对胚胎干细胞研究设限,奥巴马执政以后改成了放行。在我国,2003 年底由科技部和卫生部联合发布的《人胚胎干细胞研究的伦理指导原则》规定:"利用体外受精、体细胞核移植、单性复制技术或遗传修饰获得的囊胚,其体外培养期限自受精或核移植开始不得超过十四天"。也就是说,发育不超过十四天的胚胎可用于胚胎干细胞研究,这时的胚胎还是既无感觉又无知觉的细胞团,被认为尚不构成道德主体,对其进行研究并不侵犯人的尊严。

今天的科学技术,与科教兴国、创新型国家和社会整个连接在一起,为什么会这样?我们从科学、技术、工程和产业四点的关系简单说一下。科学求真,有所发现;技术要再造出某种工具、产生某种技能,要有所发明;工程,发明还不行,东西需要造出来、不断生产;工程可以是造一个,产业就得连续不断地生产,使得整个产品社会化,从而对整个社会的发展提供服务。可见,科学、技术、工程和产业既有关系,又有区别,阶段是不一样的。把这个阶段和花钱多少联系起来,即是说:科学,讲的是在黑暗中的大自然,把事情搞清楚,要花些钱,依靠政府主导的资助;技术,只搞清楚还不行,还要把技能、发明做出来,花钱要稍微多点,主要靠企业和部分政府资助;再造一个工程,修出来,建起来,花钱就更多了;产业,不同于科学、技术,要动员整个社会来支持,需要风投、贷款、上市,从社会发展角度看,它实际上是动员整个社会来支持它的发展。资金的规模越来越大,政府承担不起,企业自己也承受不起,要动员整个社会来支持它的发展,才产生经济效果,最后改变这个社会。因此在科技创新中,科学、技术到工程、到产业、到经济,跟经济就越来越结合在一起。所以,过去我们讨论科学和人文的关系,停留在科学——基础研究——层面讨论,对不对呢?对,但是不完整。只探讨这个层面,到底是人文的还是客观的、主观的,都不是完全的。科学延续下来一个创新价值链,所以科学和人文的关系,要放在整个创新的价值链上来看。

反过来说,看自然的方面,看人生的方面。过去讲你有文化,是知书达理,是有修养的意思。培根改变了说法,说知识就是力量。这个力量是什么?是能够造出工具来，是改变我们面对的世界，产生出来人工物的世界。今天，创新成为国家发展的、城市发展的命根子，就从讲修养到运用，发生了变化；科学和人文的关系也在中间发生了变化。我们讲点具体案例，从产品的角度，而不仅仅从前面的关注来讲，也不仅仅从修养的那一点来讲。

曾经时髦的 Walkman，它有技术上的进步，更重要的是它包含更便捷的，享受更好的音乐的理念，代表了一代人，影响了几代人。今天它是有点过时了，我们今天玩 MP3，实际上它仍然在一些播放机和手机里面，仍然存在着，只不过进步了。

苹果，科技创新上肯定有贡献，也包括发明了数字签证授权系统，解决了知识产权的问题。但是，我们这里注意的是苹果的产品拿到手里边第一感觉是特别好看，酷！这个酷和刚才讲的 Walkman 在理念上有什么样的变化？有很大的变化。Walkman 是可以随时随地地享受音乐，让玩家们把音乐带着出去春游，变成一种酷；而今天苹果的产品，是通过技术不断地打造出的新的一种酷，使它同实用性结合在一起。从 iPod 到 iPhone，到 iPad，苹果不仅仅是技术上的进步，而且把人们对它的喜爱注入其中。“喜爱”，体现了“人性”的方面，所以苹果才能大获成功。

Facebook。有同学告诉我，说发明 Facebook 主要是因为发明人为了找女朋友。为了找女朋友而搞网站，后促进了整个大学生中的“社交”。现在的社会网络，跟过去不一样，过去从网上查东西是自己去找，现在经过一系列发掘把你可能感兴趣的东西推到你面前。这个不能只从科学技术进步的角度来认识，也是对人“想要”这样一种人性文化中的东西。我去海洋王讲课的时候，前面讲研发，讲完了以后我提了一点建议，我们前面研究技术路线图，你们是不是可以进一步延展出一个社会人文路线图？就是说把社会上的这种需求，或者把这种人群划分一下，把产品设计与之联系起来，可以把你平常思维中活跃的东西联系起来。因为最后产品是给人用的，什么高科技产品如果没有人消费，没有人买那都是失败的。除了某些高级产品，比如军事上国防上有国家埋单外，其他的绝大部分产品，最终检测你这个产品成功与否的，是人们最后是不是把钱掏给你。为什么我们很多科技成果的价值不完全只由质量来决定，除了品质很重要之外，外形设计也很重要，山寨总是要过时的，最后是一种综合的包括心理上的、文化上的因素，是否与消费人群的品位相符等综合因素来决定。

文化不完全只是一个认知，而且要知道怎么做，最后变成应用、变成消费。创新讲的是科学技术和经济的结合，经济的实现最后是要和人的消费、人的需求结合起来的。也就是说，创新必须与文化因素相结合。

深圳在微笑曲线的一端出现了华为、中兴，在微笑曲线的另一端有没有出现这么著名的企业呢？好像没有。对此，我研究得不深入。这里涉及到创新销售、塑造品牌、时髦设计等，是不是意味着正因为如此，发展还有很大的空间。因此，怎么样从科学和人文，从最初的讲修养到今天讲创新，从最初的造工具，到今天重视经济后果、提升价值上，创新与人文的有机结合、融合，还会创造很大的空间。前面提到的争鸣中，有人把我也进行了“排队”或“站队”，我就问他们，我什么时候写过文章或者说过话，去赞扬过某一方或者批判过另一方啊！换句话说，给我打上科学主义的标签好像不那么贴切。特别是，如果说在前面还是在概念层面上争论的话，那么，当我们回到产品，回到创新价值链上，我们就会真真实实地感觉到离开了人文，科学技术的东西大概就不会那么顺畅地被整个社会所接受。

我今天就讲到这，谢谢大家！

提问环节

【主持人】：感谢曾国屏教授的精彩演讲。我们可以问三个问题，如果您有问题请举手向我示意。

【提问】：曾教授，听了您的演讲，今天是受益匪浅，事实上我是已经在创业了，企业要发展，肯定有很多东西需要去整合，我们企业现在遇到的问题主要是技术这部分，因为我发现很多高校、科研所在研究技术的时候，不知道往哪里应用，我们企业需要技术的时候，又不知道去哪里找。您从您的角度来说，您觉得技术怎么样跟企业能结合起来？怎么样去把这个转化成经济的效益？谢谢。

【曾国屏】：这个问题有点难给出简单的回答。全国创新大会强调企业是创新主体的问题，特别重要的一个核心问题是科技和经济的结合。大概一周前，我们向深圳市交了一份报告，主题是讲怎么促进高校科技成果转化，或者是产学研结合问题。尽管难以三言两语地回答你，但是我们也有一点感受，“交钥匙式”的科技成果转化的时代已经过去了。“交钥匙”的意思是科技由高校科研机构把成果做好,然后交给你去生产就行了。你知道科学技术是第一生产力,要去做转换,别人也知道,于是,转换本身即产学研结合本身也变成了一种竞争。变成了竞争之后,你要自己具备能力,才能融入进去。过去盛行的中介机构,现在也只有部分意义了。我知道的有两个实验室,一个化学、一个物理学,企业早就提供经费支持研发了,早就把合同定好了,哪还等你中介机构出去转化啊！所以说,转化的事情,本身也成了一个竞争。就简单说这么多。

【提问】:我是学企业管理的,我对中国的科技不是很了解,但我从 1996 年开始炒股票,中信通讯应该算是中国的科技龙头股了,已经亏损了 21 个亿,首次亏损它的股票已经跌到八块多。每天去看股票,基本上跌幅榜前面的都是科技股,我有一个侄子,在深圳的一家国营高科技企业上班,算是中国科技龙头老大,他告诉我:“什么科技？中国都是山寨!”我想问的是中国的科技走向何方?

【曾国屏】:这个同样是一个很大的问题。这个问题也是像刚才那个问题一样,也是三言两语难以回答的。我们现在谈谈什么是科技。以我手上这支笔为例,这支笔上最初的原材料从哪儿来的？从大地中来的,从自然界里边提出来的,是不是？归到底,石油等都是从大地里挖的,金属从石头里边来的。原始人获得了丰收,对着大地唱歌跳舞,但唱歌跳舞本身无法造成这种转化。皇上有天大的权威,来自大地的东西也不会自动变成钢铁。说到底,整个社会的财富,整个社会使用的物质材料,都是从大自然里面拿出来、转化出来的,转化依托就是科学技术。最终意义上,科学技术是发挥决定性作用。但是,中间有许多复杂的环节,人文、权威、资金,跳舞、皇上的命令、资本都会发生作用。对股市我个人了解不多,属于虚拟经济,那也是起作用的,而且作用不小。尽管它改变不了科技时代最后的支撑力量,但是这个最后支撑的复杂的过程有时候是看不清楚的,你搞不清楚什么是真正的科技股、什么是垃圾股。科技是背后的那个最终的支持,你看不清楚整个复杂过程,看到的只是我现在这个钱掏出去,然后东西买回来;看到的只是一百万砸进去,设备买回来就生产起来了。科技创新获得成功并非那么容易,是很艰难的。我们最近在研究创新生态问题,创新生态是不断地有新事物成长和壮大,生生不息。为什么日本成功之后便有些停滞不前了?日本当时企业其精细度、认真度、对产品的精益求精度都是美国人不能比的。但日本有一个很大的问题,很少见到中小型企业的成长、壮大;再看看美国,几十年来有多少小企业发展壮大起来。有人说,是日本的大财团、大集团把这个社会垄断了。你高科技企业是如此,而其他企业也是如此。例如穷小子舒尔茨和星巴克迅速发展成为全球最大的咖啡连锁店的故事,咖啡豆吃遍全世界。从大学退学的格鲁夫不得了,比尔盖茨不得了,一个大学生的 Facebook 占领半个世界,还有苹果,美国不断有这种中小型企业的迅速成长,这种从无到有的神话故事。这里恰恰是风投的前半段,创投的天使起作用,是社会经济制度给了它们有力的支撑。所以在我们国家的创新系统、创新生态的建设中,后边应该把更大的力量集中在中小型企业的成长、创新、创意上。大企业成长起来之后,它自己有能力了,不那么需要你扶持了,当然大企业自身也是需要不断调整的。中小企业的问题,其实是宏观上的最大的问题。微观上讲,眼下最成功的这些企业大都着力在管理系统的开发,研发的那个"研"字仍然是缺乏的,而中小企业真正的成长,特别是科技型中小企业的成长,一般离不开创新之"研"。这个话题讲起来也很长,就简单提到这。

【提问】:曾老师您好,我有一个问题想请教一下,因为我是清华工科生,我就想问一下,理工科的哪些方法可以借鉴到社会学的研究中,比如说像统计学这种方法在社会学的研究中主要的局限在哪里?

【曾国屏】:又是一个很大的问题。18 世纪的时候孔德就说,今后的社会科学都会科学化。今天的社会科学的确越来越科学化,科学至少作为工具上来讲,已经是越来越深入到各个领域之中了,这大概是毫无疑问的。第二个是科学作为一种精神性的东西,其实也在越来越深入。过去我们讲人文都是讲修养,今天人文还包括怎么做事,包括怎么帮着我们取得商业上的成功,实际上我们在市场上很多产品都在下这个功夫,当然这种功夫可能是有一层次、二层次、三层次的,你们自己分析一下。前面提到的,从 Walkman 到 iPod、iPad,再到 iPhone,实际上把科技应用和人文的关系重新定义了。现在讲如何把科学化、定量化运用到人文社科中,其实到处都在用,定量和定性混合在一起,比如说搞点图谱分析,图谱化,社会网络图,如此等等。在产品上,我们前面讲到一定要有人的关怀在里边,反过来说,在人的关怀中完全离开了科学大概是不行的。

我想起一件跟李洪志的法轮功有关的事情。那个时候有些学生陷进去了,学校让我们去做学生工作,于是将手边几本法轮功的书看一遍,有些是仔细地读了。读了之后,其中有一段话我觉得很好笑,李洪志的演讲中说科学不行,说别人的这样那样的都是假的,只有我李洪志的功是真的,他们的那些东西都靠不住,只有我这个法才真正靠得住;我这个法是真的,别的都是假的,我的兜里边有检验机关的证明。你听出来了没有?他在前先把科学贬了一通,最后我这个兜里边有这个证明,靠科学技术给了我证明。科学技术到今天,就连李洪志最后都要用科学技术包装自己。回答你了没有?

【主持人】:由于时间关系,我们今天的讲座就到此结束,再次用热烈的掌声谢谢曾教授。

从“造物”到“谋事”的思维方法

主讲人：柳冠中

讲座时间：2012 年 12 月 8 日

讲座地点：深圳大学城图书馆

主讲人简介

柳冠中，清华大学美术学院责任教授、博士生导师，中国工业设计协会荣誉副会长兼专家工作委员会主任，国务院教指委工业设计工程硕士领域组组长，清华大学艺术与科学中心设计战略与原型创新研究所所长，香港理工大学名誉教授，中国艺术研究院中国设计艺术院研究员。国内工业设计学科带头人，在该专业领域具有广泛的社会影响力。代表著作有《事理学纲要》《中国古代设计事理学系列研究》(上、下卷)等。创立了“方式设计说”“共生美学”“事理学”等理论学说。

主要内容

设计是一种创造更合理的生存(使用)方式的行为。当今普遍存在的问题是人们无法制造出能够提升品牌价值的突破性产品。柳冠中教授从工业设计的本质谈起，提出创造人类未来的生活方式不仅需要发明新技术和工具，更需要善于运用新技术，改变我们的视野和能力维度，调整我们观察世界的方式，开发我们的理想，催生新的观念和理论。因此，“研究型”设计将是未来设计的立足之本。设计是在科学和艺术以外，人类借以确保未来不被毁灭的“第三种智慧和能力”。

一、引言

翻开中华民族的历史，经常看到“造物”这个词。我认为“造物”不是目的，要“谋事”，做不同的“事”，选择不同的“物”，不能让“物”决定我们要做的“事”。从物到事的思维方法是我今天要讲的主题。

在讲这个主题之前，我和大家分享一则信息：有一次出差，我在飞机的杂志上看到关于英国的一个调查。调查显示，英国人的生活水平在全世界人民平均生活水平之上，如果全世界人民都达到英国人的生活水平则需要五个地球的支撑。也就是说，我们现在所谓的多元化生活，比如男士打开抽屉，十几件衬衫，女士打开鞋柜，十几双高跟鞋，从解放全人类的角度看，是不容易实现的。

我再举个例子，由于城镇化使森林锐减，国家提倡绿化政策。但是大家有没有想过，无论如何绿化，也绿化不出老虎来。一只老鹰一年需要食用上千只鸟，上万只老鹰就需要几千万只鸟，这几千万只鸟需要食用几十亿只昆虫，这几十亿只昆虫又需要多少的养分？老鹰和人处在生态链的顶端，需要更高层次的养分。所以全世界都在提低碳概念，这使得我们重新认识我们的地球。再过50年，人类的数量可能会翻番，达到134亿，也就是说，现在一碗饭一个人吃，到50年后一碗饭可能就要两个人分着吃。

二、工业设计的起源

最初我回到中国推行工业设计的时候，勤工部部长问，有了工业设计是否还有农业设计？工业设计是否有重工业设计与轻工业设计之分？这就是对工业设计的误解。就像现在一说到工业设计，大家就想到工业品的设计。其实工业设计这一名称由“Industrial Design”直译而来，由于语境的不同，语义就会产生误差。

二三十年来，中国的工业设计一直在徘徊，很多人不知道工业设计到底是做什么的。当我们不理解一个概念的时候，不要自己轻易下结论，要去追根溯源。首先要弄清这个词语或概念的产生背景，知道它的本源，而非从字面意思去理解。工业设计这个词是在工业革命的背景下产生的，为什么要工业革命？工业革命时期的背景又是怎样的？这样追溯下去就能理解词语本义。其次，将这个词语或概念抽象化，抽取它的本质，抽象思维帮我们打开束缚，拥有了抽象的能力就学会了举一反三。

工业设计诞生于产业革命时期，是大生产经济基础之上的社会分工机制这个上层建筑之上的产物。工业革命大生产与之前的大生产最大的区别在于产品的制作不再由一个工匠独自完成，而是分开的、流水线式的生产。这意味着工业大生产有着更多的工序，众多的工序需要有专门的人员提前设想总纲并绘出图纸，避免最后出现差错。工业革命之后，这种事先把所有程序汇总、列出提纲并绘制图纸的工种被剥离出来，便有了工业设计。一张有参数、有尺寸的图纸是工业设计的现象，那么工业设计的本质是什么呢？工业设计的本质是协调材料的矛盾、工业的矛盾、市场的矛盾、使用的矛盾，达到一种平衡。这种平衡所形成的命令就是工业生产需要执行的标准。工业设计就好似合唱或交响乐中的作曲家、指挥家，说的通俗一些，工业设计师就像厨师，他不会养猪，他也不会酿酱油，但是他能将各种不同的材料协调在一起，炒得一手好菜。因此工业设计的本质不是漂亮的图纸，不是好看的商品，而是协调矛盾的结果。从这个意义上说，设计绝对不仅仅是生产力，也不仅仅是挣钱的工具。

大家都知道工业革命的发源地是在英国，但是工业设计的发源地却在德国。这其中的原因有两点：

第一，工业革命诞生后，英国的贵族包括所谓的文人与艺术家们，都在大骂工业革命，以约翰拉斯金、威廉莫里斯为代表的文人艺术家们认为大生产所生产的物品粗制滥造、不堪入目，机械的生产缺少人情味，他们提倡使用精细的手工艺品，认为工业革命带来了社会的落后。而英国的纺织工人行业协会组织工人大罢工、砸机器，他们认为是机器抢占了他们的饭碗。这是工业革命产生以后英国直觉的反应。

第二，当时的英国是发展的国家，德国是相对落后的半封建国家。由于德国有着廉价的劳动力，英国便将产业放到德国来生产，通俗地说，当时的德国人是欧洲大陆的打工仔，很多商品上印着意味着是次品的“Made in Germany”。当时德国的政府派遣官员到英国考察学习，他们没有站在艺术家、匠人的角度，而是站在政府、管理的角度看待英国的经济。回国后德国政府组织各层次人才讨论接下来的发展道路。讨论的结果是德国必须走工业化道路,才能有发展,这是历史的车轮,谁也不可能违背。在这个基础上,德国成立了德意志制造同盟,这也就是我们现在常说的团队(team)的概念。所谓团队就是由不同背景、不同职业人组成的集体,是大革命大生产的概念,材料、加工、工业、结构、销售、投资,大家各尽其职、共同协商、提出方案,这就是德意志制造同盟的意义。

最初的工业设计是从手工艺术分离出来逐渐形成发展起来的一个职业、一个群体。现在的工业设计,是经过了工业革命之后产生的新的独立的概念。因此它所解决的问题跟艺术家、手工艺家所遇到的问题也不一样。

工业设计诞生后在演变的过程中会出现各种流派,而我们往往被这些流派迷住了双眼。英国的手工业运动、欧洲大陆新运动制造同盟、荷兰的风格派、包豪斯、美国的流线型运动等都是同一源头,他们在不同的环境条件下产生出不同的形态。所以我们要多思考,哪些是流,哪些是源;哪些是现象,哪些是本质。

设计整合、集合、协调矛盾的特点看似复杂,实际上却恰恰是人类最基础的本能,从原始时代开始人类就展现出这种能力。那时没有科学没有艺术,人类为了谋生,本能地抗拒大自然,为了防御野兽,人类本能地抓起石头或木棍向野兽砸去。漫长进化中,人类渐渐明白什么样的石头才能抵御野兽,人类开始挑选,开始造物,由此设计也就诞生了。

三、工业设计的定义

(一)艺术、科学与设计

我们都说设计是科学与艺术的结合,这句话没错。但是什么是科学?什么是艺术?它们又是如何结合的?

就像现在很多学者都在探讨逻辑思维与形象思维,生物学上也研究这两种思维与人类左右脑的关系,那么,人类在思考的时候是否将逻辑思维与形象思维分的那么开?就像书本上我们所学的现象,牛顿看到苹果从树上掉下,提出了地心引力学,是逻辑思维还是形象思维?大陆漂移学说、板块偏移学说是逻辑思维还是形象思维?科学与艺术也是如此,大家都接受了设计是科学与艺术的结合,并将功能和形式作为科学与艺术的表现。之后出现一系列的理论,功能决定形式、形式追随功能或形式表达功能等。什么叫功能？什么叫形式？功能和形式到底是谁决定谁？例如造影机，我们能否判断哪些部分是功能，而哪些部分又是形式？不能。同样，生物界中我们看到的物种、自然现象，我们能分清它们的形式和功能吗？蝴蝶的翅膀颜色美丽，是因为有人观看吗？老鹰的爪子锋利有力，是因为长得好看吗？自然界中吃浮萍的鱼和吃污泥的鱼体形器官都不一样，吃浮萍的鱼下唇长，吃污泥的鱼上唇长。所以我认为这一理论乃似是而非的理论，逻辑思维和形象思维、形式和功能、科学和艺术，他们都是不可分割、完全统一的。

什么叫科学？什么叫艺术？最古老的语言古希腊语与最年轻的技术语言俄罗斯德语，对科学和艺术这两个词语的解释完全一致，这两种语言对科学的解释是：科学并不是知识本身，而是知识的知识。现实中我们往往把知识本身当作科学，把科学家当作科学，把科学成果当作科学。这两种语言对艺术的解释是：凡是人为的事情便是艺术的。艺术并不单单是唱歌跳舞绘画，艺术不是塔尖上的东西，它和我们老百姓的生活息息相关，走路有艺术，说话有艺术，炒菜也有艺术。杨振林这样谈科学与艺术的关系：科学家把一件事情弄清楚了，艺术家又将它弄糊涂了，科学家接着把它弄清楚了，艺术家接着又将它弄糊涂了，循环往复，永无止境。

（二）工业设计的定义与领域

1980年国际工业设计协会联合会提出浅层次设计的定义：就批量生产的工业产品而言，凭借训练、经验、视觉感受赋予结构、材料、形态、色彩、表面加工等以新的品质及质感，称之为工业设计。

到了2006年，国际工业设计协会联合会将工业设计的定义作了修改：设计是一种创造性的活动，其目的是为了物品、过程、服务以及它们在整个生命周期中构成的系统建立起多方面的品质。因此，设计既是新技术的人性化的重要因素，也是经济文化交流的关键因素。

狭义的工业设计的领域，面临的工作对象可以是物，例如交通工具、机床设备等。进入信息时代以来，工业设计的范畴中也纳入了“服务”的过程和系统，即也可以是谋事，工作、研究的范围得以扩延，建筑、地区的文化设计、主题公园，乃至整个的学习方式和服务方式，都开始成为工业设计的结果。

四、国内外现状与转型

现实中的很多知识需要我们重新认知与思考。知道未必理解，理解未必能用。思想的惰性、探索精神的缺失都是阻碍我们民族发展进程的绊脚石。

改革开放30年，中国加工工业快速发展，获得了一定成就，可是社会型产业链和工业文化意识并没有在整个社会运行机制中沉淀和成熟，有“工业”，没有“化”。最典型的例子是1957年引进建成的长春第一汽车制造厂。当时第一汽车制造厂的卡车总产量超过日本全国的卡车总产量。三十年过去了，到了1987年，第一汽车制造厂发展了，产量提高了，成本降低了，造型也换过，但是它的参数却没有发生根本的变化，还是那个轴距还是那个解放牌，设备还是引进的设备。三十年的汽车工业发展没有让我们明白汽车工业到底是什么。直到现在，我们很多人还是不明白汽车工业是什么。国内几大合资的汽车厂，例如一汽、大众、上汽、二汽、广汽，其技术骨干人全部是当初第一汽车制造厂培养的。这说明我们的核心技术还是国外的，我们只是在做造型，还没有明白汽车工业的本质。

解放牌的汽车可以运输机床，但是运输粮食、乘客就不值了。因为它的牵引力特别大，当初它之所以被引进，就是因为二战后苏联用来拉炮弹的汽车闲置了，就被作为无用的设备卖给了中国。还有一则笑话，20世纪80年代末中国先后八次派出冰箱行业的代表团去日本松下引进冰箱的生产线，结果八个代表团引进的完全是同一条生产线。松下的老板点完钞票，开始嘲笑中国人说从没有见过任何一个国家会像中国这样引进技术。为什么这八个冰箱代表团不分别引进不同的生产线呢？急功近利！这些问题由从前到现在，一直没有得到解决。

国内的企业一旦做到一定的规模就开始追求大而全，没有想到社会合作、社会分工，最后就只能背负沉重的包袱走向死亡。国外的企业，无论耐克、阿迪达斯还是苹果，它们早早地形成了自己的产业链，把控设计与市场，其他的全都交由社会来分工。不得不说我们有了空间，有了设备，有了企业，引进了各式各样的生产线，但是我们并没有完成工业化。工业化不仅是有设备，有工厂，它更是产业链的形成。

我们身边的各项物品，除了纸张是我们祖先发明的，其他物品没有一样是我们中国人发明的。改革开放30多年,我们处在一个新的世纪,现阶段国家提出转型,我们的同学我们的企业是否清楚什么叫做转型、如何转型?

转型初期,企业家都很迷茫,转型前企业花费几千万美元从外国引进的流水线、工装模具,到了转型之后别无他用了。因此有这么一句顺口溜:"今天转型今天死,明天转型明天死,慢慢转型慢慢死。"为什么会出现这个问题?因为我们没有认清自己,没有认清现实,我们不知道转型往哪里转。我们只喊了转型的口号,并没有解决实际的问题。

我们喊了十几年创新,这十几年来,各地都兴起了众多的文化创新产业园,处处都在搞创新,我们看到市场上小玩意特别多。我说的观点可能不对,大家都把香港当成榜样,经常问我,柳先生,香港设计为什么这么好?我说你凭什么说香港的设计好?好在哪里?在我看来,全是一些小玩意,小到装饰品,电脑的小附件,大家买回来两个月就忘了,三个月就当成垃圾了,这是好的设计吗?我把这叫作垃圾设计,叫作腐蚀人消费观的设计。就像我们中学时唱京剧,唱出富国强兵了吗?我们不能只听别人讲什么,我们要思考,只喊口号并不能解决问题。

我们将工业设计引进中国后,说实话也有遗憾。设计整合、集成的特点决定了它的教学不能够只是简单地知识传授。工业设计作为一个学科,是有梯度、有结构的,而我们培养的学生是同一层次的、同质化的,这种情况无论是在清华北大、地方性大学,还是中专职业技术学校都是存在的,所有大学的工业设计课程都几乎相同,没有区别,缺乏定位,全都在培养知识型、技巧型人才,没有设计战略和设计管理,没有把工业设计当作一个学科来坚持。《设计基础课》是本科的必修课程,它的发展也有几个阶段,最初基础和专业是分开的,先打基础再学专业;到上个世纪包豪斯初期,也就是中国的现阶段,基础和专业贯穿于大学四年,只是每个时段的比例不同。那么将来基础与专业必须平行地发展(图1)。

现阶段社会需要转型,我们的人才培养却跟不上。我走访过这么多国家,只有中国是全世界唯一在课堂上学习工业设计的国家。在国内的大学里,百分之七八十是教师,剩下的百分之二三十是管理机构;而国外的大学里,百分之七八十是车间,剩下的百分之二三十是图书馆。国外大学的教授或院长办公室都设在走廊尽头,只简单用玻璃带隔一下,而国内大学则相反,走廊宽敞,建筑高大。发达的硬件让人在校园里成为渺小的存在，人的作用被忽略，人与人之间的交流被忽视。我们把结果看得太重，这使得我们丢掉了很多机会，失去了可以做得更好的成果。

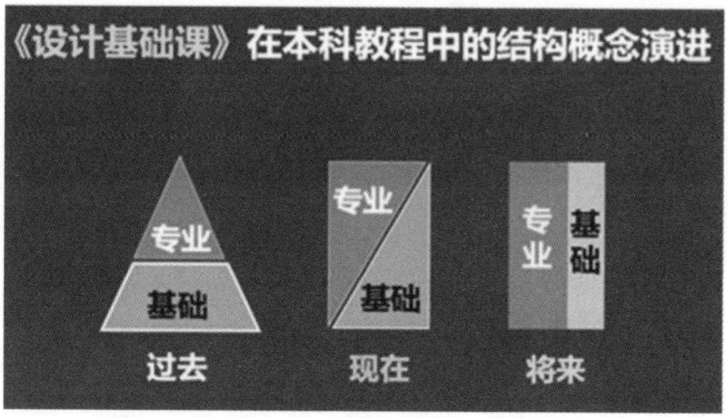

图1 《设计基础课》的演变

如今，很多人认为好看、时尚、奢侈就是设计，这不是设计，恰恰是设计的异化。国外的一些学者认为中国没有设计，或者中国的设计过度了。十前年，一位英国设计师来到北京工业设计中心担任设计总监，他当时拒绝了设计手机的任务，他说：我宁愿辞职也不设计手机，手机设计在中国已经是多余的设计，是浪费的设计。就现在的中国，一年内新出的手机品种成百上千，将精力投入这些设计中根本是无谓的浪费。而另一方面有多少的空白领域没有人去研究。设计作为一种生产关系，恰恰要解决我们所遇到的问题。回顾人类历史，设计一直发挥着催化、引导和调整人类与自然关系的巨大作用。

中国近三十年来成为了世界第二大信息强国，却要以我们的环境和资源为代价。我们靠着廉价的劳动力赚取了第一桶金。每一美元的国民生产总值，我们耗费的能源是日本的十一倍，是法国、德国的七倍，是美国的四点五倍，由此可以想象我们今天的GDP是由多少能源和资源换来的呢？所以中央提出要转型、要创新、要改变这种状态，转型不仅是设计的转型，更是思想的转型。

都说中国是一个制造大国，我认为不是，中国实质上就是一个加工大国。制造，顾名思义，“制”的含义是知识、标准、做法、程序，“造”的含义是按照引进的工艺、标准、流程和生产线去加工。我们的“制”是引进的，只有“造”是自己的。我们没有形成中国自己的“制”，而“制”是真正的竞争关键之所在。谁掌握了标准，就意味着先行拿到市场的入场券，甚至成为产业的定义者。所以英国十几年前提文化创意产业,现在英国提出要重返制造业,制造是关键。中国现在也提出要从制造大国转变为创造大国、设计大国。

记得90年代初的一位领导说过,1990年,中国只有一个半工业,一个工业是航天工业,因为航天工业的技术美国与苏联都不提供给我们,我们只有自己研究。另外半个工业是石油工业,因为炼油技术有苏联提供给我们,但是输油技术外国人不提供给我们,只能自己研究。

现今中国的企业只关注两点,第一,关注销售、广告,规模、效益。第二,关注技术、参数。这两个关注点说明了我们制造业的属性是加工业。我们企业的口号从"产品是企业竞争的关键",到后来提出"技术是企业竞争的关键",再到最近三五年提出"品牌是竞争的关键"。现在大家都沉醉于品牌,都说打造品牌,因为品牌能带来效益。现在的品牌只说了"牌",并没有说"品",说"品"必然要讲到标准,标准是什么?标准是游戏规则,是门槛,是专利,是法规。所以从根本上来说,标准才是竞争的最关键的因素,而设计创新是发现需求,构建新的参数系统,构建新的标准。

我们的企业实质上还是以生产规则来定义市场。改革开放初期,我们还是计划经济、以产定销,各行各业都需要"票"。改革开放以后就变成了以销定产,为了提高销售量就需要从国外引进大量的设备、流水线,而这里的"销"实际上是按照国外引进的生产规则来实施,并不是我们自己的生产规则,因此我们的企业并没有走上真正的市场经济道路,还是在走生产规则定义市场的道路。国外的制造业,他们从一开始就从研究出发,从制定标准出发,是以用户生活方式来定义市场。我们现在需要向他们学习。换句话说就是老百姓要什么,我们就生产什么,这样的要求我们现在做得到吗?做不到。例如我家的洗衣机坏了,需要换的是一个零件,但这终归还是洗衣机,老百姓是否真要买洗衣机?老百姓不是专业人士,他们只能跟随社会的潮流。实际上老百姓需要的是干净的衣服。无论是我们还是设计师都把洗衣机当作了本质,所以我们永远只能在洗衣机上徘徊,大的、小的、高的、矮的、高技术、低技术,终归还是洗衣机。90年代我在日本讲学,提到了再过多少年很可能会淘汰洗衣机,当时全场哗然,我解说道,大家算一算洗衣机利用率,不超过10%,也就是说90%以上的时间洗衣机是闲置在家里的。科技在发展,人类未来的衣服是什么形式需要我们设计师不断去发现和探索,它的发展趋势只会越来越合理,越来越人性化,越来越节省资源。因此我们要弄清我们需要的本质是什么。

文化大革命以后我回归工作单位,接到设计灯具的任务。当时的灯具概念是大花灯,一个大花灯三米高,可房子的高度只有三米二到三米五,显然不切合实际。我实事求是地将灯具与房梁与顶部结合起来,没有用到大花灯不锈钢管的工艺,只用到翻板机,从灯罩外面看只有灯光。我画了图纸,连续两次拿到工厂找到老工程师,说服他同意制造我设计的灯,那个时候我就明白了,我设计的不是灯具,是照明工具。宴会厅的灯、办公室的灯、休息室的灯、门廊的灯、需要的照明效果、氛围各不一样,设计的照明工具也各不相同。

因此我们的用户调研绝对不问用户“你要什么颜色的洗衣机”这一类的问题。因为消费者不是生产专家,消费者也不是洗衣机专家,我们需要问跟颜色无关的内容,调研用户家里的材料,例如涂料、地板、地毯、沙发、窗帘等。通过这些内容,概括出用户可能摆放洗衣机的位置,可能使用的颜色。这才是设计师要做的事情,这才是研究用户而不是在研究洗衣机、研究颜色。只有这样才能够找到未来潜在的市场。

我们必须要建立三条腿的支撑系统,我们永远会研究销售额,永远会研究技术,但是我们必须增加一条腿,就是用户需求下的系统优化集成的协同设计,主动地去研究用户,逐渐地建立自己的开发机制。只有用这三条腿走路,企业才能转型。我们不要体外循环的设计,我们要的是企业自己的设计组织与不断发展的设计能力。企业最关键的是要建立自己的形态模式,知晓社会的发展动向,制定适合企业的发展标准,这样才能在竞争中永远立于不败之地。举个例子(图2),北京的鱼没有深圳的鱼美味,那么如何在北京吃上美味的鱼呢?有两种做法。第一种,把深圳的鱼种运到北京,第二个月北京就能吃上和深圳一样的鱼,但是这样的鱼两三年就退化了,就变得不好吃了。第二种,研究深圳的鱼的品种定位,研究鱼的生长环境,回到北京之后将北京的鱼种改造成美味的鱼,但又与深圳的鱼不一样。这两种做法里,第一种做法急功近利,第二种做法才是我们要做的事情。有句话叫作“吃鸡变鸡,吃狗变狗”。人有消化系统,所以吃鸡不会变鸡,吃狗不会变狗。这是对事的理解，了解它背后的原因才可能改变它，才会有真正的“新”。

图2 漫画

现实也是残酷的，当今社会竞争激烈，伊拉克战争、利比亚战争的焦点都是争夺资源。为什么《京都议定书》很多国家不签字？因为签字就意味着不能发展。整个商业社会就是“消费黑洞”，是和可持续消费观正相反的情况。整个社会充斥着知识经济、高额利润、绿色生态链等概念，而我国同时还有知识产权被垄断、“被分工”这么一个现状，我们要转变，面临着种种困难。知识产权确实重要，但它也是把双刃剑，在这样的情况下，我们引进的的专利不能完全效仿，我们要去创造。我们不仅仅要关注硬件、关注技术，也要关注设计。国内的产业链并没有完全形成，我们仅仅是在打造产品链，国外的产业链已经成熟，并在完善服务链；国内在研究产品创新、产品结构创新，国外在研究产业结构创新、产业链的全球化；国内的生产流水线工人是蓝领、灰领，国外的生产流水线工人是白领和银领。例如国内的3D打印技术的产业链还没有完成，而国外的3D打印技术现在已经小有成效，如果赶上商业化，所有的生产线、制造业都得重新洗牌，我们面临的挑战将更为艰巨。

五、从“造物”到“谋事”的思维转变

（一）物与事

所有的这些说明了什么？说明了我们的眼里只看到“物”，对以后没有规划。我们要明白设计的目的是做事，而非造物。

中国人讲究:“工欲善其事,必先利其器”。物是有利的工具,是到达目的的保障,技术、造型都是实现目的的手段。工具只是被选择的。这就是说,技术是手段,是被选择的,它的目的是做事,而“事”是物存在合理性的关系脉络,是背后的原因,所以设计的本质是在“事”的关系脉络里去研究、发现、理解创造出合情合理的物。因此设计的过程应该是实事求是的,设计首先要探索不同人或同一人在不同环境、条件、时间下的需求。就像看病,“实事”是望、闻、问、切,是发现问题、定义问题;“求是”是对症下药,解决问题。设计是在讲述故事,在编辑一幕幕生活的戏剧,物只是故事中的道具,目的是为了让故事更顺畅,更有趣,更合理,更有意义。所以设计看起来是在造物,实际上是在祈使性叙事,在抒情,也在讲理。必须先有剧本,才有演员和道具,而我们现在往往不去看故事,就开始设计道具。

中国的传统民居,宗亲血缘的人际关系脉络,每日上演各类人为的家庭事件,中国的传统伦理深藏其中。器物、社会组织、观念,这三个层次交织于此,这就是“事”。文化三层次的结构关系:层层形塑、正负反馈、交感互动。事与物构成了人类生活方式的全部可见部分,再加上不可见的观念、意义、价值等精神层面的内容就构成了设计的全部意义。

故宫(图3)是由可见的须弥座、重檐顶、雕刻了飞龙的丹壁,这属于器物层。前朝后寝、左祖右社,空间结构与有形的房屋宫墙组建成帝王的工作与生活场所。每日早朝,百官穿越长长的步道,列队朝拜帝王,三叩九拜,山呼万岁,这样的“事”如同喜剧每天上演,属于社会组织层,在这样的组织层与器物层中,实现这权利、政治、等级的“意义丛”。折射着封建社会的意识形态,这是观念层。

图3 故宫

我们正是通过“行为互动”与“信息交流”做“事”，才与“物”“他人”“社会”在特定的“时间流”与“空间场”里发生特定的“关系”。所以在我们的设计里，实践不是一个点或一个流，空间不是一个物理场，所以设计活动本身就是一种非常复杂的人类行为。这些行为包括一系列信息与动作的互动、认知与反馈的过程，所以任何具体的行为都是可见的、外显的，但这仅仅是行为的一部分，我们还需要了解行为的意义。例如罗浮宫博物馆巨大的玻璃金字塔形式，它想表达这是个皇宫的博物馆，所有的宝藏在地下，所以呈现出金字塔的形式，阳光照射在玻璃上，金碧辉煌。

(二)现今存在的问题

当今中国的社会是一个混杂体，有根深蒂固的农业文化的残余，有拷贝西方文化和重温“封建帝王、才子佳人”的遗风，有滋生追求感官刺激的物欲横流，同时还存在着玩味个性信息文化的表象。这个时候我们更要提倡中华民族的传统思想：“留有余地，适可而止”，要提倡个人使用，而非私人占有。还是以洗衣机为例，我在国外看到一名牙科医生家并没有洗衣机，他告诉我说街道上的自助洗衣厂使用起来更加方便。这就是有着多元的选择权，只是使用，并非占有。

市场商品经济刺激人们过度消费，被商业集团定制的幸福模式孕育出对奢华的追求，沉溺于工业文明表象的技术膨胀淡化了我们对环境污染、对资源浪费、对我们子孙生存资源剥削的负罪感，也腐蚀了人类的道德伦理观。越来越多的城镇居住场所不复存在了，爷爷在麦场给孙子们讲故事、小女孩在四合院里跳猴皮筋、小孩在弄堂里面追打玩耍的场景都成为尘封的历史场景(图4)。难道这就是我们人类的未来吗？人类的生存与发展除了衣食住行用物质享受以外，还有额头上的汗、手上的茧、人与人的交流、人与大自然的交流以及对一切存在事物的尊重。

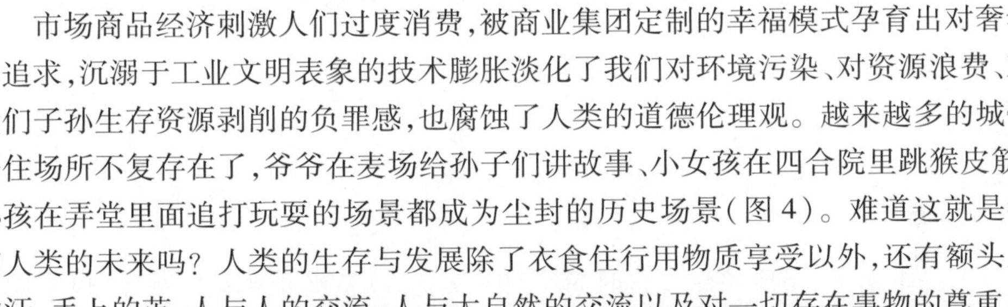

图4 即将逝去的居所与场景

(三)系统与整体

科学是去发现和解释关于自然与社会的知识。它侧重于“是什么”和“怎么样”,是陈述逻辑和叙述事情的学问。设计是应用那些知识去创造未来,告诉我们应该怎么做,侧重于集成、整合与创造的祈使逻辑。设计师与艺术家最大的区别是艺术家只从自己的角度去考虑事情,而设计师永远从众人的角度去考虑事情。设计是做上帝没有做过的事情,所以设计师要有以小见大的能力,能够从一点出发去全面地看待整个事物、整个时代的缩影,而非片面地看待事物的单个方面。

中国古人说:“万变不离其宗,以不变应万变”,这并不是保守,而是站在另一个高度来看待我们所用的东西,脱离物的牵绊。生活中变的只是形式,而非本质。现在我们过多地看重结果、形式,看重设计的对象,而忘掉了设计的本质。我们的思维总被限制,我们定义平面设计师、建筑设计师和服装设计师,我们总把我们的职业当作我们对设计的理解。实际上,从平面的设计、服装的设计到建筑的设计,设计的本质并没有变,变化的仅仅是工作的对象。

创造人类未来生活方式的出路并非只是发明新技术、新工具,更重要的是善于运用新技术、新工具。有了新工具、新技术,我们的认知能力会大大提高,我们的视野和思维能力也会随之改变。因此当代设计的意义必须转变。2006 年国际工业设计协会对设计的定义已经不仅仅是物品,设计是物品、过程、服务的综合,设计的实际意义是谋事,是创新。设计所涉及的知识要宽泛,要纵深,要整合,要合作,要集成。今后的设计不可能仅仅是“大师”个人天才的纪念碑,不应该仅仅是技术的推销术,不应该仅仅是时尚、奢华、美化、欣赏高雅文化的载体,也不应该仅仅是商业牟利的工具。今后的设计更侧重于设计的上下游研究和设计过程的把握,更侧重于大众的利益和人类生存环境的和谐。设计将肩负承载人类理想与道德的重任。设计本应有“为人服务”的职责,但在近十几年的商品经济中这种职责被严重歪曲了。这一切如果不深入研究,设计将无法立足,将无法抗衡现实世界的诱惑。

最近这十来年,我经常会接到韩国和日本的学术报告邀请,他们想了解中国的教育界现状、中国的社会需求、中国的设计地位。类似的国外企业,例如三星、松下,他们一直在积累中国的生活方式模型,也许再过上二三十年,国外的设计要比国内的设计更加中国化,更懂中国的需求。相比而言,我们的设计机制结构还没有完全建立起来。我们正处在这么一个阶段:经济全球化、技术潜能扩延、需求地域化、消费个性化、资源匮乏、污染严重,人类未来"生活方式"的变革正在酝酿,也就是说,未来的经济、政治与文化将发生观念性的革命。如果我们跟不上变革的脚步,再过一二十年我们将被远远地甩到后面。

2004 年我到德国去参加了德国普通高校工业设计专业的本科毕业答辩,12 个学生中有两名学生做出非常好的现实产品设计,学生自己布置了能够工作的完整样机模型,并且得到了消费者与企业的良好反馈。另外的十名学生没有拿出现实的结果,他们更注重研究过程,注重如何与其他专业机构合作,在过程中发现并解决问题。最后答辩委员会表决,有着现实产品设计的两名同学可以顺利毕业却没有学位证书,而其余的同学可以顺利毕业并拿到学位证书。为什么我们认为毕业设计优秀的同学,他们认为不通过?答辩委员会解释说,德国纳税人的资金所培养的高等教育人才是为德国十年、二十年以后的发展而培养的,这两名学生在大学里学习的过程与在设计公司学习的过程是相同的,他们浪费了德国纳税人的钱。这就是德国高等教育的观念,那十名学生虽然没有做出结果,但他们掌握了扩展知识、研究社会的能力。再对比国内的高等教育,今后的十年二十年我们拿什么与别国竞争?

所以我们的设计必须从系统和整体来看。任何的片面都存在于系统之中,就像自然界的生物链,设计也是一个整体的关系链。社会中存在的叫产业链,例如一只杯子,它在不同的场景下属性也相同,在工厂里叫作产品,在商场里叫作商品,在老百姓的家里叫作用品,摔碎了扔掉就叫作废品。我们的对象只是一件物,即杯子,但它实际所经历的系统,远比杯子本身要复杂,这都需要研究。"物"是一个系统,它是客观存在的。

无论是远古、工业革命时期或者是现在,设计的主要任务就是创造和解决当时的问题。有人说包豪斯已经过时了,这句话不能这么理解,包豪斯是在当时的背景下产生的,是为了解决当时的问题。我们要根据我们现在的现实情况来创造性地解决问题,直接照搬包豪斯显然行不通。同样,我们需要根据现有的情况继承传统文化并进行创新。

设计,是人类最初的智慧之光,人类依靠设计去与自然共生,去推动社会关系的进步。设计是人类的本能,是人类根本的需求,它的出现远远早于科学和艺术。设计作为一种“生产关系”,一直发挥着催化、引导和调整人类与自然关系的巨大作用。它能够推动经济、科技、文化、教育和社会结构的进步,引导创新的整合与集成。

回顾工业设计的发展史,无非五大阶段:以艺术为中心的设计,以技术、机器为中心的设计,以刺激消费为中心的设计,以人为中心的设计,以及以自然为中心的可持续设计。

中国现在还徘徊在前三个阶段,也有以人为中心的设计,但主要还是为利,并不真的为人。例如厂家生产的各种型号的手机,它们的充电器各不相同,每个充电器需要一米到一米五长的电线,以刺激以消费为中心的设计,使得每年消耗在充电器上的电线可以绕地球 65 圈,试想如果统一型号能够节省多少资源? 现在大家提倡以自然为中心的可持续设计,中国也开始思考,并开展了大量的实践研究。

(四)产品链与服务链

大家可以看到,有了工业设计之后,德国的经济迅速发展,并很快超过英国。德国人思变,能够抓住工业设计的本质,打下了机制的基础,这是德国成功的经验。现在“德国制造”的标签意味着是“一等品”。这说明了什么问题? 说明资本主义早早地摸清了“土壤”、机制的规律,这里的“土壤”、机制,就是我们现在所说的产业链。

无论是在工业革命初期,还是在经济一体化的现在,工业化不仅仅是一个行业的概念。所谓工业革命,工业社会并不是简单的行业相加,而要有产业链的概念。所以我们国家提倡协同创新,实际上就是这个原因,但很多人还未能真正理解。

西方国家上百年的工业化进程深刻地改变了社会的整体机制和意识,规模化大生产、集合化大分工产生了保证社会工业化体制运转的一系列政策法规和制度文化。

我们现在都将产品视作市场竞争的关键,传统的产品链由生产规则来定义,目标是满足市场,所以我们无法开打思路,即便开展头脑风暴也所得甚少。但是如果从需求和服务的角度去分析,也许能得到更好的结果。产品链与服务链这两者是完全不同的观念、体系和方法。服务链的创新是创新和转型的关键。我们要在生活中去观察、发现问题,进而分析、归纳、判断问题的本质,提出系统解决问题的概念方法和组织管理机制的方案。同样,在设计教育中,我们要提倡培养思维方法,训练获取知识的能力。俗话说“师傅引进门,修行靠个人”,就是这个道理。

对设计来说,限制和矛盾恰恰是机会,遇到矛盾不能躲着走,要迎向矛盾,矛盾就是限制,就是外因,解决了矛盾也就解决了问题。这样的新观念为我们工业设计走自己的道路提供了一个科学的、实事求是的、可行的路标,它将对我国的经济发展起到革命性的促进作用。它会引导企业产品结构乃至“产业结构”的调整,推动创建新工业门类和“产业结构创新”,引导我们的消费及生活方式合理转化,并催生新的习俗、文化和道德规范。

对于传统,不能死板继承,要不断创新,只有创新才能有新传统。昨天对于今天来说,昨天是传统,今天对于明天来说,今天也是传统,所以我们要创造传统,而非继承传统。工业设计需要一种社会化、循环性的“产业结构机制”。工业设计本身不是方法或结构的创新,而是机制的创新。

现在社会各地方都在建立技术部平台、文化创意产业园,其目的是什么?我们往往把集聚当目的,殊不知集聚只是手段。只有集聚我们才可能通过新的碰撞,创造出新的内容。社会上不仅要有设计公司,还要有其他研究机构把资源、人力、思路集中到一起,让他们发生化合作用,产生连锁反应,创造出全新的东西。如此一来,政府可以通过技术部平台服务地区企业与整个社会。这才是我们建立技术部平台、文化创意产业园的目的。所以园区建成若干年后,必须要有这类机构来集聚不同的团队乃至不同知识结构的企业,来引导成立一个集成式产业设计的园区。这是园区的责任。

20 世纪 90 年代,人们已开始提出工业设计的实践与认识需要提高到机制创新、生活方式创新、文化模式创新及系统设计的高度。现在又提倡整合设计,致力于建设可持续发展的“集合式社会系统”,以达到“产业设计”的高度。国内外经济社会形势决定,中国急需将“工业设计”定为新产业结构创新、可持续发展、和谐社会建设的重点,创造我国自己的新型工业化产业链,制定新兴工业文化的国策。现在国家工信部、文化部都在抓紧探索发展路子,这也是我们工业设计发展的大好机会,我们要抓紧这个机会,培养“研究型”设计人才,而非急功近利。企业转型必须考虑社会背景和资源的承受力,设计才能避免沦为纯粹的挣钱工具。

在中国,设计仅仅是生产力。在国外,设计是投资,是战略。

我们的物质层就像是冰山一角,看不见的地方更多的支撑是我们的观念层。要将我们的观念转变成市场上能够看得见的东西,中间必须有一个组织层、机制层、体制。不解决这个问题,我们只看到物质层,看不到观念层。

中国人写字讲究象形会意,之所以品有三个口,是因为第一口狼吞虎咽,第二口炫耀享受,第三口才有品,有品才有节制,才有绿色,才有健康。而我们国家正处在前两口,所以品牌不是打造的,它是慢慢沉淀下来的,需要一个过程。汉字“听”字(图5),不论简体字还是繁体字都告诉我们,不仅要用耳听,还要用口听、用眼听、用心听。

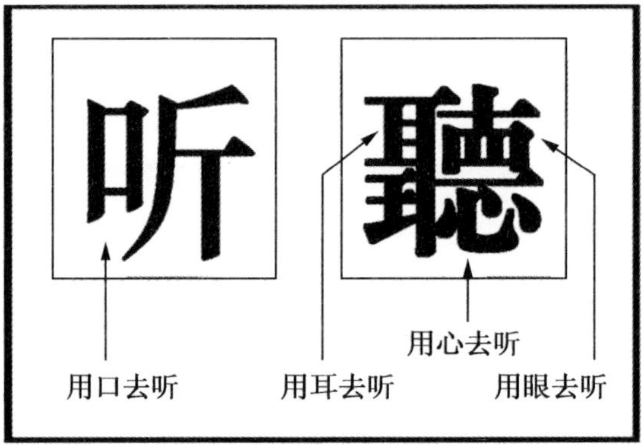

图5 汉字“听”

(五)创新新方式

工业设计的领域决定了工业设计这个学科自然而然地成为全球产业链竞争和创新人才竞争的中心环节。

美国近半年有五个商业学校更名“设计学院”,因为商业并不能真正做到为社会服务,设计却能够整合商业,服务社会。社会的服务系统设计,整合了公共设计、信息媒体设计、都市设计、社区文化或区域文化设计等对象和领域。由于每个地区的背景不同，需要设计师重新整合当地的知识和资源，构建配套的系统方案。而这恰恰有利于我们传统文化继承与现代文化创新的研究与实践。我从 20 世纪 80 年代初就强调过，设计不仅是技术，更是一种创造行为，还是一种文化。现在提倡设计创新、创新设计，就说明这三十年来我们的设计缺乏创新。创新设计要创造什么？答案是一种更为合理的生存或使用方式。

工业设计是人类总体文化对工业文明思想的修正，所以工业设计恰恰是对工业化大批量生产的不断优化，是对大生产方式的一种修正，会越来越合理。知识经济时代更赋予工业设计以创新灵魂，所以设计的本质是重组知识结构，整合资源，创新产业机制，引导人类社会健康可持续发展的需求。所谓创新灵魂，体现在工业设计中是工业时代一切设计的观念、机制、方法和评价思路，是一种思维方法。比如杯子的设计，似乎已经很具体，但“杯子”已将设计师的头脑囿于这个名词之中，设计杯子无非考虑其大小、材质和装饰。但是没有杯子我们也能饮水，所以创造一种更加合理的饮水方式是关键。也就是人在不同环境和条件下要解渴，方式是可以改变的，如此一想，思路就开阔了。能这样思考的设计师，其创造力才不会被束缚，但同时他又是科学的、实事求是的，而非异想天开的。

现在企业的创新主要分为四类。第一类是外观层面的创新，使产品与外观的直观感受发生联系，从直观层面制造产品的差异，其专利类型是外观专利。第二类是功能层面的创新，从使用层面制造产品的差异，其专利类型是实用新型专利。第三类是原理层面的创新，为用户提供全新的解决问题的途径，从观念层面制造产品差异，其专利类型是发明专利。第四类是整合、集成层面的创新，是以服务体系主导的产品系统，从体验层面制造产品差异，其专利类型是商业模式保护专利。

20 世纪 90 年代中期，我为华为技术有限公司做完设计，老板非常高兴，感慨道：“现在我的工人、技术员都是大学生，全国 95% 的通信硕士、博士都在我这里，国外的通信技术我也都在引进，下一步该怎么走呢？”我当时给他画了一张图，说道：“你把通信的人才分类，再把通信的类别与通信的人群分类。拥有这三大坐标的任何一点都是通信的目标，由此产生的通信目标有几十种甚至更多。但有很多目标你并不能实现。结合你的财力、物力和销售网，将这些目标做一个先后排序，你就有了方向，有了科研规划，这就是你的创新。”

从“事理学”上来说，关键不是功能，而是目标系统，要实现通信这个目标，首先要建立实现这个目标的系统。事理学所注重的是事而非物，是物的外部因素而非物的内部因素，是关系而非元素、因子，是整体而非局部，是过程而非状态，是理解而非解释，是祈使而非叙述，例如设计杯子，首先需要研究的不是杯子，而是我们的饮水方式。事理学注重的是设计师与用户的“主体间性”，也就是说，要倾听消费者又不完全听从消费者，消费者想不到的，设计师有责任去想到。设计师需要引导消费者找到正确的消费方式。

新时代中国要在世界上竞争，不能再依靠廉价的劳动力，要依靠创造。设计是筛选创意、拓展创意、实施创意的思考和决策，是实践和反思的智慧。毫无疑问，设计的智慧需要创意的种子，但更需要培育种子的试验田。物理学告诉我们，点燃火花需要温度，保留火焰需要燃料。所以光靠创意救不了中国，创意的生长必须要有外部的滋润。设计的智慧种子茁壮成长，需要阳光、雨露、土壤、肥料和耕耘。所以在我们呼唤创意的时候，绝不能忘记建立促使创意进化为设计的机制，培养优秀的设计师。在我们培养良种的同时，必须耕耘、改良土壤，共同创造我国经济转型、人类可持续发展所需要的设计机制，这样才能保证人类未来的永续发展。

人类把知识分成四大类，即理科、工科、文科与艺术。理科发现并解释真理，工科是解构和建构的技术，文科关乎是非与道德的判断，艺术乃品鉴自然、人生和社会的途径。而设计呢？设计整合上述所有的学科，聚集所有的因素，去创造人类更健康、合理、公平的生存方式。

设计难在它需要一种综合能力，需要不断扩展知识。1999 年在清华举办了一个有关科学与艺术的结合的展览，我负责其中一个项目，需要经常出差到广州，坐飞机飞行时间需三小时，但从市区到机场还需要两个小时，单程就需要七八个小时。可见，高速的交通工具并不能发挥其全部作用，再高的效率也被程序束缚住了。当时我思考如何改变这种服务方式，于是有了《飞向未来——概念空港与组合飞机系统设计》（图 6）。在这个方案中，乘客提前搭上公共运载器（即飞机的内舱），到了机场后只需将这内舱推入飞机即可。几乎无需候机，自然机场及设施就可大大简化了。它类似于现在的地铁交通，整合了候机、登机、托运、安检等概念，就像一个整体的服务系统。当时这个想法被很多人嘲笑不切实际。到了展览的第三天，德国汉莎公司驻北京办事处的领导来找我谈话，说：“柳先生，你这个方案要是早出十几年，中国的机场建将是另一番景象，我们西方也要学习这个方案。”

图 6 《飞向未来——概念空港与组合飞机系统设计》的方案

中国人实际上很聪明，只不过大家都不去想“事”，都去造“物”。在今后的十几、二十年里，如果中国有千分之一的设计师去从事这样的服务设计的话，中国会走出一条全新的道路。就像英国设计委员会跟我们谈到的，中国现在遇到的问题（人口多、发展不平衡），英、美等发达国家没有遇到过，如果中国将自己的问题解决了，就能做到世界一流的设计。

因此我们必须脚踏实地,不要只想着去改良已有的"物",我们完全可以走出自己的道路。一个民族总得有人去仰望星空,不能全部都去关注脚下。中国有句话叫"超以象外,得其环中",超越现象之外的东西,是事物的本质。我们不要只看表象,要去看事物的背后的本质。设计是综合交叉的,不只是一个专业或技巧,我们要抓住其本质,从真正的层面上把握设计。